UNI
WISSEN

Henning Teschke

Französische Literatur des 20. Jahrhunderts

Überblick und Trends

W0175400

Ernst Klett Verlag
Stuttgart · Düsseldorf · Leipzig

Die Deutsche Bibliothek – CIP-Titelaufnahme

Teschke, Henning:
Französische Literatur des 20. Jahrhunderts : Überblick und Trends /
Henning Teschke. - 1. Aufl. - Stuttgart; Düsseldorf; Leipzig: Klett, 1998
(Uni-Wissen Französisch)
ISBN 3-12-939580-6

1. Auflage A 1 5 4 3 2 1 ı 2001 2000 1999 98

© Ernst Klett Verlag GmbH, Stuttgart 1998. Alle Rechte vorbehalten.
Internetadresse ı http://www.klett.de
Bildnachweis ı Bibliothèque Nationale de France François Mitterrand
    DOMINIQUE PERRAULT Architecte © Alain Goustard, Clamart
Redaktion ı Manfred Ott
Umschlaggestaltung und Layout ı Christine Schneyer
Druck ı Mitteldeutsche Druckanstalt, Heidenau. Printed in Germany.
ISBN 3-12-939580-6

*Gedruckt auf Papier,
das aus chlorfrei
gebleichtem Zellstoff
hergestellt wurde.*

Inhalt

Vorwort

Von allen Jahrhunderten ist es das zwanzigste, das noch am wenigsten Geschichte geworden ist. Wovon wir sprechen, sind wir selbst. Und so in der Literatur. Das vom Vergangenen entstehende Bild ist eines des Gegenwartsbewusstseins, das von der Vergangenheit nur soviel sieht, wie von der Gegenwart aus sichtbar wird. Das darin wirkende Zeitmaß, seine aktualisierende Kraft wird deutlich, wenn nicht mehr nach Jahreszahlen, sondern nach Generationen gerechnet wird. Stellt man zehn Menschenleben, jedes achtzig Jahre lang, hintereinander, erreicht man die Anfänge altfranzösischer Literatur. Und nicht viel mehr als die Spanne eines einzigen Lebens braucht es, um Zeitgenosse Prousts zu werden, der als Kind noch mit der Pferdekutsche durch Paris fuhr.

Nichts hat sich in Wirklichkeit grundstürzender verändert als die Literatur, nichts musste so ostentativ und radikal seine Formen erneuern. Eine einführende Darstellung der französischen Literatur hat dem Rechnung zu tragen. Zugleich hat sie, je mehr sie sich dem Heute nähert, ihrem Gegenstand immer weniger an zeitlicher Distanz und Erkenntnis voraus. Denn dass jede Gegenwart sich für die avancierteste hält, ist historischer Provinzialismus. Es gibt keinen panoramatischen Ort, von dem aus die letzten neun Jahrzehnte mit der Entwicklung ihrer ästhetischen Gattungen, Formsprachen und Inhalte lückenlos einsichtig würde: wer steht und zurücksieht, wirft Schatten. Dies gibt den tieferen Grund dafür, warum Vollständigkeit – eine Idee, die in die Theologie gehört – auch unabhängig von dem diesem wie jedem Buch gesetzten Umfang sinnvoll gar nicht anzustreben ist. Einzig, unüberbietbar und unfortsetzbar, einer Ergänzung weder fähig noch bedürftig, vollständig also ist jedes Gedicht, jeder Roman und jedes Drama im Sinne einer mikrokosmischen, intensiven Totalität, die von keiner Interpretation zu erschöpfen ist. Je mehr man schreibt, desto weniger denkt man, sagt Paul Valéry.

So ermäßigt sich die Aufgabe der folgenden Seiten. Sie wollen eine erste Orientierung für die französische Literatur dieses Jahrhunderts sein, exemplarisch und nicht extensiv verfahren. Für die Periodisierung und Strukturierung des Stoffes wurden dabei verschiedene Perspektiven gewählt, monographische, entwicklungsgeschichtliche, begrifflich-thematische sowie territoriale. Die Kapitelabfolge ist im wesentlichen chronologisch und so weit als möglich gattungsspezifisch angeordnet. Verzichtet wurde auf eine gesonderte Behandlung der französischsprachigen Literatur Belgiens und der Schweiz.

Wider die Aufgabe einer Literaturgeschichte und das methodische Prinzip mittlerer Distanz, beschreibend und nicht wertend zu verfahren, steht das ästhetische Werk selbst. Seine Geltung verdankt es, anders als die wissenschaftliche Aussage, nicht der logischen Struktur eines Wahrheitsgehalts, sondern dem subjektiven Akt des Verstehens, der auf die spezifische Form ästhetischer Geltung stößt: objektiv unverbindliche, unbeweisbare, undiskutierbare Evidenz zu besitzen. Dies stiftet den Bezug der Literatur auf Wahrheit und öffnet sie auf Gesellschaft und Geschichte. Ohne sie wird die Muse müßig. Im Kunstwerk gibt es nichts, keinen Sachgehalt, keine Formkategorie, die nicht aus der empirischen Welt stammen und verwandelt zu neuer Konstellation zusammentreten. Aus Wirklichem zu bestehen und doch mehr als Wirkliches zu sein, das ist das Rätsel und die Evidenz von Literatur. Und zeigt den Bereich, in dem eine Antwort zu suchen ist. Über literarische Formen muss man die Realität befragen, nicht die Ästhetik. Für einige Formen ist die Realität noch nicht gekommen.

Henning Teschke
im Oktober 1998

KAPITEL 1 Eröffnungen der Moderne

Epoche

Frankreichs Niederlage im deutsch-französischen Krieg von 1870/71 und die Niederschlagung der Commune bedeuten den Übergang von der Monarchie zur Republik, die sich im Kampf gegen die katholische Kirche allmählich als bürgerlich-laizistische Staatsform konsolidiert. Die allgemeine Entwicklung der III. Republik tendiert unter dem Einfluss wirtschaftlicher und sozialer Veränderungen nach links. 1880 erlässt das Kabinett Jules Ferry Gesetze zur Presse- und Versammlungsfreiheit, 1905 erfolgt die Trennung von Kirche und Staat. Im Innern wird die III. Republik von ihren unbewältigten sozialen Problemen gekennzeichnet, die Polarität von lohnabhängiger Industriearbeiterschaft und besitzenden Klassen kommt in zahllosen Streiks zum Ausdruck. Eine sozialistische Gewerkschaft und Partei konstituiert sich ungefähr gleichzeitig mit der nationalistisch-monarchistischen „Action française" (1898). Die Pariser Weltausstellungen von 1878, 1889 (der Eiffelturm wird zu diesem Anlass erbaut) und 1900 dokumentieren die revolutionären Veränderungen der Technik. Auto, Telefon, Telegrafie und später das Flugzeug, die neuen Medien Fotografie und Film sowie die erste Metrolinie zu Jahrhundertbeginn vermitteln das Bewusstsein einer neuen Epoche. Die elektrische Straßenbeleuchtung macht Paris zur „ville-lumière", das Bürgertum lässt die Stadt jenseits aller sozialen Erschütterungen und außenpolitischen Konflikte zur Metropole der Belle Epoque und kulturellen Hauptstadt der Welt werden.

Zur schwersten Belastungsprobe für die junge französische Republik wird die Dreyfus-Affäre (1894–1906). Der Prozess gegen den des Landesverrates bezichtigten jüdischen Hauptmann polarisiert die französische Öffentlichkeit und führt zu einer Welle des Antisemitismus. Der 1894 zu lebenslanger Deportation verurteilte Alfred Dreyfus wird nach Protesten der Linken – am 13. Januar 1898 erscheint EMILE ZOLAS Manifest „J'accuse" – rehabilitiert und 1906 freigesprochen. Die Auseinandersetzung ruft die gesamte politische und literarische Öffentlichkeit auf den Plan, die sich in zumeist linke Verteidiger und rechte Gegner Dreyfus' spaltet. Unter denen, die für ihn Partei ergreifen, sind ANATOLE FRANCE, CHARLES PÉGUY und PROUST, gegen ihn kämpfen MAURICE BARRÈS und CHARLES MAURRAS. In den weiteren Jahren erhalten, ausgelöst durch die am Beginn der ersten Marokkokrise „säbelrasselnde" Rede des deutschen Kaisers Wilhelm 1905 in Tanger, Nationalismus und Revanchismus Auftrieb in Frankreich und werden zu entscheidenden Etappen auf dem Weg in den I. Weltkrieg. Mit seinem Anfang endet eine Epoche.

1 Marcel Proust und der Roman

(1871–1922). Als Sohn einer sehr vermögenden Pariser Familie bleibt PROUST zeitlebens aller materiellen Nöte enthoben. Sein Vater Adrien ist ein berühmter Arzt (er verhilft dem Prinzip des *cordon sanitaire* zur Anerkennung), die Mutter Jeanne Weil kommt aus großbürgerlich-jüdischen Kreisen. Von delikater körperlicher wie geistiger Verfassung, besucht PROUST mit Unterbrechungen das Lycée Condorcet, wo er in Schülerzeitschriften erste literarische Versuche macht und studiert danach zwischenzeitlich Rechtswissenschaft und Literatur an der Sorbonne. Dort hört er auch Vorlesungen von Henri Bergson. Nebenher verkehrt er in der mondänen Pariser Gesellschaft, wo sich ihm mit der Zeit die vornehmsten Salons erschließen. Infolge eines Asthmaleidens zieht er sich 1906 vom gesellschaftlichen Leben zurück, auch die von ihm an der Seite seines Chauffeurs so geliebten Reisen im Automobil (nach Holland, Belgien und in die Normandie) muss er nach und nach aufgeben. Aus gesundheitlichen Gründen 1914 vom Kriegsdienst befreit, widmet PROUST sich bis zu seinem Tod nahezu ausschließlich der Arbeit an seinem Werk.

Zum Werk

Les Plaisirs et les Jours (1896). Die Sammlung von Erzählungen, Notaten, Prosaskizzen, Gedichten und kurzen Erzählungen erscheint mit einem Vorwort von ANATOLE FRANCE. Ein Teil der Texte war zuvor bereits als Feuilleton veröffentlicht. Von Bedeutung sind sie deshalb, weil hier sich bereits einige Themen von *A la recherche du temps perdu* als Anlage versammelt finden: Erinnerung, Imagination, Liebe, Eifersucht, Krankheit und Tod, Antithetik von Traum und Leben, verwandelnde Kraft der Zeit.

Jean Santeuil (1896–1904) wird aus dem Nachlass zuerst 1952 in einer unzureichenden Ausgabe veröffentlicht. Der unvollendet gebliebene Roman ist als unmittelbare Vorstufe des Hauptwerks zu betrachten, dessen Gesamt an Stoffen wie Motiven an dieser Stelle zuerst zu ästhetischer Konfiguration zusammentritt. PROUST verfügt jedoch noch nicht über das die Anordnung aller Inhalte regelnde Strukturprinzip, die Erinnerung als synthetische Form und verborgene Einheit des Erzählten. Die Aufgabe des personal, also aus der Außenperspektive verfassten Erstromans *Jean Santeuil* registriert den gescheiterten erzählerischen Versuch, die Dimension des intensiven Einschlusses der Welt im Ich anders als aus der Perspektive eben dieses Ich zu konstruieren.

Contre Sainte-Beuve (1908), erschienen 1954. Der große Literaturkritiker des 19. Jahrhunderts gibt diesem Essay den Titel. Proust formuliert darin die Prinzipien seiner eigenen Ästhetik durch Kritik am Methodenideal Sainte-Beuves. Dazu zieht er dessen Ausführungen zu BAUDELAIRE, NERVAL und BALZAC heran, drei

Autoren, die für PROUSTS Romanform- und technik, noch wo er ihnen widerspricht oder über sie hinausgeht, entscheidend sind. SAINTE-BEUVES Begriff und Praxis von Literaturkritik, so PROUST, gelangt nicht über den Stand biografischer Indiskretion hinaus, weil er das Werk eines Schriftstellers von dessen Biografie nicht trennt und so das empirische Ich mit dem ästhetischen zusammenfallen lässt. Für PROUST steht zwischen beiden eine ganze Welt. Daher der Vorwurf an BALZAC, die Differenz von Roman und Realem zu verschleifen, das in der *Comédie humaine* Erzählte wie etwas Erlebtes mitzuteilen und umgekehrt die Existenz wie ein Kunstwerk zu gestalten.

Pastiches et Mélanges, 1900–1908 entstanden, 1919 erschienen, vereint eine Reihe von Stilimitationen (*pasticcio,* ital.: Nachahmung), die den sprachlichen Duktus französischer Schriftsteller und Gelehrter des 19. Jahrhunderts – CHATEAUBRIAND, MICHELET, FLAUBERT, RENAN und die Brüder GONCOURT – persiflieren. Die Falschmünzerei hat Methode, sofern PROUST in stilistischen Exerzitien sein vergleichsloses Talent zur Mimikry erprobt, das er in der *Recherche* dann zum Medium seiner schlagendsten und evidentesten Erkenntnisse umformt. *Mélanges* umfasst ästhetische Essays und Artikel, in denen die Gestalt des englischen Kunsthistorikers John Ruskin (1819–1900) zentral ist. PROUST hatte dessen Werke *The Bible of Amiens* sowie *Sesams and Lilies* ins Französische übersetzt (*La Bible d'Amiens,* 1904, *Sésame et les lys,* 1906) und mit einem Vorwort versehen, Gelegenheit zur kategorialen Reflexion des Bezugs von Wahrheit und Schönheit. Der Betrachtung des Schönen, so PROUST, mit Wendung gegen RUSKIN, darf keine moralisch-theologische Doktrin zu Grunde gelegt werden. Schönheit dient nicht der Illustration einer ihr vorgängigen Wahrheit. Gegen die Idolatrie selbstvergessener Betrachtung konzipiert PROUST eine wesentlich schöpferische Idee von „vérité" und „beauté". Dieselbe Idee trägt den Essay *Sur la lecture.* Als Evokation und Identifikation führt das Lesen den Leser immer nur an die Schwelle geistigen Lebens und macht es sich wie ein gegebenes Objekt zueigen, anstatt dieses Leben in sich selbst zu suchen, was heißt zu erschaffen. Dem kaum vierzigjährigen PROUST zwingt sein schweres Asthmaleiden eine im höchsten Grade ungewöhnliche Existenzform auf, die zur Bedingung für eine dem Umfang nach immense, dem Rang nach überragende schriftstellerische Leistung wird. Die räumlich auf die Quadratmeter seiner abgedunkelten Kammer zusammengeschrumpfte Existenz bezeichnet den Ort einer Selbstversenkung, die mit der äußeren Welt bricht, um den Mikrokosmos des vergangenen Lebens in der Erinnerung wieder erstehen zu lassen.

Der siebenteilige Romanzyklus *A la recherche du temps perdu* integriert folgende Teile. 1. *Du côté de chez Swann*, 2. *A l'ombre des jeunes filles en fleurs*, 3. *Le côté de Guermantes*, 4. *Sodome et Gomorrhe*, 5. *La prisonnière*, 6. *Albertine disparue*, 7. *Le temps retrouvé*. Der erste Band erscheint 1913, die weitere Folge der Publikationen wird zum Wettlauf mit der Zeit. Als PROUST im November 1922 schwer und auf den Tod erkrankt, liegt das Werk erst bis einschließlich *Sodome et Gomorrhe* vor. Die übrigen Bände werden posthum herausgegeben, erst 1927 liegt das oeuvre geschlossen vor.

Die Recherche ist Bildungs-, Liebes- Gesellschafts-, Künstler- und psychologischer Roman zugleich. Dichtung, Moral, Memoirenwerk, Analytik, Mystik, Kommentar, Satire und Prosa gehen eine unbekannte Verbindung ein. Über allem steht zentral der Begriff der Zeit. PROUST unterwirft ihr jedes Element des traditionellen Romans – Kausalität und Linearität der Fabel, Kontinuität der Handlung, Einheit der Person und geschlechtliche Identität, Einheit des Satzes – und revolutioniert ihn damit. Die Romanfabel wird auf ein Minimum reduziert, denn es geht nicht um die Abfolge von Ereignissen, sondern um die komplexe, mehrdimensionale Form, in der sie der Icherzähler Marcel, der nicht mit der Person des Autors zu verwechseln ist, erinnert. Die Themenkreise: Traum und Erwachen, Kindheit in Combray, die Zuneigung zu Gilberte, die Aufenthalte in Balbec, die Begegnung mit Albertine, die Kunst von Bergotte, Elstir und Vinteuil, der Eintritt in die großbürgerliche und adlige Salonwelt der Verdurins und der Guermantes, die Berufung zum Schriftsteller – werden durch eine einzige Dimension zusammengehalten. PROUST beschreibt nicht ein Leben, wie es sich zugetragen hat, sondern wie der, der es erlebte, dieses Leben in der Erinnerung zusammenträgt.

PROUST unterscheidet die unwillkürliche von der willkürlichen Erinnerung, die beliebig abrufbar das Vergangene jederzeit reproduziert. Mit dem vollständigen Bild des Gewesenen hat es nichts zu tun. Die fortwährende Umwälzung der Merk- und Lebenswelt im beginnenden Kapitalismus hat eine für die Erfahrung zunehmend unassimilierbar werdende Dingwelt zur Folge, was in den Aufbau des Gedächtnis hinheinwirkt und die wahre Erinnerung zur Sache des Zufalls macht. An einer berühmten Stelle des Buchs schildert PROUST dieses Geschehen, als der Geschmack des in den Tee getauchten Madeleine-Gebäcks mit einem Schlag das verloren geglaubte Combray der Kindheit wiederkehren lässt. *Mais, quand d'un passé ancien rien ne subsiste, après la mort des êtres, après la destruction des choses, seules, plus frêles mais plus vivaces, plus immatérielles, plus persistantes, plus fidèles, l'odeur et la saveur restent encore longtemps, comme des âmes, à se rappeler, à attendre, à espérer, sur la ruine de tout le reste, à porter sans fléchir, sur leur gouttelette presque impalpable, l'édifice immense du souvenir.*

Die Differenzierung zweier Erinnerungsformen ist keine Entdeckung PROUSTS, sie findet sich in der Literatur bereits früher, so bei CHATEAUBRIAND. Auch gibt es Kindheitsromane wie ALAIN-FOURNIERS *Le Grand Meaulnes* (1913). Die *mémoire involontaire* jedoch nicht mehr zur Zuflucht, sondern philosophisch wie poetologisch zur Mitte von Werk und Welt zu machen, das ist das unerhört Neue bei PROUST. Henri Bergson (1859–1941) hatte einer mit Gewohnheit und Tätigkeit koordinierten *mémoire-action* die *mémoire pure* als spontanen Bewusstseinsakt gegenübergestellt. Der Dual dieser Gedächtnisformen findet sich wieder bei PROUST, nur dass die Vergegenwärtigung der Vergangenheit nicht mehr Sache freier Entschließung ist. Gegen Ende des letzten Bandes und nach weiteren Illuminationen der *mémoire involontaire* offenbart sich dem Icherzähler, dass die verlorene Zeit dadurch allein dem Vergessen entgeht, wenn sie zum Kunstwerk gestaltet wird. Aufgabe des Schrifstellers wird, alles Erinnerte zu Sprache und Schrift zu machen. Nichts anderes aber ist die vorliegende *Recherche:* das gesuchte Kunstwerk gibt sich retrospektiv als das eben vollendete zu erkennen, die Substanz der Fabel ist der Prozess ihrer Entstehung selbst. Verlorenes und Gefundenes sind am Ende identisch.

Stoffe/ Motive

Auf über 3000 Seiten verflicht PROUST hunderte von realen wie imaginären Figuren mit einer Fülle von Themen. Durch sie hindurch zieht sich leitmotivisch die Unvereinbarkeit von Wunsch und Wirklichkeit als Resultat der Entzifferung aller Zeichen im Buch der Welt.

Liebe und Eros. Die Geschichte von Charles Swann erzählt vom Scheitern seiner Liebe zu Odette. Was sie begehrenswert macht, ist nicht sie selbst, sondern ihre Ähnlichkeit mit Zephora auf einem Gemälde Botticellis. Ihr Bild hofft er vergeblich in Odette wieder zu finden. Die Unmöglichkeit der Liebe erfährt Marcel dann in seiner Passion für Albertine. Die Fluchtbahn verschiedener Bilder, darin sie ihm erscheint, macht sie unerkennbar. An der schlafenden Albertine geht ihm schließlich ein jedem Besitz entzogenes Bild auf. Die Gestalt des Baron de Charlus, fast die Zentralfigur des Romans, führt über das Thema der sexuellen Inversion und Perversion, wie es von PROUST mit den Vorzeichen beider Geschlechter durchgespielt wird, zum noch anfänglicheren der fortwährenden Metamorphosen des Eros. Nicht durch die Homosexualität, sondern durch die Darstellung des Transsexuellen Charlus entfernt sich PROUST am weitesten von der herrschenden Ordnung.

Eigennamen sind Sprachbilder. Im Namen von Menschen (die *duchesse de Guermantes)* wie Städten, denen eine Fantasie von hinreißender Genauigkeit gewidmet ist, liegt für PROUST ein Versprechen, um das ihn die Menschen betrogen: am rechten Ort, einmalig, unvertauschbar und schlechthin so singulär zu sein, wie es ihr Name verheißt. Balbec, Florenz, Pisa, Venedig sind im Raum, was in der Zeit die Geliebten sind. Doch in der Konfrontation des Sprachbildes mit dem Realen zeigt sich, wie Marcel bei einem Besuch Venedigs erfährt, der eigene Name als das seinem Träger Entrückteste.

Komik ist die eigentliche Waffe der PROUSTSCHEN Gesellschaftskritik, so unbarmherzig wie schlagend. PROUST war bekannt für sein schrilles, frenetisches Lachen, in das er in Gesellschaft bisweilen ausbrach. Wie das Leben so das Werk: fast das gesamte Romanpersonal, vom Diplomaten Norpois über den Universitätsprofessor Brichot bis hin zur Köchin Françoise will etwas anderes vorstellen, als es ist. Eklatant wird die Kluft von Schein und Sein in den Prätentionen der Bourgeoisie (Mme Verdurin), wo sie es dem Adel gleichtun möchte. Wie naturwüchsig und beliebig Urteile getroffen und widerrufen werden, zeigt PROUST an der Dreyfus-Affäre, die im Roman einigen Raum einnimmt. Hier wendet die Komik ihre abgründige Seite nach außen. Für die Salonwelt der *Recherche* bietet die anhaltende gesellschaftliche Debatte um Schuld oder Unschuld des jüdischen Offiziers Gelegenheit, zumindest am kalten Buffet Partei zu ergreifen. Wobei niemand weiß, warum erst pro, dann wieder contra Dreyfus zu urteilen ist. Bei Abwesenheit jedes Sachgrundes depraviert das politische Urteil zur Mode. Der im Roman getroffene Vergleich von Dreyfusards, Juden und Homosexuellen zeigt PROUSTS geschärftes Bewusstsein für gesellschaftliche Minderheiten.

Kunst. Bergotte repräsentiert die Literatur, Elstir die Malerei, Vinteuil die Musik. Auf einem Bild Elstirs, das architekturale zu maritimen Ausdrucksmitteln und vice versa verwandelt, wo Türme wie Masten, Schiffe wie Städtisches erscheinen, ist PROUSTS eigene Verwendung der Metapher antizipiert. Das Primat in der Hierarchie der Künste, PROUST folgt hier Schopenhauer, fällt an die Musik. In der Klaviersonate Vinteuils findet die unendlich differenzierte, dabei seismografisch genaue Wahrnehmung PROUSTS ein harmonisches Echo. In ihrem Vermögen, eine ganze Welt im Innenraum des Subjekts zu erschließen, die, zuvor unvermutet, doch sogleich (wieder)erkannt wird, ähnelt die Musik der unwillkürlichen Erinnerung. Die Transkription der Töne in Sprache wird dann zum Pensum des Buchs.

Stil. Ursprünglich war es die Absicht PROUSTS, der universellen Analogie – jeder aktuelle Augenblick ähnelt einem früheren und nur ihm – durch eine binäre Ordnung semantisch, syntaktisch, rhythmisch und selbst grafisch Rechnung zu tragen. Im PROUSTSCHEN Satz mit seinen Parallelismen, Duplikationen, Oppositionen, Symmetrien, Korrespondenzen und Analogien kommen die mannigfachen Modi der verschränkten Zeit zum Ausdruck. In ihrem zweiten Typus registriert die Satzform eine Erfahrung, für die die Objekte opak und die Menschen undurchdringlich sind. Diese Ambiguität geht in die Syntax als unabsehbare Kette der *soit que* ein, die eine von keiner Perspektive ausschöpfbare Fülle von Ansichten und Ausdeutungen manifestiert. Nichts ist einfach. Die Krisis des Sinns wird zur Krisis des Syntagmas. Die Überfülle unvereinbarer Aspekte in ein- und derselben Person, Rede oder Handlung kann keinem Satzbau eingebildet werden und hat die tendenzielle Auflösung der Satzaussage zur Folge. Durch Entfaltung der Implikationen, in Reihungen, Parenthesen und Assoziationen, durch Anhäufung der Details verlängert der Satz sich unendlich. Ziel wäre Vollständigkeit, nicht Abschließbarkeit. Damit wird logisch wie psychologisch Kausalität zersetzt und die lineare Zeit des Erzählten verlangsamt, um sich tendenziell der Beschreibung von Zuständlichem zu nähern. Die Prosa färbt sich poetisch. Mit der Unterbrechung des zeitlichen Ablaufs wird in der Recherche ein lyrischer Bildraum aufgeschlagen.

Metaphysik. Das Romanuniversum PROUSTS zeigt die Welt im Stand der Ähnlichkeit. Das Schöne ist das vergegenwärtigte Ähnliche. PROUST entdeckt es im gelebten Leben, das jeden Augenblick zum möglichen Einfallstor der unwillkürlichen Erinnerung macht. Sie vergegenwärtigt die innere Unendlichkeit jedes Augenblicks. PROUST entdeckt so eine eigene Gerechtigkeit im Zeitlauf selbst: nichts ist für immer verloren zu geben. Für PROUST, der vom Leben als einer Reihe verlorener Paradiese spricht, liegt das rettende Moment in der Vergängnis, sobald jeder Tag seine verborgene Rückseite, das unbewusst Durchlebte enthüllt. Wenn aber nichts das war, wofür es gehalten wurde, mag dies auch für das Verhältnis von Tod und Leben gelten. Die Auferstehung des Vergangenen, das Werk der Erinnerung, ist Gleichnis für eine andere Ordnung als die gegebene. An einer der exponiertesten Stellen des gesamten Werks, beim Tod des Schriftstellers Bergotte, hat PROUST den letzten Richtungssinn der Kunst in die Zukunft verlegt und der Hoffnung auf Unsterblichkeit mit äußerster Zurückhaltung Ausdruck verliehen – es muss doch mehr als alles geben.

Tout se passe dans notre vie comme si nous y entrions avec le faix d'obligations contractées dans une vie antérieure; il n'y a aucune raison dans nos conditions de vie sur cette terre pour que nous nous croyons obligés à faire le bien, à être délicats, même à être polis, ni pour l'artiste athée à ce qu'il se croie obligé de recommencer vingt fois un morceau dont l'admiration qu'il excitera importera peu à son corps mangé par les vers... Toutes ces obligations qui n'ont pas leur sanction dans la vie présente semblent appartenir à un monde différent, fondé sur la bonté, le scrupule, le sacrifice, un monde entièrement différent de celui-ci, et dont nous sortons pour naître à cette terre, avant peut-être d'y retourner.

Wirkung	Als die beiden ersten Bände der *Recherche* 1913 auf Kosten des Autors bei Grasset erscheinen, ist PROUST der literarischen Öffentlichkeit Frankreichs lediglich als Übersetzer RUSKINS und als Verfasser elegant-mondäner Feuilletons bekannt, ein bezaubernder, geistreicher Dilettant. Dem 41-jährigen hatte man einen großen literarischen Wurf so wenig zugetraut, dass ANDRÉ GIDE, der Mitherausgeber der einflussreichen *Nouvelle Revue Française,* die Publikation des Manuskripts von *Du côté de chez Swann* ablehnt. Diesen Irrtum hat er später als seinen schwersten bereut und sich bei PROUST entschuldigt. Der Ruhm PROUSTS wächst dann schnell. *A l'ombre des jeunes filles en fleurs* erhält 1919 den Prix Goncourt, den bedeutendsten französischen Literaturpreis. Heute gehört sein Werk zur Weltliteratur und ist in zahllose Sprachen übersetzt.

PROUSTS Ästhetik und literarische Praxis sind ein Ausnahmefall. Alle großen Werke der Literatur gründen eine Gattung oder lösen sie auf. PROUST hat für den Roman eine unwiederholbare Form des Ausdrucks geschaffen, dessen einziges Exemplar nur er selbst sein konnte. Deshalb ist er bei späteren Autoren ohne Nachfolger geblieben. Gleichwohl ist die weitere Entwicklung des französischen Romans im 20. Jahrhundert ohne ihn nicht denkbar. So gut wie alle Romanciers haben auf ihn Bezug genommen. Das Spektrum der Reaktionen reicht von enthusiastischer Zustimmung (GIDE, COCTEAU, MORAND), kritischer Auseinandersetzung (BECKETT, SIMON, SARRAUTE) bis hin zu entschiedener Ablehnung (SARTRE, BRETON).

Literatur	Adorno (1981), Beckett (1989), Benjamin (1980), Deleuze (1964), Jauß (1986), Poulet (1963), Tadié (1983).

2 Guillaume Apollinaire und die Lyrik

Zur Person	(1880–1918). Der in Rom unter dem Namen GUILLELMUS APOLLINARIS ALBERTUS DE KOSTROWITZKY Geborene ist unehelicher Sohn von Angelica de Kostrowitzky, einer Polin italienischer Abstammung, und eines ehemaligen Offiziers der Bourbonen, Francesco Flugi d'Aspermont. 1887 gelangt der zweisprachig, im Italienischen und Polnischen aufgewachsene APOLLINAIRE in Begleitung seiner Mutter nach Monaco, bevor sie sich 1899 endgültig in Paris niederlässt. Prägend für die weitere Entwicklung APOLLINAIRES werden ein Aufenthalt in den Ardennen, deren Landschaft ihn beeindruckt, sowie eine Anstellung als Hauslehrer bei einer deutschen Adelsfamilie (1901–1902). Hier entdeckt er das Rheinland und seine Sagen. Zurück in Paris gewinnt er Zugang zu den Künstlerkreisen der Stadt und zählt bald Picasso, Derain, ALFRED JARRY und Henri Rousseau zu seinen Freunden. Seinen Lebensunterhalt bestreitet APOLLINAIRE aus den Einnahmen seiner journa-

listischen und schriftstellerischen Tätigkeit. 1914 verpflichtet er sich als Freiwilliger in der französischen Armee, wird im Jahr darauf schwer am Kopf verwundet und nach einer Schädeloperation aus dem Kriegsdienst entlassen. Er stirbt am 9. November 1918 an den Spätfolgen seiner Verletzung.

Zum Werk

Der Name APOLLINAIRE verbindet sich mit fast allen ästhetischen Avantgardebewegungen zu Beginn des Jahrhunderts. Dem bilderstürmenden *Technischen Manifest* (1909 im *Figaro*) des italienischen Futuristen FILIPPO TOMMASO MARINETTI schließt er sich mit einem eigenen Manifest, *L'antitradition futuriste* (1913), an, fordert den Bruch mit traditionellen ästhetischen Normen, die Befreiung der Wörter von Interpunktion und Syntax, die grafische Synthese von Sprache und Bild sowie die stilistische Ausrichtung der neuen Kunst an den Prinzipien der neuen Technik: Geschwindigkeit, Simultaneität, Allgegenwart. Später propagiert APOLLINAIRE den Dadaismus, verwendet sich in programmatischen Essays für die kubistische Malerei von Braques, Picasso, Délaunay, Léger, Picabia, Duchamp *(Les peintres cubistes,* 1913), zuletzt prägt er im Vorwort zu seinem 1917 uraufgeführten Drama *Les mamelles de Tirésias* den Neologismus „surrealistisch" und schenkt damit dem Surrealismus den Namen.

Als äußerst produktiver, alle avantgardistische Intelligenz sich anverwandelnder Kunsttheoretiker, Kritiker, Pamphletist, Essayist und Literat macht er sich die Forderung RIMBAUDS *Il faut être absolument moderne* aufs entschiedenste zueigen. Manche der von ihm entworfenen Szenarien, so die Schilderung eines Pogroms an den gesellschaftlich funktionslos gewordenen Dichtern *(Le poète assassiné,* 1916), erweisen sich als prophetisch. In Drama und Prosa *(L'enchanteur pourrissant,* 1904; *L'Hérésiarque et Cie,* 1910; *Le Flâneur des deux rives),* 1925) leistet er Bedeutendes, seinen Ruhm – vom pornographischen Werk *(Les exploits d'un jeune Don Juan, Les onze mille verges)* des großen Erotomanen wäre an anderer Stelle zu reden – verdankt er jedoch zuerst den beiden Gedichtsammlungen *Alcools* (1913) und *Calligrammes* (1918). Das kam so.

Alcools

Alcools hat für die französische Poesie der ersten Jahrhunderthälfte fundamentale Bedeutung. Als der mit einem von Picasso verfertigten Portrait APOLLINAIRES versehene Band im April 1913 in einer Auflagenhöhe von kaum 600 Exemplaren erscheint, bedeutet dies den Durchbruch der modernen Lyrik. Der uneinheitliche Charakter der Sammlung erklärt sich aus ihrer fast fünfzehnjährigen Vorgeschichte. Die fast sämtlich bereits zuvor in Zeitschriften publizierten Gedichte verdanken sich den verschiedensten Anlässen, ein Umstand, der das Nebeneinander heterogener Formen, Sprachregister und Stilhöhen wie die thematische Vielfalt dieser Verse bedingt. Ihre Anordnung erfolgt weder gemäß der Chronologie ihrer Entstehung noch in Ansehung thematischer Zusammenhänge. APOLLINAIRE ist es dabei nicht um bewusste Verrätselung zu tun, der selbstgesetzte Anspruch der „Modernität" verbietet das Gleichmaß organischer Entwicklung. Indes lassen die Gedichte sich thematischen Zentren zuordnen. Nach dem emblematischen Eingangsgedicht *Zone*, den beiden nicht minder berühmten Liebesgedichten *Le Pont Mirabeau, La Chanson du Mal-Aimé* sowie Gedichten, welche bis auf die symbolistischen Anfänge des Autors zurückgehen *(Salomé, Lul de Faltenin, Le brasier)*, bilden die oft in Wehmut versunkenen Rheinlieder der *Rhénanes* einen Zyklus von sechs Gedichten. Einen zweiten Zyklus stellen die fünf unter dem Titel *A la santé* vereinigten Gedichte dar. Als im August 1911 die Mona Lisa aus dem Louvre gestohlen wird, fällt der Verdacht – so viel traut man ihm zu – auch auf den unsteten, stets am Rand der Gesellschaft lebenden APOLLINAIRE, der daraufhin einige Tage im Pariser Stadtgefängnis Santé festgesetzt und bald wieder laufen gelassen wird. Das neun Teile umfasssende, Picasso gewidmete Gedicht *Les fiançailles* bildet einen weiteren Ring. Das ekstatische *Vendémiaire* (im Revolutionskalender der Monat der Weinernte) beschließt den Band.

Formal bewegt sich *Alcools* zwischen dem Alexandriner der traditionellen Metrik, volksliedhaften Rhythmus- und Reimformen sowie freien Vers- und Strophenformen. Der Titel *Alcools* steht nicht allein für den rauschhaften, dionysischen Zug dieser Dichtung. Die Themen von Trunkenheit, Wein und Trauben durchziehen den Text zwar von Anfang bis Ende, der eigentliche Grund dafür liegt aber in den narkotischen wie halluzinierenden Effekten des modernen Großstadtlebens, ein Schau- und Scheinbild, dessen strahlendste Entfaltung die Metropole Paris ist.

Fokus

Zone

A la fin tu es las de ce monde ancien
Bergère ô tour Eiffel le troupeau des ponts bêle ce matin
Tu en as assez de vivre dans l'antiquité grecque et romaine

Ici même les automobiles ont l'air d'être anciennes
La religion seule est restée toute neuve la religion
Est restée simple comme les hangars de Port-Aviation

Seul en Europe tu n'es pas antique ô Christianisme
L'Européen le plus moderne c'est vous Pape Pie X
Et toi que les fenêtres observent la honte te retient
D'entrer dans une église et de t'y confesser ce matin
Tu lis les prospectus les catalogues les affiches qui chantent tout haut
Voilà la poésie ce matin et pour la prose il y a les journaux

Noch vor der ersten Lektüre, bereits beim bloßen Anblick dieser Verse, springt ihre epochale Neuheit ins Auge. APOLLINAIRE verzichtet auf jede Interpunktion. Für ihn kann die Skandierung von Sinn und Bedeutung nicht mehr dem Satzzusammenhang anvertraut werden, einzig die freie Folge von Wahrnehmungen, Sinneseindrücken und Assoziationen vermag sich in ihrer unvermittelten Sprunghaftigkeit der städtischen Realität anzugleichen. APOLLINAIRE verfährt hier bei aller Konstruktion durchaus mimetisch. Denn die Bewegung des Gedichts zeichnet den ziellosen Gang eines Flaneurs durch Paris nach. BAUDELAIRE hatte dessen Gestalt für die Dichtung entdeckt, APOLLINAIRE lässt das Disparate seiner Erfahrungen zum Formprinzip werden. So wie der Ausfall der Zeichensetzung jedes Wort isoliert und zugleich in eine ambivalente Fülle möglicher Beziehungen setzt, sind auch für den Flaneur die Gegenstände und Ereignisse des Straßenraums keiner einheitlichen Perspektive mehr integrierbar.

Die zweite Neuerung besteht in der durchgängigen Anrede des Lesers. Ein Auftakt wie *A la fin tu es las de ce monde ancien* bezieht den Leser sofort und unmittelbar ein und verschmilzt Gedicht, Autor und Adressaten zu einer unlösbaren Einheit, einer Einheit einzig von Rissen. Schon der Titel *Zone* ist so ein Riss. Er bezeichnet jene Baracken und Unterkünfte, welche die im Zuge der Haussmannschen Stadtsanierung (1853–1870) aus den Pariser Innenstadtquartieren vertriebenen Arbeiter und Lumpenproletarier auf den Freiflächen der ehemaligen Stadtbefestigungen errichtet hatten.

„Zone" hat neben dem räumlichen auch einen zeitlichen Sinn. Der Stadtpräfekt Haussmann, der „artiste démolisseur", hatte binnen zweier Jahrzehnte das alte, zu Teilen noch mittelalterlich geprägte Paris niederreißen lassen und den ökonomischen und strategischen Erfordernissen des prosperierenden Kapitalismus gemäß eine völlig neue Stadt errichten lassen. Das alte, eben verschwundene Paris ist so vollständig von dem neuen verschieden, dass es sich zu ihm wie die Antike zur Moderne verhält. Die Grenze zwischen diesen beiden Welten läuft durch das ganze Gedicht, ein Gegensatz wie zwischen Stadt und Land, den APOLLINAIRE in virtuosen Bildern zusammenzwingt. *Bergère ô tour Eiffel le troupeau des ponts bêle ce matin, des troupeaux d'autobus mugissants près de toi roulent.* Zugleich sind Antike und Moderne nicht nur einfache Gegensätze. Die Zeit und die Klage über die Vergänglichkeit sind Grundthemen APOLLINAIRES. Doch gerade das Neueste und technisch Avancierteste, das Auto, wird unter seinem Blick zur fernen Vergangenheit. *Ici même les automobiles ont l'air d'être anciennes.* Neben dem immer schnelleren Veralten der Gegenwart kennt das Gedicht noch ein anderes Verhältnis zum Gewesenen. *C'est le Christ qui monte au ciel mieux que les aviateurs/Il détient le record du monde pour la hauteur.* Durch die Technik, hier das Erschließen des Luftraums durch Flieger, werden die alten Mythen der Menschheit, hier die Himmelfahrt Christi, aktuell und realisierbar.

Zum dritten sind die Zonen die vielfältigen Räume der inneren Welt und der Erinnerung. Die Kathedrale von Chartres, das Mittelmeer, Marseille, Koblenz, Rom und Amsterdam, aber auch die schmerzhafte Vergegenwärtigung des verlorenen Kinderglaubens lassen den Pariser Schauplatz in den Hintergrund treten. Wieder überlagert und vermengt sich zeitlich und räumlich Entferntes. Damit ist ein entscheidendes Moment der Poetik Apollinaires genannt, die synthetische Technik der Simultaneität. Vorgebildet findet sie APPOLINAIRE, der seit 1907 mit der Malerin Marie Laurencin befreundet ist, in der futuristischen und kubistischen Malerei. Dort war die Zentralperspektive zu Gunsten der gleichzeitigen Abbildung mehrerer Aspekte derselben Person oder Sache aufgegeben. Nun ist ein Gedicht an die Sprache und damit an einen zeitlichen Verlauf gebunden. Doch die fehlende Interpunktation des Gedichts soll dessen Inhalte aus der chronologischen Folge herausheben. Verschiedene Orte und Vergangenheiten sind im Bewusstsein des lyrischen Ich gleichzeitig präsent und in unmittelbare Nachbarschaft gesetzt. Diese Nähe verdankt sich keinem raumzeitlichen Kontinuum, sondern dem assoziativen Zusammenhang im Bewusstsein und ist so veränderlich wie dies selbst. Die Gleichzeitigkeit des Ungleichzeitigen spaltet dann das lyrische Ich, das sich in einem Du selbst anredet.

Bei aller Anarchie im Detail gehorcht der Streifzug des Flaneurs doch einer kreisförmigen Ordnung. Bereits der erste Vers deutet es an. Am Ende, nachdem er immer wieder auf die eigene Einsamkeit inmitten der anonymen Massen zurückgeworfen wird , kehrt er in das reale Paris zurück, ebenso wie das Gedicht, das am Morgen begann und am nächsten Morgen endet, zirkulär in sich zurückläuft. *Zone,* das ursprünglich *Cri* betitelt war, schließt mit einem Akkord jäher Verzweiflung:

Adieu Adieu
Soleil cou coupé

Calligrammes

Calligrammes erscheint im April 1918 mit dem Untertitel *Poèmes de la paix et de la guerre.* Die meisten der zwischen 1913 und 1916 entstandenen Gedichte dieser Sammlung werden während des Ersten Weltkriegs, manche im Schützengraben geschrieben und in Frontzeitungen gedruckt. Der in sechs Abschnitte gegliederte Band weist in drei Kapitelüberschriften noch einmal auf seinen zentralen Gegenstand, den Krieg, hin: *Étendards, Lueurs des Tirs, Obus couleur de lune.* Die noch vor Kriegsbeginn geschriebenen Gedichte des ersten Teils, *Ondes,* führen die formale Neuerung vor Augen, welcher der Band seinen Titel verdankt. Bereits APOLLI-

NAIRES Gedichtzyklus *Le bestiaire ou cortège d'Orphée* (1911), den Raoul Dufy mit Holzstichen illustriert, ist eine Synthese von Wort und Bild. Kalligramme sind Bildgedichte, deren Thema schon durch die grafische Anordnung der Zeilen erkennbar wird. Die vom deutschen Barock über die französische Renaissance bis hin zur Antike reichende Tradition der Kalligramme zielt auf eine Visualisierung der Poesie, auf die bildliche und figürliche Anordnung des Textes, auf die typografische Auflösung des Wortes. APOLLINAIRE intensiviert dieses Verfahren. Für Formsprache und Sinnbildlichkeit des poetischen Ausdrucks bedeutet es eine ähnliche Revolution wie zuvor der Wegfall jeglicher Interpunktion in *Alcools*. 22 der insgesamt 84 Gedichte des Buches sind solche Kalligramme, zudem verwendet APPOLINAIRE drucktechnische Mittel wie Majuskelschrift, Kursiv- und Fettdruck zur Gestaltung der teils reimlosen Verse.

Das Resultat ist ein Gegenstück zu dem sich im Kubismus durchsetzenden Verfahren, Schriftzeichen ohne Rücksicht auf ihre konventionelle Bedeutung als Elemente der Bildfläche zu verwenden. Die räumliche, nicht mehr sukzessive Anordnung der Wörter verlangt eine neue, zweidimensionale Lektüre, die der Betrachtung eines Bildes ähnlicher ist als der eines Textes. Eindeutige Kausalitäten sind zu Gunsten der synchronen Fülle möglicher Sinnbezüge aufgelöst. *Calligrammes* realisiert die moderne „Schönheit", die über die Elemente der Wirklichkeit frei verfügt und sie zu einem neuen Kosmos ordnet. Diese Poesie entspringt der Collage wie der Montage und damit einer Wahrnehmungsform, für die Zeitung und Reklameflächen das Muster bilden. MALLARMÉS hermetisches Gedicht *Coup de dés* hatte die grafischen Spannungen der Werbeannonce als erstes in das Schriftbild umgesetzt. Die ästhetische Technik APOLLINAIRES führt die Wort-Bilder in sprunghafter Nähe so vor Augen wie die Reklame die Dinge, die sie verkaufen will.

Die zweite Besonderheit von *Calligrammes* bilden die so genannten „Konversationsgedichte", *Les fenêtres* oder *Lundi rue Christine*. Die von antitraditionellem Geist inspirierte Lyrik APOLLINAIRES öffnet sich damit der Straße und der alltäglichen Rede. Die Inkohärenz der Verse gleicht den zusammenhanglosen Sprachfetzen, die man am Tisch eines Boulevardcafés hört. Eine Anekdote will wissen, dass APOLLINAIRE auf diese Weise, indem er fertige Äußerungen einfach übernahm, zu seinem Gedicht gekommen ist. Das sei so oder anders, jedenfalls wirkt hier eine neue, auch humoresk-spielerische Logik, die alle Verse gleichwertig nebeneinander stellt. Weil keine Handlung geschildert wird, können die einzelnen Sätze in jeder beliebigen Reihenfolge gelesen werden. Der von Marcel Duchamp eingeführte Begriff des Ready-made, alltägliche Gegenstände ohne Veränderung ihrer äußeren Gestalt zur Kunst zu erklären, findet Eingang in die Lyrik. Einzigkeit und Unwiederholbarkeit sind nicht länger die Kriterien des Kunstwerks.

Die ästhetische Bewältigung des Krieges ist der problematischste Teil der *Calligrammes*. Nicht allein der nationalistischen Töne wegen, wodurch der Kriegsfreiwillige und Nicht-Franzose APOLLINAIRE sich seinem Gastland zu empfehlen hofft, oder weil die Gedichte vom Grauen der Schlachtfelder nichts wissen – es ist die Ästhetisierung des Krieges, die diese Verse in Teilen so unannehmbar macht. APOLLINAIRE besaß immer schon einen charlatanesken Hang zur Mystifikation und Mythenbildung: Mystifikation des Wortes in lyrischer Alchimie, mythische Helden in Prosa (Croniamantal, Merlin), Drama (Tiresias) und Lyrik (Orpheus sowie die Figuren des Rheinmythos, Loreley und Schinderhannes). Jetzt wird der monumentale Aspekt der Technik und ihr Gebrauch zum Töten zum neuen Mythos. Wie die italienischen Futuristen hält sich APOLLINAIRE an die unverwertbare, das heißt ästhetische Seite der Technik. Ihre Betrachtung, nicht ihre Verwendung interessiert ihn. Geschwindigkeit, Ortswechsel, Simultaneität, Ubiquität, Choc: Funktionen und Wirkungen von Kriegstechnik und Waffen sucht APOLLINAIRE in einer Telegrammsprache stilistisch nachzubilden. Wie sehr er das Maschinenwunder missversteht, zeigt die verklärende Darstellung eines Flugzeugabsturzes im Bild einer Sternschnuppe *(La petite auto)*. Wo die Eroberung des Luftraums den mythischen Ikarus zu übertreffen glaubt, wiederholt sie ihn in Wahrheit nur. Der Versuch der ästhetischen Bewältigung des Krieges schlägt um in seine Verherrlichung.

Film

APOLLINAIRE ist nicht nur vom neuen Medium fasziniert, visionär begreift er auch als einer der ersten die epochale Bedeutung des Films. Denn der Film weist weit über den Bereich der Kunst hinaus, indem er die Wahrnehmung überhaupt auf neue Grundlagen stellt. Durch aufgesplitterte Perspektiven hatte der Kubismus der zweidimensionalen Bildfläche die Dimension der Bewegung hinzugefügt. Dasselbe gelang den Kalligrammen in der Sprache. Die Bewegung selbst wird aber erst durch den Film zur Darstellung gebracht. Die schnelle Reihung heterogener Bilder, die Diskontinuität der Schnitte, das Ineinander verschiedener Räume mittels der Überblendungstechnik, die Raffung von Szenen in der Zeitlupe, die Montage zeitlich auseinander liegender Handlungen, die Zerstückelung der Erfahrungswirklichkeit, die Gleichzeitigkeit zweier Ereignisreihen, die Darstellung von Geschwindigkeit und Tempo, die kollektive Rezeption: APOLLINAIRE begrüßt den Film als Kunstform der Zukunft, die die Ära des Buches in wenigen Jahrzehnten beenden wird.

Wirkung

Die französische Literatur des 20. Jahrhunderts, vielleicht die europäische Kunst überhaupt wäre ohne APOLLINAIRE in anderen Bahnen verlaufen. Die Freundschaft mit Braque, Derain und Picasso führt ihn zum Experiment kubistischer Lyrik, seine Kunstkritik reflektiert den Wirklichkeitsbezug der neuen Malerei und verhilft ihr zur Anerkennung. Mit MARINETTI gibt er die Losungen des Futurismus aus, in seinen Manifesten stellt er mit äußerster Heftigkeit in Form und Gehalt die Quellen der poetischen Inspiration in Frage und orientiert sie an den Prinzipien der Technik. Mit dem Sinn für das Unwahrscheinliche, mit der Einbeziehung aller Aspekte der Wirklichkeit in die Literatur steht er am Anfang des Surrealismus. In seinen dramatischen Konzeptionen bricht er mit der naturalistischen Theaterästhetik und weist auf ANTONIN ARTAUD voraus wie auf ALFRED JARRY zurück. Zwischen *ordre* und *aventure* vermittelt der Wegbereiter der Moderne zugleich den neuen Geist mit den Beständen der Tradition. Neue Mythen reihen sich an alte, die Rheinlieder sind von deutscher Romantik beeinflusst, die Liebesgedichte echoen die alte Klage über die flüchtigen Jahre und das Vergehen der Liebe.

Literatur

Décaudin (1990), Grimm (1993), Grimm (1982), Meter (1980), Pia (1954), Renaud (1969).

3 Alfred Jarry und das Drama

Zur Person

(1873–1907). Einer bretonischen Familie enstammend, wächst JARRY in der französischen Provinz (Laval) auf. Im Oktober 1888 zieht die Familie nach Rennes. Nach dem mit Auszeichnung bestandenen Abitur geht der achtzehnjährige nach Paris und entscheidet sich, als die Aufnahmeprüfung für die *École Normale Supérieure* zweimal missrät, für ein Philologiestudium an der Sorbonne, das er nicht zu Ende bringt. In Paris knüpft er Verbindungen zu symbolistischen Literaturzirkeln (SCHWOB, VERLAINE, MALLARMÉ), die ihn bei seiner redaktionellen Tätigkeit in verschiedenen Literaturzeitschriften unterstützen. In der Spielzeit 1896/97 arbeitet er als Dramaturg am *Théâtre de l'Oeuvre*. JARRY, der nie einen bürgerlichen Beruf ausübt, lebt zumeist am Rand des Existenzminimums. Sein exzentrisches Leben, das er zunehmend nach dem Vorbild seiner theatralischen Hauptfigur, Roi Ubu, stilisiert, ist von den aberwitzigsten Anekdoten und Anarchismen begleitet. Im Jahre 1905 feuert JARRY, der mit den Jahren immer schießwütiger wird, mit einer Pistole auf den Gast eines Diners, der ihm nicht schmeckt. Als er am 1. November 1907 im Pariser Charité-Krankenhaus, nachdem er die letzten Sakramente empfing, stirbt, lässt er noch einen letzten Wunsch vernehmen: man möge ihm einen Zahnstocher bringen.

In das Bewusstsein der Nachwelt ist JARRY mit einem einzigen Werk, mehr noch mit einer einzigen Figur, dem roi Ubu, eingegangen. Daran war er selbst nicht ganz unschuldig, da er an der Identifikation von Autor und Kunstfigur nach Kräften mitwirkt. Dennoch wäre es verkehrt, JARRY auf die eine Dimension zu reduzieren. Die Diversität seiner Schriften verbietet es. Überdies fällt vom erzählerischen Werk, das eine Reihe von Themen, technischen und stilistischen Besonderheiten des großen Dramas variiert oder fortentwickelt, ein schärferes Licht auf seine Merkwürden Ubu.

Messaline (1901). Der Roman präsentiert sich als eine Art Sittengemälde des heidnischen Roms. JARRY tuscht dieses Bild mit starker Tinte, Erhabenes und Lächerliches, Tiefsinn und Farce verlaufen ineinander. Für den Stoff greift er auf die Schriftsteller der römischen Kaiserzeit, TACITUS, SUETON und JUVENAL zurück. Die Fabel erzählt von der Kaiserin Messalina, Herrscherin und Hure, berüchtigt wegen der Wahllosigkeit ihres maßlosen Liebeshungers. Nicht der aus historischen Quellen zusammengestückte Stoff ist primär von Belang, sondern seine Behandlung. Die Romanszenen sind lose miteinander verbunden, die Übergänge ohne psychologische Motivierung. Parodie und Fantastik triumphieren über die Wahrscheinlichkeit, die phallische Gottheit Priapus-Pan über den Gott der Christen. Das göttlichste Prädikat des Priapus ist Obszönität, was die oft artifizielle Romansprache in einem Arsenal von Neologismen, Frivolitäten und syntaktischen Monstrositäten festhält.

Le surmâle, 1902 erschienen, ist ein auf das Jahr 1920 datierter Zukunftsroman, der die eigene Gattung parodiert. Futur und Vergangenheit vereinen sich in der Gestalt des auf Schloss Lurance lebenden André Marcueil. Mit dem Esprit und konventionellen Stil seiner Salongespräche ragt er noch tief in das 19. Jahrhundert hinein, die ins Extreme gesteigerte Begeisterung für technische Perfektion teilt er mit der fortschrittsgläubigen neuen Zeit: der geschlechtliche Akt ist genau so reproduzierbar wie die industriell erzeugten Objekte. Darin nimmt das Werk die entsprechenden „eugenischen" Experimente der Nationalsozialisten vorweg. JARRYS surreale Metaphorik erfasst die Technik zugleich in einem historischen Stadium, als man der Unfertigkeit des neuen Produktionmittels noch nicht ansah, ob sie instrumentelle oder spielerische Verwendung finden würde.

Gestes et opinions du Docteur Faustroll, Pataphysicien wird nach Vorabdruck einzelner Kapitel in Zeitschriften 1911 posthum publiziert. Die Titelfigur des Romans ist für das Gesamtwerk JARRYS kaum weniger bedeutsam als Ubu. Wie er ist Faustroll Führer – das Titanische *(Faust)* und das Närrische *(Faust-drôle)* liegen hier dicht an dicht, in einer grotesk unwahrscheinlichen Welt. Logik,

Zeit und Raum sind aus den Fugen: der Doktor Faustroll wird 1898, als das 20. Jahrhundert minus zwei Jahre alt war, in Tscherkessien geboren und zwar im Alter von dreiundsechzig Jahren. Fortan altert er in seinem Leben nicht mehr. Eine unwahrscheinliche Reise nach Paris wird zum Gründungsereignis der neuen Wissenschaft imaginärer Lösungen, der Pataphysik, welche die Metaphysik im selben Maß übersteigt wie sie die Physik. Gegen das vorhandene Universum mit seiner Methode szientifischer Induktion wird das Diktat der Fantastik gestellt, die durch stupende Kombinatorik über imaginäre Kunstwelten gebietet oder diese erzeugt. JARRY, dessen drastische Komik RABELAIS fortsetzt, nennt in chaotischem Wirbel die Stationen auf dem Weg zur Pataphysik: RIMBAUD, JULES VERNES, LAUTRÉAMONT, GRABBE, das Lukas-Evangelium, MALLARMÉ, Gauguin und schließlich Ubu selbst. Zuletzt kommt es dahin, dass sich die Pataphysik im Jahr 1950 als seriöse Wissenschaft in Gestalt eines „collège de Pataphysique" institutionalisiert. RAYMOND QUENEAU hält den Rang eines „transzendentalen Satrapen", gemeinsam wird in einem oder anderen Sinne an der Fortführung der Lehre JARRYS gearbeitet: Gott ist der kürzeste Weg von Null bis unendlich.

Fokus

Merdre. Mit diesem Wort, zu Deutsch etwa „Schreisse", beginnt die Geschichte des avantgardistischen Theaters des 20. Jahrhunderts in Frankreich. Das heißt, sie beginnt am 10. Februar 1896 im Pariser *Théâtre de l'Oeuvre,* wo das von Lugné-Poé inszenierte und MARCEL SCHWOB gewidmete Stück *Ubu roi* uraufgeführt wird und einen Skandal verursacht. Bis 1906 wird das Ubu-Motiv zum Zyklus erweitert, 1900 erscheint *Ubu cocu,* den dann noch *Ubu enchaîné* und *Ubu sur la butte* zum Kreis schließen, was den Mythos des ubu-zentrischen Weltbildes begründet. Wie wenig sich JARRY um ästhetische Konventionen schert, mag bereits jenes erste und später leitmotivisch verwendete Wort zeigen, wie unzeitgemäß er ist oder seiner Zeit voraus, lehrt ein einfacher Vergleich. Das meistgespielte Stück der Jahrhundertwende, einer der größten französischen Bühnenerfolge überhaupt ist das Mantel- und Degenstück *Cyrano de Bergerac* von EDMOND ROSTAND, das zum ersten Mal im Dezember 1897 über die Bretter geht und enthusiastische Zustimmung findet, während die Uraufführung von *Ubu* scheitert. Ein Blick auf das Bühnengeschehen in Frankreich vor der Jahrhundertwende hilft, die Position JARRYS gegenüber dem symbolistischen und naturalistischen Theater sowie dem Boulevardtheater zu begreifen.

Vor Einführung des Films – 1894 erfinden die Gebrüder Lumière den ersten Kinematographen – hat das Boulevardtheater eine dem heutigen Massenkino und Fernsehen vergleichbare Bedeutung. Komplementär zur gesellschaftlichen Entwicklung, die zusehends unter dem Primat der Zweckrationalität steht, soll die Kunst in die zweckfreie Sphäre des Amüsements entführen, dies aber gemäß strengen Regeln. Der theatralische Charakter der III. Republik, wie er sich bei den Pariser Weltausstellungen manifestiert, offenbart die gesellschaftliche Funktion der ästhetisch eingeübten Konventionen. Die *pièce bien faite* setzt die Norm für Dramaturgie, Personen und Inszenierung. Der formalen Stereotypie eines kleinbürgerlichen Realismus *(art pompier)* entspricht die Stereotypie der Figuren und ihrer Konstellationen. Die Handlung (Liebe, Ehe, Moralkonflikte) muss logisch so nachvollziehbar wie psychologisch wahrscheinlich sein. Repräsentanten des Boulevardtheaters, das seine Fortexistenz bis zur Gegenwart nicht zuletzt seinem Mittelmaß und der ungebrochenen Nachfrage danach verdankt, sind, neben ROSTAND, ALEXANDRE DUMAS, LUCIEN und SACHA GUITRY, FERNAND BEISSIER, TRISTAN BERNARD, GEORGE COURTELINE, VICTORIEN SARDOU und EUGÈNE SCRIBE.

Einer solchen Praxis opponiert die naturalistische Konzeption des Theaters. Sie entlehnt ihre Prinzipien in erster Linie dem naturalistischen Roman. Sein Exponent ist ZOLA, der auf Basis der Milieutheorie Hyppolite Taines den restlosen Einbezug der gesellschaftlichen wie historischen Wirklichkeit in das Bühnengeschehen fordert. Die ästhetisch, soziale und moralische „vérité" löst die bürgerliche Konvention als Darstellungsnorm ab. Damit wird die Repräsentation nach unten hin durchlässig, die Lebenswelt der real Deklassierten erhält Bühnenrecht, wenn auch präpariert zum Gegenstand der Betrachtung. Der Naturalismus verlangt eine realistische Sprache, eine naturgetreue Diktion und Haltung der Schauspieler. Kulissen, Dekor und Requisiten haben das entsprechende Milieu abzubilden. HENRY BECQUE, OCTAVE MIRBEAU und JULES RENARD lieferten die Stücke, ANDRÉ ANTOINE (1858–1943) ist der kongeniale Regisseur dieses Theaters, das von ihm gegründete *Théâtre Libre* Schauplatz einer Theaterrevolution. Die Trennung von Bühne und Publikum, die Abdunkelung des Zuschauerraums sind seine Erfindungen. Damit wird auch die Schwelle deutlich, die der Naturalismus bei allen Neuerungen nie überschreitet: das dem Alltag entrückte Illusionstheater soll an keiner Stelle durchbrochen werden.

Das symbolistische Theater ist eng mit dem Werk von MAURICE MAETERLINCK (1862–1949; *Les aveugles, L'intruse, Pelléas et Mélisande,* Nobelpreis für Literatur 1911) verbunden. Es entsteht als Reaktion auf die dramaturgischen Prinzipien des Naturalismus. Das symbolistische Theater hat seinen Gegenstand am schlechthin Ungestaltbaren. Hinter der sichtbaren ersten Wirklichkeit steht eine geheimnisvolle zweite. Im Maße wie das Wirkliche für unerkennbar erklärt wird, lädt es sich mit einer überwirklichen, metaphyischen Bedeutung auf. Die Handlung weicht der Situation oder der Zuständlichkeit, das dramatische Geschehen wird undramatisch, da es auf Wiederholung, nicht auf Entwicklung beruht. Grenzsituationen wie Tod, Schicksal, existenzielle Ohnmacht machen die Personen des symbolistischen *drame statique* zu Statisten, die passiv dem Gang der Dinge sich fügen. Dem abstrakt Allgemeinen solchen Geschicks entspricht die Entindividualisierung der Personen. Sie treten als Typen auf, in denen sich ein allgegenwärtiges und allmächtiges Fatum manifestiert. Dem Sichtbarmachen des Unsichtbaren dient die symbolistische Theatersprache. Bei der Aufführungspraxis hat sich alles dem Primat des Wortes unterzuordnen. Pariser Spielstätten dieses Theaters sind das 1890 von Paul Fort gegründete *Théâtre d'Art* und Lugné-Poes *Théâtre de l'Oeuvre*.

In die Atmosphären dieser Theaterlandschaft zündet JARRY den *Ubu roi*. Ubu, Exkönig von Aragon und Offizier am polnischen Königshof, bereitet mit Mère Ubu und dem Hauptmann Bordure ein Attentat auf den polnischen König Venceslas vor. Das Komplott hat Erfolg, nach der Machtergreifung Ubus wird der gestürzte König samt seiner Familie verfolgt, sein Heerzug vernichtet. Folgt die Entwicklung Ubus zum Ursupator, der skrupellos seine ganze Macht darauf verwendet, die Untergebenen auszubeuten und sich selbst maßlos zu bereichern. Die Brutalität und Raffgier Ubus bringen das Volk gegen ihn auf, der in Ungnade gefallene und nach Moskau geflohene Bordure animiert den russischen Zaren Alexis zu einer militärischen Intervention in Polen. Die kriegerische Auseinandersetzung führt zur Katastrophe. Das Stadtschloss in Warschau wird erobert, Ubus Soldateska in der Ukraine geschlagen, der rechtmäßige Thronfolger Bougrelas ernennt sich zum neuen König. Mit seiner Frau, die vergeblich den Staatsschatz an sich zu bringen versucht, flieht Ubu vor dem nachrückenden russischen Heer. In einer Höhle in Litauen kommt es zum Streit, an dessen Ende Père Ubu Mère Ubu zerreißt. Die weitere Flucht führt Ubu mit seinem Anhang, die sich inzwischen wieder versöhnt haben, über die Ostsee. Nach der Rückkehr nach Frankreich will Ubu das Amt des Finanzministers bekleiden. Die Handlung gehorcht der herkömmlichen Aktaufteilung, aber eben damit geschieht etwas Neues. Denn die Entwicklungslogik des klassischen Dramas: Exposition – Peripetie – Katastrophe ist nur noch Hohlform, die Grundbegriffe der dramatischen Form überleben als zitierbare Geste: sie werden parodiert. Die in *Ubu roi* dargestellte Handlungsebene irrealisiert sich im selben Moment, wo sie mittels des Bühnengeschehens Realität zu erzeugen scheint.

Zeit und Raum. Bei der Abfolge der Episoden beachtet JARRY die chronologische Folge und unterläuft sie zugleich. Akt III, Szene 3 spielt in einem Bauernhaus in der Umgebung von Warschau. Ein aus Krakau kommender Bauer berichtet den Ortsansässigen über die Taten des neuen Königs Ubu, der mehr als 300 Adlige und 500 Amtsleute hinrichten ließ, die Steuerlasten verdoppeln und überdies auch noch persönlich eintreiben will. Ubu erscheint plötzlich inmitten der Versammlung, es kommt zum Handgemenge. Unmittelbar danach springt die Szene um, Ubu befindet sich jetzt in den Kasematten der Festung Thorn im Gespräch mit Bordure. Das gesamte zuvor berichtete Geschehen soll sich, den Aussagen Bordures zufolge, in einem Zeitraum von 5 Tagen abgespielt haben. *Prenez garde, Père Ubu. Depuis cinq jours que vous êtes rois, vous avez commis plus de meurtres qu'il n'en faudrait pour damner tous les saints du paradis.* Die Unwahrscheinlichkeit, dass in so kurzer Zeit so viele Handlungen an verschiedenen Orten von einer einzigen Person begangen werden, hebt die aristotelische Forderung nach Einheit der Zeit und des Ortes im Drama auf. Während der Aufführung sind die einzelnen Szenen überdies nicht durch Zwischenvorhänge getrennt, ein Schauspieler zeigt die jeweiligen Orte auf einer Schreibtafel an. Simultaneität und Ubiquität: die Prinzipien seines Freundes Apollinaire überträgt Jarry auf das Theater.

Logik. Die obige Begegnung zwischen Ubu und den Bauern hebt mit einem heftigen Wortwechsel an. Ubu droht dem Wortführer der Bauern, Stanislas Leczinski, sogleich mit dem Tode, falls dieser ihm nicht endlich zuhöre. *Père Ubu: Mais, vas-tu m'écouter enfin? Stanislas: Mais Votre Excellence n'a encore rien dit. Père Ubu: Comment, je parle depuis une heure.* Der Unsinn im Verhältnis von Rede und Replik ist handgreiflich, mit dem absurden Dialog wird aber die Zeit selbst zur Leerform zersetzt. Die *pièce bien faite* wurde zur ungewollten Parodie des klassischen Dramas, als sie den Dialog durch die Konversation ersetzte. Anders als der ist die unabschließbar, denn aus keiner Replik resultieren unwiderrufliche Folgen oder gar Handlungen. Diese Unverbindlichkeit überbietet Jarry noch einmal, indem mit dem Zusammenhang von Frage und Antwort das logische Verhältnis von Grund und Folge in Frage gestellt ist. Die Kausalität wird zum Kalauer. *Père Ubu: Sil n'y avait pas de Pologne, il n'y aurait pas de Polonais.*

Sprache. Sie beginnt sich im Stück von ihrem semantischen Element zu emanzipieren. Neben zahlreichen Neubildungen, Archaismen und Verformungen des Vokabulars, neben Stereotypen, Tiraden, lexikalischen und syntaktischen Deformationen finden sich stilistische Parodien der biblisch-liturgischen Sprache. Zum anderen verselbständigt sich das klanglich-rhythmische Moment der Wörter, so bei der verbalen wie handfesten Auseinandersetzung von Père und Mère Ubu und Bougrelas.

Handlung und Personen. Der vom Stück behandelte Stoff gleicht in der Form einem Königsdrama, das sich zur Farce verkehrt. Tragik und Komik verlieren ihre Unterscheidbarkeit. Vom ersten bis zum letzten Akt ist *Ubu roi* von literarischen Parodien durchsetzt, vor allem mit Bezug auf Figuren SHAKESPEARES. König Lear wird von König Ubu beerbt, auf Lady Macbeth folgt die Mutter Ubu. Für eine Fülle von Einzelszenen – das Verschwörerdrama, der Schwur nach dem gelungenen Staatsstreich, der Zweikampf Ubus mit dem russischen Zaren – finden sich Vorbilder in der europäischen Literatur: CORNEILLE, SCHILLER, SHAKESPEARES Hamlet, SOPHOKLES' Oedipus, der Kampf zwischen Achill und Hektor bei HOMER. Die traditionellen Ausdrucksmittel haben für JARRY jede ästhetische und moralische Verbindlichkeit verloren, weil die geschichtlich-gesellschaftlichen Verhältnisse sich grundlegend veränderten.

JARRYS Absage an das naturalistische Bühnendekor beruht auf der Einsicht, dass durch bloße Abbildung die Realität nicht erkennbar wird. JARRYS *théâtre-action* ist Polemik gegen ein Theater, das moralische oder metaphysische Ideen repräsentiert. Gegen die Symbolik der Wortsprache mobilisiert er die Gesamtheit der theatralischen Ausdrucksmittel, die präsentieren und nicht mehr auf eine Bedeutung verweisen. JARRY verzichtet auf psychologische Motivation der Handlung. Die entindividualisierte, marionettenhafte Typologie seiner Figuren – die Schauspieler verwenden Gesichtsmasken – vergegenwärtigt das Triebhaft-Unbewusste und damit das am Subjekt, was am wenigsten Ich ist. Ubu ist vollkommen seinen Instinkten, seiner Feigheit und kriminellen Idiotie, seiner Brutalität und Bestialität unterworfen. Seine Verbrechen sind ohne Motiv, sie bleiben ungestraft und verursachen neue Katastrophen. Die Figur Ubus geht auf JARRYS Schulzeit in Rennes zurück, wo der fünfzehnjährige seinen Physiklehrer Hébert in einem grotesken Marionettenstück karikierte. Über den individuellen Anlass hinaus hatte er damit einen sozialen Typus erfasst, der geschichtlich folgenreich wurde. Ubu ist der Spießbürger, der sich zum modernen Diktator aufwirft.

Wirkung

JARRY hat zu Lebzeiten kaum Anerkennung gefunden, er hat sie aber auch nicht unbedingt gesucht. Immerhin zollt der spätere Volksfrontpräsident Léon Blum dem Ubu seine Anerkennung, an JARRYS Beerdigung nehmen so ungleiche Geister wie PAUL VALÉRY und APOLLINAIRE teil. Was in Jarrys Bewusstsein, Temperament und Charakter liegt, die Revolte, die Aggression und das Anarchische, kehrt auf der Bühne als Zerstörung aller vorgegebenen ästhetischen und moralischen Werte wieder. Er erweitert das Spektrum der Darstellung um die Dimension des tabuisierten Unbewussten, des gewalttätigen Triebs, der abgründigen Psyche. Die

Kunst ist darin der Realität voraus, denn diese Kräfte sind keine anderen als die, welche sich in den Kriegen und kollektiven Wahnvorstellungen des 20. Jahrhunderts bald zerstörerisch entladen.

Die Theaterkonzeption APOLLINAIRES als auch die Theaterreform ARTAUDS mit ihrer Aufwertung des Visuellen gehen auf JARRY zurück. Mit dem Einbezug aller bühnenspezifischen Ausdrucksformen löst er die Dominanz eines spezifisch textgebundenen Theaters auf, ein Prozess, den APOLLINAIRE, CLAUDEL, IONESCO, BECKETT und GENET vollenden. Die Akausalität der Handlungs- und Dialogverknüpfung nimmt den Dadaismus, den Surrealismus sowie das absurde Theater vorweg. Ubus Verbrechen ohne Motiv erscheinen wie die früheste Form des *acte gratuit* bei GIDE und des absurden Mordes von CAMUS' *Étranger*. Mit all dem beendet JARRY das 19. Jahrhundert und weist in das neue.

Literatur   Chassé (1921), Bouché/Lachenal (1959), Breton (1924), Giedion-Welcker (1960), Grimm (1982), Shattuck (1963).

	Proust	Apollinaire	Jarry
Gattung	Roman	Lyrik	Drama
Vorläufer	Balzac, Chateaubriand, Saint-Simon	Baudelaire, Rimbaud, Mallarmé	Rabelais
Innovation	Zeit und Erinnerung als Romansubjekt	Figurengedichte, Simultaneität	Auflösung der Raum-, Zeit- und Handlungsstruktur
Form	Zyklenroman	Interpunktionsloses Gedicht	Farce als Zusammenfall von Komik und Tragik
Themen	Kunst, Komik, Psychologie Eros, Psyche, Gesellschaft, Glück, Traum	Technik, Großstadt, Mythos, Krieg, Moderne, Liebe, Einsamkeit, Vergängnis	Der Bürger als Diktator, Macht, Willkür, Terror, Brutalität, Unbewusstes
Fiktionalität	Literatur als Rekonstruktion des Vergangenen	Gedicht als Montage Moderne als Mythos	Zerstörung des Illusionstheaters
Sprache	Hochdifferenzierte Syntax	Visualisierung der Poesie	Stilparodien, Wortnonsens
Wirkung	Sartre, Beckett, Simon	Dadaismus, Surrealismus, Kubismus, Futurismus	Surrealismus, Absurdes Theater

Zwischen Mimesis und Konstruktion – literarische Perspektiven bis 1940

KAPITEL 2

Epoche

Während des Ersten Weltkrieges verläuft das mondäne Leben in Paris weitgehend in gewohnten Bahnen. Opernball, Konzerte, Premieren, Diners, Pferderennen und Skandale lassen vergessen, dass in den Schlachten an Marne und Somme hunderttausende Soldaten ihr Leben lassen. Der Übergang von der Belle Epoque zu den „années folles" – Ausdruck der Erleichterung, noch einmal davongekommen zu sein – der Zwanzigerjahre scheint kontinuierlich zu sein. Aber das ist er für wenige Privilegierte. In Wahrheit markiert der Krieg einen der tiefsten Einschnitte der jüngeren Geschichte. Er zieht die eigentliche Demarkationslinie zwischen dem 19. und dem 20. Jahrhundert. Die geistigen und materiellen Grundlagen der Gesellschaft waren zusammengebrochen, die kulturellen und sittlichen Überlieferungen entwertet, der Techniktraum ausgeträumt, die Erfahrung und Erwartung ganzer Generationen Lügen gestraft. Daran ändert nichts, dass Frankreich aus diesem Krieg siegreich hervorgeht und die republikanische Staatsform bestätigt wird.

Die allgemein als „Entre-deux-guerres" bezeichnete Periode zwischen dem Ersten und Zweiten Weltkrieg unterteilt sich in zwei Phasen. Die erste reicht bis zur Weltwirtschaftskrise 1929/30, die zweite bis bis zum Ausbruch des Zweiten Weltkriegs und der französischen Niederlage 1940. Mit dem Versailler Vertrag von 1919 sucht Frankreich seine neu gewonnene Vormachtstellung in Europa zu fundieren (Rückgliederung Elsass-Lothringens, weitgehende Entwaffnung Deutschlands, Remilitarisierung des Rheinlandes) und seinen Kolonialbestand auszubauen. Hatte der 1. Weltkrieg den inneren Kämpfen zunächst ein Ende gemacht und die Parteien in der „Union sacrée" zur nationalen Einheit zusammengeschlossen, so brechen die sozialen Konflikte bald nach Kriegsende wieder auf. Der bürgerliche „Bloc national" stellt 1920–1924 die Staatspräsidenten, 1922 konstituiert sich die kommunistische Partei. Die Weltwirtschaftskrise sowie die in Italien, dann in Deutschland und Spanien aufkommenden Faschismen verschärfen den Gegensatz von rechts und links. Die Kritik an der bürgerlichen Ordnung in Staat und Ökonomie, die zehn Millionen Kriegstote nicht hatte verhindern können, organisiert sich in den 30er-Jahren faschistisch oder marxistisch und wird radikal. Im Mai 1936 gelangt die Volksfront-Regierung Léon Blums an die Macht, 1938 das bürgerliche Kabinett Daladiers. Die französische Unterschrift unter das Münchener Abkommen (1938), wo SAINT-JOHN PERSE der französischen Delegation angehört und sich vehement dem Hitler-Diktat widersetzt, gehört zu den Tiefpunkten im Selbstverständnis der III. Republik. Innere Zerrissenheit, politische Lethargie und der Glaube an die Unüberwindlichkeit der Maginotlinie im Osten besiegeln dann die Kapitulation vom 22.6.1940.

1 Dadaismus und Surrealismus

Dada

Der Dadaismus ist die absurde Reaktion auf die Absurdität des Krieges. Die revolutionäre, literarisch-künstlerische Bewegung mit internationaler Verbreitung nimmt ihren Anfang 1916 in Zürich mit der Gründung des Cabaret Voltaire. HUGO BALL und seine Frau Emmy Hennings, Marcel Janco, der rumänische Emigrant TRISTAN TZARA (1896–1963) und HANS ARP finden sich hier zusammen, später auch Richard Huelsenbeck. Im selben Jahr erscheint eine gleichnamige Zeitschrift mit Beiträgen von APOLLINAIRE, CENDRARS, TZARA, Modigliani, Kandinsky und Picasso. 1917 ensteht die Galerie „Dada", wo Werke von ARP, Janco, Hans Richter sowie Bilder von Paul Klee, Kandinsky und Giorgio de Chirico gezeigt werden. 1919 kommt Francis Picabia nach Zürich. George Grosz und J. Heartfield in Berlin, Max Ernst in Köln, KURT SCHWITTERS in Hannover sind Dadaisten. Dada bezeichnet im Französischen ein Holzpferdchen, aber auch die Stammellaute eines Kindes. Die zufällig gewählte Bezeichnung dieser antibürgerlichen, pazifistischen Revolte ist hinsichtlich ihrer realen Triebkräfte alles andere als zufällig: der spontane kindliche Unsinn soll den Wahnsinn des Krieges und seine Triebkräfte: Vaterland, Religion und Moral denunzieren.

Mitten im Ersten Weltkrieg erscheint TZARAS dadaistisches *Manifeste de Monsieur Antipyrine,* eine vernichtende Antwort auf Marinettis futuristisches Manifest von 1909. MARINETTI hatte dort nicht nur das Auto als Bestie verherrlicht, sondern es in seiner Schönheit der Nike von Samothrake (antike Statue im Louvre) für überlegen erklärt. Mit der Ästhetisierung der Technik und der Zukunftsgläubigkeit der Futuristen, die im Faschismus enden, will Tzara ein für alle Mal Schluss machen. Mit der Attacke gegen Sinn und Sprache, mit dem Nein zur Zukunft dieser Gesellschaft und den mal parodistischen, mal obszönen Angriffen auf ihre Institutionen stellt der Dadaismus zugleich den autonomen Kunstbegriff und am Ende sich selbst in Frage. Laute Deklamationen der mit „bruitistischer" (Lärm-)Musik verbundenen sinnlosen Wortreigen, groteske Tänze zu afrikanischen Trommeln, gelegentlich unterbrochen von simultan durch verschiedene Sprecher in verschiedenen Sprachen vorgetragenen Gedichten, Rezitation von bloßen Lauten und Rhythmen, öffentliche Provokationen

 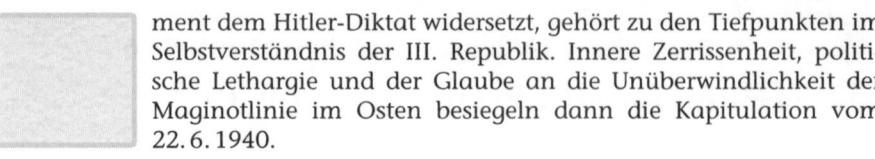

(das *spectacle-provocation* hat etwas vom *Happening* der 60er-Jahre), Publikumsbeschimpfungen: dieses Programm ist ästhetisch, politisch und intellektuell die totale Verneinung. TZARA wird zum Kopf der Gruppe. Er bringt Dada 1919 nach Paris, wo sich ihm ANDRÉ BRETON, LOUIS ARAGON und PHILIPPE SOUPAULT anschließen. TZARAS dadaistisches Manifest von 1918 schleudert das Nein zu allem Bestehenden mit eruptiver Gewalt aus sich heraus, ein Nein, das keinen Unterschied mehr kennt zwischen bürgerlicher Kultur und Kultur überhaupt wie zwischen Vernunft und Zerstörung.

Die große Weigerung geschieht im Namen der vitalistischen, irrationalen Kräfte des Augenblicks, Spontaneität und Intensität. Doch die Geste großer Negation erschöpft sich schnell in bloßer Wiederholung, der Protest erstarrt zum Ritual. Als aggressive Antikunst beginnt der Dadaismus von seiner eigenen Logik erfasst zu werden. An ihrem letzten Aktionsabend am 9. April 1919 wird die Züricher Dadagruppe von aufgebrachten Zuschauern von der Bühne geprügelt. Im selben Jahr formiert sich zum letzten Mal eine Dadasektion in Paris, deren Höhepunkt aber bereits 1920 mit dem von TZARA organisierten „Dadafestival" überschritten ist. 1922 kommt es zum Bruch mit BRETON, der auch das Ende von Dada in Paris besiegelt.

Surrealismus

Der Surrealismus ist in seinen Anfängen eine Reaktion auf die nur destruktive, nihilistische Anarchie der Dadaisten. Dabei bleibt eine Reihe von surrealistischen Aktionen zunächst in den Grenzen des Skandals. Im Juli 1925, auf einem Bankett zu Ehren des Dichters SAINT-POL-ROUX, bricht ANDRÉ BRETON in den Ruf „Vive l'Allemagne" aus und handelt sich dafür zerschlagene Knochen ein. Die Inszenierung eines Schauprozesses 1922 gegen MAURICE BARRÈS, den literarischen Exponenten eines nationalistischen Frankreichs *(Le roman de l'énergie nationale,* 1902) markiert eine für die Politisierung der Bewegung entscheidende Station. Gesucht wurde nicht eine neue Definition von Literatur, sondern eine neue Bestimmung des Verhältnisses von Kunst und Gesellschaft. Und eben dies muss den Bereich der Literatur von innen her sprengen. Die Poesie wird in das Leben übertragen. Die Literatur soll zu anderem als nur zu neuer Literatur dienen: sie soll praktisch, das heißt politisch werden. Frontal richtet sich der Angriff gegen die Vorstellung eines vom Leben abgetrennten Bildraums autonomer Kunst. Die Surrealisten machen die Probe auf eine Bemerkung des von ihnen wie sonst nur LAUTRÉAMONT geschätzten RIMBAUD: in einem Handexemplar seines Buches *Une saison en enfer,* wo von der Seide der Meere und arktischen Blumen die Rede ist, notiert er später lapidar: *elles n'existent pas.*

Manifest	Die um die charismatische Persönlichkeit ANDRÉ BRETONS (1896–1966) versammelten und bald zur geschlossenen Gruppe formierten Surrealisten – LOUIS ARAGON (1897–1982), PHILIPPE SOUPAULT (1897–1990), PAUL ÉLUARD (1895–1952), ROBERT DESNOS (der 1945 als Deportierter stirbt), ANTONIN ARTAUD, RENÉ CREVEL (1900–1935), BENJAMIN PÉRET (1899–1959) – verstehen sich nicht primär als Künstler. 1924, im Jahr des Erscheinens der Zeitschrift *La Révolution Surréaliste* wie der Gründung eines Pariser *Bureau de Recherches Surréalistes* in der rue de Grenelle, liefert BRETONS *Premier Manifeste du Surréalisme* mit der Definition des Begriffs auch das theoretische Fundament eines anderen Schreibens. *SURRÉALISME; n. m. Automatisme psychique pur par lequel on se propose d'exprimer, soit verbalement, soit par écrit, soit de toute autre manière, le fonctionnement réel de la pensée. Dictée de la pensée, en l'absence de tout contrôle exercé par la raison, en dehors de toute préoccupation esthétique ou morale.*
Traum	Zugang zur wirklichen Logik des Denkens verschafft nicht die mit dem Kalkül von Zwecken identifizierte Vernunft, sondern der Traum. Nicht anders als für Freud, BRETON beruft sich ausdrücklich auf ihn, ist er der Königsweg zum Unbewussten, er führt ins Innerste von Ich und Welt. In den bereits 1920 von BRETON und SOUPAULT gemeinsam verfassten Traumprotokollen *Les champs magnétiques* waren solche Resolutionen zum ersten Mal auf die Praxis des Schreibens angewandt worden.
Écriture automatique	Der Form nach Dichtungen in Prosa, sind diese Texte Versuche, den psychischen Automatismus durch eine automatische Niederschrift zum Sprechen zu bringen. Das setzt den Glauben voraus, dass die Elemente unterhalb des Bewusstseins, in denen die Wahrheit des Ichs vermutet wird: Traum, Wahn, Halluzination wie eine Sprache aufgebaut und zu lesen, doch nicht zu deuten sind. So dient den Surrealisten die ästhetische Kontemplation als literarische Technik. Ohne den Eingriff des Denkens, das im Zustand reiner Passivität verbleibt, soll die écriture automatique, verstanden als reiner Ausdruck, das Unbewusste spontan manifestieren und – Freuds Technik der freien Assoziationen nicht fern – mit der befreiten Spontaneität auch die Quellen der literarischen Inspiration erschließen. Doch der Widerspruch dieser Methode ist nicht aufzulösen: die Unwillkürlichkeit der automatischen Niederschriften ist alles andere als unwillkürlich, weil Resultat einer durch Bewusstsein vermittelten Anstrengung. Jede Symbolik des Unbewussten bedarf der Deutung.
Mythologie moderne	Ihre Politisierung führte die Surrealisten in den Zwanzigerjahren immer weiter nach links und schließlich in die Nähe der kommunistischen Partei Frankreichs. Die Revolution des Geistes, wie

sie BRETONS Manifest fordert, konnte es nicht bei literarischen Experimenten belassen. Der Traum bleibt der zentrale Bezugspunkt, aber jetzt ist es die gesellschaftliche Wirklichkeit, die mit seiner Optik weniger betrachtet als vielmehr durchdrungen wird. Die Surrealisten widerlegen den Glauben, dass die Menschen im Traum allein sind und nur die Wachwelt miteinander teilen, indem sie in den äußeren Dingen die Spuren einer kollektiven Traum-, Wunsch- und Wahnwelt entdecken. Das Geträumteste ist die Stadt Paris. ARAGONS 1926 erschienene Schrift *Le paysan de Paris* ist eine Komposition dreier in lockerer Verbindung stehender Partien, eine Folge von Spaziergängen durch die *Passage de l'Opéra* am Boulevard Haussmann, die der zweite Teil *(Le sentiment de la nature aux Buttes-Chaumont)* mit einem in Kompanie BRETONS unternommenen nächtlichen Gang durch die Parkanlage im Nordosten von Paris fortsetzt. Vorausgeschickt wird dem eine *Préface à une mythologie moderne,* die theoretische und philosophischen Überlegungen enthält. Die Flanerie durch die Passage schildert ARAGON mit größter Akribie. Die Bescheibung der Läden, Cafés, Hotels, Barbiersalons und des kleinen *Théâtre Moderne* in der Nummer 29 ist aber nur Pforte zu einer anderen Wirklichkeit. Die Surrealisten hatten die *attitude réaliste* des Romans kritisiert, der einen Wirklichkeitsausschnitt nicht in seiner Besonderheit darstellt, sondern den Erfordernissen der Handlung unterstellt. Bei ARAGON ist die Beschreibung nicht mehr auf ein Subjekt der Erzählung hingeordnet, die Darstellung der Passage wird dinglicher Ausdruck einer *mythologie moderne.* Die magisch-mythischen Kräfte treten dem Menschen jetzt als Eigenschaften seiner eigenen Produkte gegenüber, wie sie ausgebreitet im grünen Zwielicht der Passage liegen.

Merveilleux

ARAGONS Passagen-Flaneur ist auf der ständigen Suche nach dem *merveilleux quotidien.* Die Überwirklichkeit als das konträr zum theologischen Wunder ganz immanent gedachte Wunderbare findet sich auf der Rückseite der Dinge. Die aus ihren zweckrationalen Bezügen herausgelösten Gegenstände, die Waren, verändern ihre Erscheinungsform. So verwandelt sich ein Stockgeschäft in eine Landschaft auf dem Grund des Meeres, das die Passage de l'Opéra selber ist. Rätselhaft sind die alltäglichen Dinge, weil ihr Schein undurchdringlich ist, ja die Architektur der Passage selbst ist ein objektives Traumbild, in dem sich der Warencharakter zum Wunschbild verklärt. Die Bilder der Poesie sind solche der Wirklichkeit. Dass sie nicht zu betrachten, sondern in das Bewusstsein zu heben sind, macht die Aufgabe der Literatur zu einer politischen. Durch ihre neue Funktion wird auch der Textstatus ein anderer. Der *Paysan de Paris* ist keine Fiktion. Das in das Buch in originaler Typografie eingefügte dokumentarische Material

(Schilder, Zeichnungen, Getränkekarten, Werbeanzeigen, Verord-nungen, Adressenlisten) beglaubigt den Anspruch des Textes, auf gelebter Erfahrung, nicht auf Imagination zu beruhen. Es geht um Montage und Manifestation und, APOLLINAIRE nachfolgend, gegen den Schein einer ästhetischen Einheit des Werks. Die Authentizität löst die Fiktionalität als Kriterium ab.

Amour fou

BRETONS *Nadja* (1928), Erzählung und Antiroman zugleich, ist ein Zenit surrealistischer Prosa. Mit ARAGONS Bauern aus Lutetia teilt es die Form (das Nebeneinander von Schrift und Bild, die lose Aneinanderreihung von Beobachtungen, Tagebucheintragungen und theoretische Reflexionen), die Themen, die Schauplätze und den autobiografischen Hintergrund. Denn dem Autor zu glauben, hat sich das Erzählte so und nichts anders im Oktober 1926 in der rue Lafayette tatsächlich zugetragen. Am Ende eines leeren Nachmittags begegnet BRETON auf einem seiner Spaziergänge durch Paris einer jungen Frau, die zu faszinierend ist, um sie nicht anzusprechen. Es ist wie ein Wiedersehen beim ersten Mal, schnell entsteht eine tiefe Vertrautheit und die kurze, aber vergleichlos intensive Begegnung wirft das Leben des jungen Manns aus der Bahn.

Hasard objectif

Nadja ist die Muse des Surrealismus, Nadja, deren Name russisch Hoffnung heißt. Sie verfügt über Gaben, die noch eine andere als die vorhandene Wirklichkeit aufzeigen. Praktisch, wo sie sich der Logik der herrschenden Zwecke verweigert, intuitiv, wo sie die Logik des Wunderbaren enthüllt (auch wenn BRETON bisweilen in die Nähe von Okkultismus und Mystifikation gerät), die für die Vernunft der Vernünftigen unzugänglich bleibt. Diese blitzhaften Erleuchtungen verdanken sich äußeren, objektiven Zufällen, die im Gegensatz zu den Fehlleistungen bei Freud nichts Unbewusstes am Subjekt, sondern etwas Verborgenes an der Dingwelt enthüllen. BRETON hört auf zu handeln, er wird Zeuge dessen, was ihm widerfährt. Zufälle führen ihn und Nadja immer wieder zusammen, auf ihren Streifzügen verwandeln sich die Pariser Plätze, Tore, Denkmäler, und Straßen zu Zeichen und Symbolen, die Nadja ihn lesen lehrt. So beim boulevard Bonne-Nouvelle, der seit unvordenklichen Zeiten so heißt, ohne je zu wissen warum, und dessen Versprechen der Revolution erst die *magnifiques journées de pillage dites „Sacco-Vanzetti"* eingelöst haben.

Die Veränderung des Menschen, die Reintegration des Traums ins Leben, die Logik des Außerordentlichen gegen die kapitalistische, die Revolution als Offenbarung des Wunderbaren: nirgends scheint die surrealistische Hoffnung so nah und ihre Verwirklichung eine Sache des nächsten Augenblicks zu sein wie in *Nadja*. Im zweiten surrealistischen Manifest heißt es: *Tout porte à croire qu'il existe un point de l'esprit d'où la vie et la mort, le réel et l'imagi-*

naire, le passé et le futur, le communicable et l'incommunicable, le haut et le bas cessent d'être perçus contradictoirement. Doch der Versuch, aus dieser halb messianischen Improvisation die Wahrheit zu entwickeln, scheitert realgesellschaftlich mit dem Kommunismus, dem Hoffnungsträger der Surrealisten, und praktisch im Buch. Nähe macht schwierig. Aber nicht deshalb zerbricht die Liebe zwischen Nadja und BRETON, sondern weil die Frau in dieser Liebe das Unwesentlichste ist. Unter den mythischen Erfahrungen der Surrealisten ist das Bild der Frau nicht die letzte. Vornehmlich interessiert sie als Medium des Wunderbaren, kaum an sich selbst. So plötzlich Nadja aufgetaucht war, so unverhofft verschwindet sie wieder aus dem Leben BRETONS. Später erfährt er, dass sie in eine Irrenanstalt gebracht wurde.

Lyrik

Die surrealistische Lyrik kennt noch ein anderes Bild der Frau. BRETONS *L'union libre* (1931) ensteht als Antwort auf eine Umfrage der Zeitschrift *Révolution surréaliste* über die Liebe. BRETON preist hier die Kraft des sinnlichen Verlangens, das in die Welt ausstrahlt. CLAIRE (1890–1977) und YVAN GOLLS (1891–1950) Dialoggedichte *Poèmes d'amour* (1925), *Poèmes de la Jalousie* (1926) und *Poèmes de la vie et de la mort* (1927) gehören mit ihrem surrealem Bilderreichtum zur schönsten französischen Liebeslyrik dieses Jahrhunderts. Zur irdischen Himmelfahrt wird die Liebe bei ÉLUARD. Sein umfangreiches Werk – *Capitale de la douleur* (1926), *La Vie immédiate* (1932), *La rose publique* (1934) *Les yeux fertiles* (1936), *Donner à voir* (1939) – steht im Zeichen der drei von ihm vergöttlichten Frauen, die für sein Leben prägend waren. Nicht die Sehnsucht, die Liebe in der Hingabe des Augenblicks ist alles. ÉLUARDS elliptische Syntax bevorzugt einfache Figuren des gesprochenen Worts. Thematische Variationen, Korrespondenzen zwischen den meist reimlosen und ohne Satzzeichen gesetzten Versen werden durch Rhythmus und Klang gegliedert, eine Lyrik von hoher Musikalität. Die Kühnheit seiner Metaphern und Bilder trägt ein ungebrochenes Vertrauen zur Sprache. *La terre est bleue comme une orange/Jamais une erreur les mots ne mentent pas.* Atem, Auge, Stein, Herz, Hand und Haar sind leitmotivische Worte, um die sich eine Vielzahl von Gedichten lagert. Darin wie durch die Themen Tod und Leben, Verzweiflung, Vernichtung und versuchter Neubeginn ist ÉLUARD zum Pariser Gegenlicht des jüdisch-deutschen Dichters PAUL CELAN geworden.

Zum anderen versteht surrealistische Lyrik sich als Arbeit und Experiment am allgegenwärtigen Strom des Unbewussten samt seinen Grenzgebieten: Traum, Wahn, Wunsch, Halluzination und Imaginäres diesseits aller rationalen, ästhetischen oder moralischen Bedenken. Nach *Feu de joie* (1920) probt ARAGON mit *Le mouvement perpétuel* (1926) die anarchische Revolte des Dichters.

Folgen die hypnotischen Gedichte und automatischen Zeichnungen DESNOS' (*La liberté ou l'amour,* 1927), Zeugnisse der existentiellen Übermacht des Unbewussten. Der Trotzkist PÉRET veröffentlicht 1928 *Le Grand Jeu,* militante Ausfälle gegen die Idiotie von Staat, Armee und Kirche. *Corps et Biens* (1930) von DESNOS sind surrealistische Wortspiele, sprachliche Exerzitien und magische Beschwörungen des Wortes.

Wirkung Der Surrealismus bildet die bis heute letzte gesamteuropäische Kunstbewegung mit eigenem Stil und Programm. In der Malerei entstehen Verfahren, das Traumhaft-Fantastische in bildliche Vorstellungen zu überführen. Die *Pittura Metafisica* des Italieners Giorgio de Chirico, die gegenstandslose Malerei, aber auch das Werk von Max Ernst sind die wichtigsten Vorraussetzungen für die Freisetzung der unbewussten, alogischen oder absurden Bildsequenzen. Die Namen von Salvador Dali, Joan Miró, Louis Bunuel, André Masson, Paul Klee, Yves Tanguy, Picasso, René Magritte, Man Ray sowie Meret Oppenheim und Victor Brauner in Deutschland belegen eindrucksvoll, welche Ausmaße die Bewegung im Laufe eines einzigen Jahrzehnts annimmt.

1929 kommt es wegen ideologischer und politischer Differenzen zu einer Spaltung der internationalen Surrealistengruppe. Neben der grundsätzlichen Frage nach der Dialektik von sozialer Revolution und individueller Befreiung steht die tagespolitische Auseinandersetzung mit der Kommunistischen Partei Frankreichs. Auffällig dabei, dass im selben Maß, wie die PCF den Direktiven aus der UDSSR folgt und das sowjetische Vorbild für verbindlich erklärt, auch die surrealistische Schulbildung eine Orthodoxie ausbildet. BRETON wirkt dabei polarisierend. Das *Second Manifeste* (1930) enthält nicht nur eine intensive Auseinandersetzung mit dem Marxismus, BRETON verfügt auch willkürlich und in äußerst aggressivem Ton darüber, wer von den einstigen Gefährten aus der Gruppe zu verbannen ist: SOUPAULT, DESNOS, MASSON, ROGER VITRAC, ANTONIN ARTAUD, GEORGES BATAILLE oder MICHEL LEIRIS. Wegen der realpolitischen Ausrichtung der KPF, die angesichts der Gefahr einer faschistischen Machtergreifung zur Verteidigung der bürgerlichen Demokratie bereit ist, kommt es 1934 zum endgültigen Bruch zwischen Surrealisten und Kommunisten. Trotz neuer Manifeste, internationaler Surrealismus-Ausstellungen in London (1936) und Paris (1947) gewinnt die Bewegung, die bis heute existiert, nie wieder die einmal überragende Bedeutung. Erst die Parolen des Pariser Mai 1968 setzen die surrealistische Angleichung von Poesie und Praxis wieder auf die Tagesordnung.

Die Surrealisten überschätzten die Erkenntnisfunktion, die Literatur für gesellschaftliche Veränderung hat, der surrealistische

Einfluss auf die weitere Entwicklung der französischen Literatur kann dagegen kaum hoch genug veranschlagt werden. Eine veränderte Konzeption von Literatur erneuert Drama, Lyrik und Prosa auch von solchen Autoren, die nicht unmittelbar der Bewegung angehörten. RAYMOND ROUSSEL (1877–1933) hatte mit *Impressions d'Afrique* und *Locus Solus* bereits vor dem Ersten Weltkrieg Werke geschaffen, die bedeutungsverschiedene, aber lautähnliche Wörter zum Ausgangspunkt assoziativ verbundener Sätze machen. Dieses Bilder, nicht Bedeutungen erzeugende Verfahren, das der écriture automatique nahe steht, erläutert er in *Comment j'ai écrit certains de mes livres* (posthum 1935). Das imaginäre Dekor, der Einbezug des Irrationalen und Unbekannten in den Romanen von JULIEN GRACQ (*Au château d'Argol,* 1938; *Le Rivage des Syrtes,* 1951) hat surrealistische Züge, die sich mit anderen Facetten gleichfalls in der Lyrik von PIERRE REVERDY, PAUL MORAND, BLAISE CENDRARS, PIERRE-JEAN JOUVE, JULES SUPERVIELLE, JACQUES PRÉVERT sowie in den vergleichslosen Texten von JOË BOUSQUET (*Traduit du silence,* 1939; *Lettres à poisson d'or,* 1967) finden. Im Drama reicht der surrealistische Einfluss, neben dem Werk ARTAUDS, von JEAN COCTEAUS *Les mariés de la tour Eiffel* (1921) bis hin zum Absurden Theater EUGÈNE IONESCOS, FERNANDO ARRABALS sowie JEAN GENETS. Eine surrealistische Spurenlehre würde bei PROUST nicht weniger fündig als bei BORIS VIAN oder SAINT-JOHN PERSE, die Liste ließe sich beliebig verlängern. Randschärfere Konturen gewinnt der Surrealismusbegriff, wenn sein Antipode genannt wird: PAUL VALÉRY.

	Namen	Begriffe	Programm
Dadaismus	Tzara, Arp	Destruktion Nihilismus	Kritik am autonomen Kunstbegriff Absage an die bürgerliche Gesellschaft
Surrealismus	Breton, Aragon Eluard, Soupault, Desnos, Crével, Péret	écriture automatique hasard objectif, amour fou, rêve	Überführung von Kunst in Lebenspraxis, poetische und politische Revolution

Literatur Adorno (1981), Alquié (1955), Benjamin (1980), Bürger (1971), Nadeau (1964), Van Doesburg (1993).

2 Aspekte des Romans der Zwischenkriegszeit

Belle Epoque Zum Verständnis der Geschichte des Romans bis 1940 ist ein Rückblick auf den Jahrhundertbeginn unerlässlich. Die Entwicklung des französischen Romans bis 1914 verbleibt, sieht man von PROUST einmal ab, im wesentlichen innerhalb des Bewusstseinshorizonts wie der Problemstellungen der vorangegangenen Epochen. Ästhetische Innovationen finden sich daher kaum. ANATOLE FRANCE (1844–1926, 1921 Nobelpreis für Literatur) steht in der humanistischen Tradition der französischen Aufklärung. Seiner politischen Haltung, der Parteinahme für Dreyfus (*L'Affaire Crainquebille*, 1901), dem Engagement für die Freilassung MAXIM GORKIS sowie dem Anschluss an die Kommunisten steht literarisch ein zunächst noch skeptisch nuancierter Pessimismus gegenüber. *Les dieux ont soif* (1908) veranschaulicht mit dem Umschlag der Revolution von 1789 in das Terrorregime Robespierres den für France ewigen Kreislauf von Befreiung und Barbarei in der Geschichte.

Reisen

Zu den heute vergessenen Schriftstellern zählt PIERRE LOTI, ein Erfolgsschriftsteller der Belle Epoque. Das Werk des langjährigen Marineoffiziers repräsentiert den Geist des französischen Kolonialismus. Die exotische Ausflucht in den Orient und fernen Osten (*Le derniers jours de Pékin*, 1902) rückt ohne viel Bildschärfe die Ferne an das Pariser Fin de siècle heran. Von dieser gleichsam ornamentalen Fremde sind die regionalistischen Romane LOTIS, die etwa in die Welt bretonischer Fischer führen, nur der Reflex. Seine unheilvollste Wirkung erreicht dieser Regionalismus bei MAURICE BARRÈS. Der Trilogie *Le roman de l'énergie nationale* erster Teil, *Les déracinés* (1897), spielt die Einwurzelung in der als Folge des Krieges von 1870–1871 an das Deutsche Reich gefallenen lothringischen Provinz, die Bindung an die heimatliche Erde gegen das dekadente Paris, insonders das der Intellektuellen aus. Diese reaktionäre Ideologie enthüllte 1914 ihre kriegslüsternen Züge, als BARRÈS ein Bündnis zwischen katholischem Gefühl und dem Geist des Bodens fordert, um die Unvereinbarkeit von französischem und deutschem Wesen zu beschwören. Einen anderen, kosmopolitischen Geist atmet *A. O. Barnabooth* (1913) von VALÉRY LARBAUD. Der jugendliche, halb autobiografische Held, ein milliardenschwerer südamerikanischer Poet, durchmisst bei seiner europamüden Fahrt über die Erdteile mit der Technik des inneren Monologs auch die inneren Kontinente der Melancholie, Freiheit, Erotik und Gottessuche.

Krieg

Gegen die 1914 ausbrechende nationale Hysterie sind auf deutscher wie auf französischer Seite auch aufgeklärte Schriftsteller nicht gefeit. Der mit Kreide auf die Wagons deutscher Soldatenzüge gekritzelten Parole „Ausflug nach Paris" antwortete auf der anderen Seite der Ruf „A Berlin", wie die fanatisierte Masse am Ende von ZOLAS Roman *Nana* krakeelt. Selbst der humanistische ANTATOLE FRANCE sinkt vorübergehend auf das Niveau der keine Parteien, nur noch das Vaterland kennenden *littérature tricolore* herab. ROSTAND, BARRÈS, HENRI BATAILLE, HENRI DE RÉGNIER und ANNA DE NOAILLES machen hier von sich reden. Ungleich kleiner ist die Gruppe der Kriegsgegner unter den Romanciers. HENRI BARBUSSES *Le Feu* (1916, Prix Goncourt) ist die vehementeste Attacke gegen die „jusqu'au-boutistes". ROMAIN ROLLAND (1866–1944, Literaturnobelpreis 1916) verfasst nach Kriegbeginn einen offenen, *Au-dessus de la mêlée* betitelten Brief an GERHARD HAUPTMANN, dem in seiner Bedeutung für einen deutsch-französischen Dialog jenseits der Fronten ALBERT CAMUS' *Lettre à un ami allemand,* geschrieben während der Besatzungszeit 1940–1944, an die Seite zu stellen ist. Der Krieg liefert die Stoffe für eine unübersehbare, zu größten Teilen epigonale Literatur noch bis lang in die Nachkriegszeit hinein (ROLAND DORGELÈS: *Les croix de bois,* 1919). Paradox bedingt derselbe Krieg zugleich die neue Form des Jugendromans. RAYMOND RADIGUET (1903–1923) schildert die Leichtigkeit des Seins in Zeiten des Untergangs: *Le diable au corps* (1923) – *La Bal du comte d'Orgel* erscheint 1924 posthum – erzählt minuziös und mit psychologischer Prägnanz von der sich über alle moralische Bedenken hinwegsetzenden Liebe eines Gymnasiasten zu der Frau eines Frontsoldaten. Dessen Rückkehr beendet das sorglos-spielerische Idyll der *grandes vacances.* Den neoklassizistischen Gestus seines Freundes RADIGUET setzt JEAN COCTEAU mit dem Roman *Les Enfants terribles* (1929) fort, der das dämonische Genie der Kindheit zum Thema hat.

Gide

So tief wie das autobiografische, erzählerische, dramatische und essayistische Werk ANDRÉ GIDES (1869–1951, Literaturnobelpreis 1951) hat kaum ein zweites in der ersten Jahrhunderthälfte auf das geistige Lebens Frankreich gewirkt. Er ist der „contemporain capital" (MALRAUX) im Bewusstsein ganzer Generationen. Die Spannung von Ästhetizismus und moralischem Imperativ kennzeichnet die Entwicklung eines nicht zuletzt an Kontrasten reichen Werks. Seine symbolistischen Anfänge liegen im Kreis MALLARMÉS, wo der in großbürgerlichem und puritanisch-protestantischem Milieu Aufgewachsene an den Dienstagabenden in der rue de Rome zu den jüngsten Gästen zählt. In *Les Cahiers d'André Walter* (1891), dem in Tagebuchform vorgetragenen Bekenntisroman, bricht der Konflikt von Askese und mystischer Liebe zum ersten Mal und noch unlösbar auf. Auch die hermetische Programmschrift *Le Traité de Narcisse* (1891), eine aus Gesprächen mit PAUL VALÉRY erwachsene Theorie des Symbols, gelangt hinsichtlich dieser Problematik nur zu einer artistischen Lösung. Der antike Mythos des über sein Spiegelbild gebeugten Narziss ist Chiffre für die Funktion der Kunst, einen verlorenen paradiesischen Urzustand zu restaurieren, ohne dabei den Bannkreis der Schau zu verlassen.

Passer outre

Mit *Paludes* (1895) lässt GIDE die Selbstbespiegelung des Salonschriftstellers und damit die eigene Literatenexistenz hinter sich. Eine Fahrt nach Nordafrika, das Zusammentreffen mit OSCAR WILDE und die Lektüre Nietzsches bringen den großen Durchbruch zum Leben, das dionysische Ja zur entfesselten Sinnlichkeit, was für GIDE, der seit 1895 und bis zu ihrem Tod 1938 *(Et nunc manet in te* ist ihr gewidmet) in Ehe mit Madeleine Rondeaux lebt, vor allem das Bekenntnis zur eigenen Homosexualität meint. Die lyrische Prosa von *Les nourritures terrestres* (1897) ist Nachhall der Afrikareise und einer Befreiung. Durch das auf den sich erinnernden Erzähler, den Schüler Nathanaël und den Lehrer Ménalque verteilte dichterische Ich erzeugt GIDE einen neuen Menschen, der auf *L'Immoraliste* (1902) vorausweisend die Lust nicht mehr mit der Sünde verbindet und handelt, ohne zu urteilen. Die ethische Formel des in Duktus und Tonfall dem Zarathustra Nietzsches nicht minder als der Bibel verwandten neuen Evangeliums lautet: *Comprendre, c'est se sentir capable de faire assumer le plus possible d'humanité.* Theologisch gewendet: *Ne souhaite pas, Nathanaël, trouver Dieu ailleurs que partout. Chaque créature indique Dieu, aucune ne le revèle.* Damit ist benannt, was das nur individualistische Auf-nichts-verzichten-können weit über alles Private hinaushebt und zum Ausgangspunkt einer pantheistischen Moral macht. Die Hingabe an alles Geliebte führt stets wieder darüber hinaus, das unendliche Verlangen befriedigt sich erst am unendlichen Gegenstand, sei er Gott oder Menschheit. Was für gesellschaftliche Konsequenzen GIDES Credo „Passer outre" birgt, erweist sich mit *Les nouvelles nourritures* (1935). Das Ungenügen des Fleisches, die Apologie der Bedürftigkeit bringt ihn in Opposition zur Ordnung des Eigentums der bürgerlichen Gesellschaft. So führt Gides Weg zum Kommunismus, ein Besuch der Sowjetunion *(Retour d'U.R.S.S.,* 1936) entfernt ihn davon wieder.

Innovation

Le retour de l'enfant prodigue (1907), *La porte étroite* (1909) und *La Symphonie pastorale* zehn Jahre später, die mit wechselnden Erzählperspektiven formal wegweisend sind, grundieren die Themen Glück und Askese, Nächstenliebe und Opfer religiös und kommen zu anderen Antworten als zuvor. Nachdem PROUST das Tabu der Homosexualität weitgehend gebrochen hatte, unternimmt GIDE mit *Corydon* (1924) eine offene Verteidigung der Päderastie und setzt seine Reputation noch einmal aufs Spiel. Literaturhistorisch bedeutsam wird er mit zwei Büchern. *Les caves du Vatican* verursacht 1914 einen Skandal. Mit virtuoser Ironie, bestechender Intelligenz und technischer Meisterschaft in der mehrdimensionalen Handlungsführung macht GIDE die Inkonsequenz und Ausnahme zur Regel. Ein Gerücht um die vermeintliche Gefangennahme von Papst Leo XIII im Jahr 1893 bildet den historischen Hintergrund des vom Autor nach Maßgabe der mittelalterlichen Groteske als *Sotie* klassifizierten Romans. Die Nachricht, dass ein Doppelgänger den päpstlichen Thron usurpiert, während der wahre Stellvertreter Gottes in vatikanischen Verließen darbt, veranlasst Amédée Fleurissoire, den biederen Apotheker aus dem südfranzösischen Pau, zu einem Kreuzzug gen Rom. Hier gerät er an den Hochstapler Protos, der seine Possen mit ihm treibt, um ihn eines Tages nach Neapel zu schicken. Auf der Eisenbahnfahrt dahin wird er vom zufällig mitreisenden Lafcadio aus dem Zug geworfen. Der vollkommen freie, grund- und motivlose Mord, der aus der Spontaneität des Augenblicks erwachsene *acte gratuit* stellt die überkommene Vorstellung von Recht und Moral in Frage. Denn das kausale Band, das den Täter mit seiner Tat verbindet, fehlt. Unmittelbar nach dem Mord treffen Lafcadio und der ultrakatholische, schriftstellernde Dilettant Julius zusammen, der sich mit der Idee zu einem Roman trägt, dessen Held einen Mord ohne Motiv begeht. Damit wird das Romangeschehen von einer Figur des Romans aufgegriffen und das Erzählte durch ein Erzählvorhaben in die Zukunft gespiegelt. Die Fiktion wird reflexiv. Mit der prekären Balance von Romanwirklichkeit und Imagination stellt GIDE die Gültigkeit der naturalistischen Romantheorie in Abrede. Weder Wahrscheinlichkeit des Sujets, noch Kohärenz der Handlung, erst recht nicht Mimesis an die Wirklichkeit, so die Kritik an den „idées reçues", sind für die Literatur unerlässlich.

Les faux-monnayeurs (1925) entfaltet GIDES Theorie des Romans im Roman, dem 1926 ein gleichzeitig entstandenes Konvolut von Notizen zu Methodenfragen, *Journal des faux-monnayeurs* folgt, THOMAS MANNS *Entstehung des Doktor Faustus* (1949) vergleichbar. Für die Prosa leistet GIDE initiativ das, was VALÉRY für die Lyrik: eine Erneuerung der Literatur durch eine poetologische Reflexion auf die Erzeugung von Wirklichkeit in der Kunst. Der Schöpfungsakt, die Entstehungsgeschichte des Werks, die Kritik des dargestellten Realitätsausschnitts werden so interessanter als das Werk selbst. Weil dieses Moment der Distanz zum Gemachten in den Roman selbst hineingenommen ist, wird die immanente Geschlossenheit der Romanwelt durchbrochen. Der offene Schluss dokumentiert, dass die Totalität der Erscheinungen in ihrer Breite, Tiefe und zeitlichen Länge, anders als es der naturalistische Roman glaubte, unerschöpflich ist. Ein anonymer auktorialer Erzähler, der kommentierend in das Geschehen eingreift, die Romanfigur Edouard, ein tagebuchschreibender Romanschriftsteller, der einen Roman mit dem Titel „Les faux-monnayeurs" plant, schließlich der unsichtbar bleibende ANDRÉ GIDE selbst: permanent widerlegen, beglaubigen oder bezweifeln sich diese Instanzen gegenseitig. Im Sinne der traditionellen Fabel ist der Roman, in dem Reflexionen über denselben ein gutes Drittel einnehmen, ohne Thema. Die vordergründige Handlung spielt zuerst im literarischen Zirkel einiger Pariser Gymnasiasten großbürgerlicher Herkunft um 1910. Dann treten Ereignisse und Personen aus einem Knabenpensionat hinzu. Edouard und sein Widerpart, der homoerotische Schriftsteller Robert de Passavant, nehmen sich der literarischen Versuche der Gymnasiasten Bernard und Olivier nicht nur uneigennützig an. Der zunächst nur Passavants Pfusch geltende Begriff der Falschmünzerei verliert seinen metaphorischen Charakter, als Mitschüler Bernards im Internat tatsächlich falsches Geld in Umlauf bringen. Seiner essentiellen Bedeutung nach meint Falschmünzerei bei GIDE jedoch den jahrhundertalten Anspruch des Romans, durch Darstellung der Wirklichkeit diese erkennbar zu machen. Seine eigene, mimetische wie konstruktive Kraft richtet sich nun gegen die Form des Roman selbst, auch GIDES eigenen, dessen ästhetischer Schein nicht mehr der von Wahrheit ist.

Neue Frauen

Die Belle Epoque hatte die Frau als „Grande Dame" oder als „Grande Cocotte" im mondänen Titel geführt. Die relative Emanzipation der Frau vollzieht sich auf einer anderen gesellschaftlichen Ebene. Für den frühen, bisweilen militanten Feminismus stehen die Namen der Literaturkritikerin RACHILDE wie der Lyrikerinnen ANNA DE NOAILLES und RENÉE VIVIEN. Die moralischen Ideen einer männerbestimmten Gesellschaft bezüglich der Frau werden einer tiefgreifenden Revision unterzogen. SIDONIE-GABRIELLE COLETTE (1873–1954) verkörpert diese Unabhängigkeitsbestrebungen wie keine andere. Sie wird eine der populärsten, offiziell hoch geehrten Frauen der III. und IV. Republik. Ihre um 1900 begonnene Serie von Claudine-Romanen ist nicht nur kommerziell ein triumphaler Erfolg, sie lanciert mit dem Typus der raffiniert-naiven Kindsfrau (so wie VICTOR MARGUERITTE 1922 mit seinem Roman La garçonne die Figur der knabenhaften, kurzhaarigen Frau schuf) auch eine eigene Claudine-Mode. Die Offizierstochter Colette lässt sich 1906 vom Schriftsteller JACQUES GAUTIER VILLAR scheiden und lebt fortan als Schauspielerin, Chansonette, Kritikerin und Tänzerin ein loses, moralisch unbeschwertes und von wechselnden Liebschaften geprägtes Leben. In schneller Folge publiziert sie mit konventionellem Erzählmodus Romane (La vagabonde, 1910; Le Paix chez les bêtes, 1916; Mitsou 1917; Chéri 1920; Le blé en herbe, 1923; La Fin de Chéri, 1926), die von Eifersucht, Instinkt, pubertärer Liebe, Natur, Tieren und immer wieder vom konfliktreichen Verhältnis zwischen den Geschlechtern handeln. Chéri ist ihr bekanntester Roman. Die Leidenschaft der alternden Kurtisane Léa de Lonval für einen jugendlichen Beau analysiert COLETTE mit großer psychologischer Differenziertheit.

Die auch Zyklusroman genannte Gattung geht auf BALZAC und ZOLA zurück. Mit einer veränderten sozialen Wirklichkeit wird auch die narrative Technik als Basis des Realismus verändert. RO-MAIN ROLLANDS zehnbändiger *Jean-Christophe* (1903–1912) bringt seinem Autor Weltruhm ein. Thema mit Variationen ist die Musik. Mit der Künstlerbiographie des Helden, ein neuer Beethoven, entwirft ROLLAND ein panoramatisches Bild der Pariser Vorkriegsgesellschaft. Der Wille zur Gestaltung einer ganzen Epoche trägt auch die acht Bände *Les Thibault* (1922–1940) von ROGER MARTIN DU GARD (1881–1958, Literaturnobelpreis 1937). In Gestalt der ungleichen Brüder Jacques und Antoine Thibault kehren gesellschaftliche Fragen als individuelles Schicksal wieder: Krieg versus Pazifismus, Katholizismus versus Protestantismus, Zukunftsglaube versus existentieller Sinnlosigkeit. GEORGE DUHAMELS (1884–1966) zehnbändige *Chronique des Pasquier* (1933–1945) nimmt ebenfalls die Familie als soziologische Einheit und Nukleus des Erzählens. Im sozialen Aufstieg der jüngeren Familienmitglieder spiegelt sich die soziale Schichtung Frankreichs zwischen 1905 und 1920. Im Unterschied zum Historiker will der Chronist die Geschichte nicht erklären, sondern sie im Musterstück herzeigen. In verwandelter Form bleibt dieser Anspruch bei DUHAMEL erhalten. Die 27 Bände *Les hommes de bonne volonté* (1932–1946) von JULES ROMAINS geben einen auf die Jahre 1908–1933 konzentrierten Querschnitt durch das soziale Spektrum Frankreichs. Parallel zu seiner unanimistischen Lyrik rückt ROMAINS die soziale Gruppe, in deren Seele das Individuum eingeschmolzen bleibt, in das Zentrum seiner Darstellung. Zusammengehalten werden die einzelnen Bände des Zyklus durch periodisch wiederkehrende Figuren oder Leitideen. Nach seiner Abkehr vom Surrealismus schwenkt LOUIS ARAGON literaturtheoretisch auf die orthodoxe Linie des sozialistischen Realismus. Seiner Disziplin unterwirft er den 4000 Seiten umfassenden Zyklus *Le monde réel* (1933–1935), in dem auch historische Figuren wie Clara Zetkin auftreten.

Die kirchliche Reaktion auf die Laisierung der III. Republik hatte, was ihren restaurativ-monarchistischen Flügel betraf (BARRÈS, MAURRAS, LÉON DAUDET), immerhin den Vorzug der Deutlichkeit. Aber das französische *département* der *una ecclesia sancta* hielt es nicht immer mit den stärkeren Bataillonen der Staatsmacht. *La Femme pauvre* (1897) von LÉON BLOY (1846–1917) ergreift im mystischen Geist Partei für die Armen. Der Linkskatholizismus CHARLES PÉGUYS führt ihn in die Nähe zu Jean Jaurès und zum Sozialismus, nach langer Kumpanei mit der *Action française* kritisiert GEORGES BERNANOS scharf das faschistische Spanien Francos und die demokratiefeindliche Amtskirche, FRANÇOIS MAURIAC steht

1940 in den Reihen der *Résistance*. Das Transzendieren mit oder ohne Revolte aus biblischem Geist bildet die Grundlage des theologischen Romans bei BERNANOS (1888–1948), MAURIAC (1885–1970, Literaturnobelpreis 1952) und JULIEN GREEN (geb. 1900). Philosophisch versucht sich Jacques Maritain mit Hilfe der scholastischen Lehre Thomas von Aquins an einer katholischen Renaissance.

Bernanos

Der Nordwesten Frankreichs und das Artois sind der geografische Hintergrund für die erzähltechnisch konventionellen, perspektivisch gebrochenen Priesterromane BERNANOS'. *(Sous les soleils de Satan*, 1926; *L'Imposture*, 1927; *La Joie*, 1929; *Journal d'un curé de Campagne*, 1936). In der Seele des Menschen, exemplarisch beim Heiligen, dessen Gestalt sich überall finden kann, tobt ein immerwährender Kampf zwischen Satan und Gott. Einzig im Moment der tiefsten Krisis, im Entsetzen des Menschen vor sich selbst erscheint Gott im Akt der Gnade und führt den Menschen so weit von sich weg wie die Welt von Gott. Metaphysik, nicht Psychologie. Bereits die Scholastik rechnete die Traurigkeit zu den Todsünden und erhob die Freude zur Pflicht. Mit dem Christentum ist nicht die große Verdüsterung über die Welt gekommen, sondern die Chance unendlichen Heils. Ihre besondere Intensität gewinnt sie daraus, dass im Gegensatz zum Surrealismus, wo jeder Augenblick Vorhof des immanent Wunderbaren ist, hier mit der Offenbarung das Wunder bereits ein für alle Mal geschehen ist.

Mauriac

Die Landschaft um Bordeaux stellt die räumliche, das provinzielle Bürgertum die soziale Kulisse für die Romanwelt MAURIACS. Auch hier ist das Drama um Sünde und Schuld in den inneren Menschen verlegt. *Thérèse Desqueyroux* (1927) wird gezwungen, die mittelmäßige Existenz ihres Manns Bernard in tiefster ländlicher Ödnis zu teilen. Ihr Ausbruchsversuch, das Giftattentat auf Bernard scheitert, die Schuldige wird zu absoluter Einsamkeit verurteilt. Präzis und atmosphärisch dicht lotet MAURIAC die psychischen Abgründe aus, die sich für die junge Frau hier auftun, theologisch grundiert von der Antithetik zwischen Gut und Böse, Sünde und Gnade. In *Le noeud de vipères* (1932) kehrt die Problematik des Glaubens wieder. Es ist der Bericht, den ein alter Mann, Atheist, auf dem Sterbebett von der Geschichte seines Lebens gibt.

Green

Auch im Werk des in Amerika geborenen JULIEN GREEN: *Adrienne Mesurat* (1927) gilt das Psychologische nicht für sich selbst. Für die jugendliche Heldin, deren endlos monotone Tage von den Verfügungen ihres Vaters und der älteren Schwester bis ins nichtigste Detail hinein geregelt sind, wird aber nicht die familiäre Situation allein zum Gefängnis. Ebenso ist es das Haus, in dem sie lebt, das trostlose Städtchen, ebenso die Provinz, die sie wie Höllenkreise umschließen und in einer äußersten Perspektive die gesamte Welt zum irdischen Inferno machen. Auch dann, als Adrienne einen Mann zu lieben beginnt und sich dem Zorn ihres Vaters aussetzt. Nach einer heftigen Auseinandersetzung tötet sie ihn und stürzt sich damit in den Wahnsinn. GREEN schildert diese gott- und gnadenverlassene Welt im nüchternsten Ton. Was sachlich, karg und dürftig geschildert wird, soll die Erlösungsbedürftigkeit von Menschen und Dingen nur um so schärfer hervortreten lassen. Derselbe Blick fällt bei MARCEL JOUHANDEAU (1888–1979) auf die gefallene Welt.

France profonde

Der Erste Weltkrieg war der letzte Waffengang, der anders als der kommende Luftkrieg noch nicht die Gesamtheit des Raums in sich einbezog und zwischen Dörfern und Städten unterschied. In Erinnerung daran versprachen die weiten Landschaften Frankreichs, gegen den Moloch der Metropolen, das dauerhafte Bild unbeschädigten Lebens. Der *roman régionaliste* spielt beim Schweizer CHARLES-FERDINAND RAMUZ im Gebirge (*La Grande-Peur dans la montagne*, 1926), bei HENRI POURRAT in der Auvergne (*Gaspard des montagnes*, 1922–1931), bei MAURICE GENEVOIX in der Sologne (*Raboliot*, 1925). Dem idyllischen Landleben macht bei MARCEL AYMÉ der groteske Einbruch des Eros ein Ende. (*La jument verte*, 1933). Mit funkelndem Humor schildert er die Geschichte eines Bauerngeschlechts, das mit dem „einfachen Leben", dem Ideal der Städter, nichts zu schaffen hat, alles dagegen mit der obsessiven Gewalt fleischlicher Wünsche.

Giono

Berge, Hügel, Nacht und Sterne sind Elemente der mystischen Provence von JEAN GIONO (1895–1970) mit dem Städtchen Manosque zur Mitte. Sein magischer Realismus ist ekstatische Feier einer Naturerfahrung, die den Unterschied von Innen und Außen in einem Rausch kosmischer Einheit auslöscht. Die „Pan-Trilogie" (*Colline, Un de Baumugnes, Regain*, 1929–1931), *Le Chant du monde* (1934) und das epische *Que ma joie demeure* (1935) ordnen Handlung und Personenfolge dem natürlichen Rhythmus der Jahreszeiten und der harmonischen Lebensbewegung von Tod und Geburt unter. Ein einziges, ununterbrochenes Leben durchströmt Tier, Pflanze, Himmel, Erde und Mensch mit derselben, nur nach Graden verschiedenen Intensität und zieht alles in seinen Tanz. Die dem Naturgeschehen immanente, moralindifferente Ordnung schließt Geschichte, Gott und die Transzendenz christlich-abendländischer Werte aus. Wer sich so tief in den heroischen Urgrund versenkt, muss diesseits jeder Zivilisation bleiben. Dazu stimmt, dass der ansonsten bedingungslos pazifistisch engagierte GIONO dem Mythos des französischen Vichy-Regimes zwischenzeitlich erlag.

Realismus

Gegen Ende der Zwanzigerjahre mehren sich in Frankreich die Anzeichen, dass es mit der "République pacifique et prospère" zu Ende geht. Das Politische gewinnt für das Literarische eine beispiellose Aktualität. Die Intelligenz politisiert sich. Sie definiert ihre Funktion neu, zum einen in Essays und Pamphleten – 1927 erscheint Julien Bendas *La trahison des clercs,* 1929 Emmanuel Berls *Mort de la pensée bourgeoise,* das MALRAUX gewidmet ist, im selben Jahr publiziert PAUL NIZAN *Les Chiens de garde* –, zum anderen romanesk und romantheoretisch Das Individuum in seinem Verhältnis zur Gesellschaft wird thematisch, weil real problematisch. Zum liberalen Kapitalismus gehörte, zumindest im bürgerlichen Bewusstsein, das autonome, sich selbst vollendende Individuum. Mit der wirtschaftlichen Krise brechen die ökonomischen Grundlagen dieser Selbstbestimmung zunehmend weg, die tatsächliche oder vermeintliche Krise des Individuums, des Geistes, der Persönlichkeit usw. hat hier ihre materielle Ursache. Was nicht mehr vorhanden ist, wird beschworen und um so heftiger, je weniger noch geglaubt: HENRY DE MONTHERLANT (1896–1972) ersetzt den Ichkult von BARRÈS durch den Kult Don Juans (*Les Jeunes Filles, Pitié pour les femmes, Le Démon du bien, Les Lépreuses,* 1936–1939) und mysogyne Männlichkeit. Wie SARTRES Freund NIZAN für die Linke (*Antoine Bloyé,* 1933; *La conspiration,* 1939), so denunziert PIERRE DRIEU LA ROCHELLE für die Rechte die bürgerliche Literatur als reaktionär und macht der bürgerlichen Klasse den Prozess (*Gilles,* 1939).

Saint-Exupéry

Das antibürgerliche, dabei aber humanistische Pathos seiner Helden teilt ANTOINE DE SAINT-EXUPÉRY (1900–1944) mit MALRAUX. SAINT-EXUPÉRY ist Pilot zwischen Kontinenten, den Pioniergeist der damals noch lebensgefährlichen, für ihn schließlich tödlichen Fliegerei (1944 kommt er von einem Aufklärungsflug gegen die Deutschen nicht mehr zurück) hat er seinem autobiografisch gefärbten, im Stile von Erlebnisberichten vorgetragenen Werk eingeprägt. (*Courrier Sud,* 1928; *Vol de Nuit,* 1931; *Terre des hommes,* 1939). Die Gemeinschaft der Flieger verkörpert die neue, technische Elite. In seiner Einsamkeit, Erhabenheit und Askese gleicht das Leben des Fliegers auch dem des Mönches, doch ist das nicht die einzige, jedenfalls nicht die exemplarische Lehre, in die die blaue Unendlichkeit des Luftraums ihn nimmt. Reflexionen und Meditationen kreisen bald lyrisch, bald schwärmerisch gefärbt um das Wunder des Menschen, das ganz Unwahrscheinliche eines einzigen Menschenlebens, das nichts an Wert übertrifft, wenngleich es ständig für nichtig erklärt wird. *Le Petit Prince* (1943), das Weltnachtmärchen von Geheimnis und Schönheit des Universums und der Überwindung der Einsamkeit in der Freundschaft, wird einer der größten Bucherfolge der Nachkriegszeit.

Malraux

Bei ANDRÉ MALRAUX (1901–1976) gehen Leben und Literatur ein Verhältnis ein, das modellbildend für die engagierte Literatur des Existenzialismus wird. Sein Interesse für Indochina und den fernen Osten erwacht früh. Die Reisen nach Indochina zwingen ihn, von der Realität des Kolonialismus Kenntnis zu nehmen. 1925 gründet er in Saigon die oppositionelle Zeitung „Indochine" und setzt sich für liberale Reformen ein. Die Ereignisse der chinesischen Revolution verfolgt er aus nächster Nähe, besonders den Aufstand von Kanton. In den Dreißigerjahren schließt er sich dem republikanischen Spanien im Kampf gegen Franco an (*L'Espoir*, 1937), im zweiten Weltkrieg ist er Mitglied der *Résistance*. Nach einem Treffen mit dem General de Gaulle wird er 1945 Minister in dessen Kabinett. Nach Rückkehr de Gaulles an die Macht leitet MALRAUX 1959–1969 das Ressort für kulturelle Angelegenheiten mit großer öffentlicher Wirksamkeit. Darüber hinaus findet er Zeit für ein umfangreiches essayistisches Werk (*Le musée imaginaire*, 1952–1954; *Les Voix du silence*, 1951; *Lazare*, 1974) und seine Memoiren (*Le miroir des limbes*, 1967–1976).

Engagement

La Tentation de l'Occident (1926) ist der erste literarische Ertrag von MALRAUX' Reisen. Stellt er hier noch Okzident und fernen Orient als zwei grundverschiedene Zivilisationen gegenüber, so macht die Trilogie der Asien-Romane *Les conquérants* (1928), *La voie royale* (1930), *La condition humaine* (1933, Prix Goncourt) die Relativität auch dieser Wahrheit bewusst. Denn der letzte Roman, der MALRAUX weltweit bekannt macht, schildert eine Etappe der chinesischen Revolution, den von der kommunistischen Internationalen unterstützten Shanghai-Aufstand im Frühjahr 1927 und konfrontiert Nationalismus (die Kuomintang unter Führung des Generals Tschiangkaitschek), Kapitalismus und Kommunismus als weltgeschichtliche Handlungsmächte. Bei der Darstellung dieser Geschehnisse ergreift MALRAUX, bis 1927 Propagandakommissar der revolutionären Südregierung, Partei für die Kommunisten. Kyo Gisor organisiert in Schanghai die kommunistischen Kampforganisationen. Sein Freund Tschen erhält den Befehl, Waffen zu beschaffen. Trotz aller Skrupel, denn der Auftrag verlangt einen Mord von ihm, kommt er ihm nach. Doch die Waffen, die ihm in die Hände fallen, sind bei weitem zu wenig, um einen revolutionären Aufstand erfolgreich durchzuführen, zudem herrschen durch Seuchen und Meutereien chaotische Zustände in der mit Toten übersäten Stadt. Katow, ein aus Moskau emigrierter Russe,versucht die Subversion organisierend zu straffen und warnt vor einem Bündnis mit der Kuomintang und Tschiangkaitschek. Dieser beginnt, nachdem Schanghai an die Kommunisten fiel, mit der Entwaffnung und schließlichen Vernichtung aller ehemaligen Verbündeten. Kyo nimmt nach seiner Verhaftung Gift,

Katow stirbt mutig unter der Folter, Tschen, der ein Attentat auf Tschiangkaischek vorbereitet, sprengt sich dabei selbst in die Luft.

Der Kampf um die Freiheit hat für MALRAUX auch eine philosophische Dimension. Neben dokumentarischen Szenen, die mit aufwühlender Heftigkeit und unmittelbarem parti pris geschildert sind, stehen andere, in denen der Autor distanzierend vom eigenen Engagement zurücktritt. Immer wieder sind es die großen Individuen, Kato sowie das Paar Kyo und May hier, Garin in *Les conquérants,* die sich angesichts von tausenden im Kampf Getöteten Rechenschaft von ihrem Tun abverlangen. Das macht sie einsam. Ein Menschenleben ist nichts wert, doch nichts ist soviel wert wie ein Menschenleben: das ist die absurde „condition humaine". MALRAUX weist die Antworten des christlichen Glaubens zurück, nicht die Frage nach einem letzten Sinn von Leben und Sterben. Ist dieser Sinn nicht mehr vorgegeben, so bleibt als einzige Möglichkeit menschlichen Handelns, ihn in freier und kontingenter Wahl zu erschaffen.

Über MALRAUX Wandlung vom militanten Kommunisten zum Minister de Gaulles ist viel gerätselt worden. Zur Abkehr vom Marxismus mag geschichtsphilosophisch derselbe Grund wie bei CAMUS oder Merleau-Ponty geführt haben. Gegen die erstarrende stalinistische Orthodoxie, die nach der Entdeckung des historischen Bewegungsgesetzes auch über die Zukunft zu verfügen glaubt, insistiert MALRAUX auf der unverfügbaren Offenheit des zeitlichen Horizontes, der unabschließbaren Unfertigkeit der Welt. Wahrheit ist weder Gott noch der dialektischen Vernunft immanent. Es bleibt aber Ausflucht und Zeichen von Resignation, wenn MALRAUX dann eine als „Anti-Schicksal" verstandene Kunst mit der Schöpfung von Möglichkeiten begabt, die er real keinem gesellschaftlichen Entwurf mehr zutraut. In allem anderen weist er voraus, auf SARTRE und den Existenzialismus mit dem Konzept der „littérature engagée", auf CAMUS' *Étranger* mit dem Schwanenlied des großen Einzelnen.

Céline

CÉLINE alias LOUIS-FERDINAND DESTOUCHES (1894–1961). CÉLINE war im Krieg und CÉLINE war Arzt, diese zweifache Optik unterlegt er seinem diagnostischen, ganz illusionslosen Blick auf die Menschen: mittig im Leben steht der Tod. Sein erster Roman *Voyage au bout de la nuit* (1932) bezeichnet ein Datum in der französischen Literatur, ein astronomischer Abstand trennt ihn von den wüst rechtsextremistischen, antisemitischen Hetzschriften *Bagatelles pour un massacre* (1937), *L'École des cadavres* (1938), *Les beaux draps* (1941) des späteren Kollaborateurs. Im Erscheinungsjahr der *Voyage* werden mehr als 100000 Exemplare verkauft, die zeitgenössische Kritik reagiert enthusiastisch. SIMONE DE BEAUVOIR berichtet in ihren Memoiren vom Schock, den die CÉLINE-Lektüre bei ihr und Sartre auslöste: nach den marmornen Sätzen Gides und Valérys jetzt eine pulsierende, höchst lebendige Sprache, dazu heftigste Attacken gegen Krieg, Kapital und Kolonialismus – für sein Romanwerk erarbeitet sich Sartre daraufhin eine neue Sprache.

Die Welt, in die Céline seinen Ich-Erzähler Ferdinand Bardamu, der in *Mort à crédit* (1936) wiederbegegnet, schickt, ist die Hölle. In ihrem fantastisch zur Kenntlichkeit entstellten Realismus tragen die Romanepisoden zum Teil autobiografische Züge. Der Medizinstudent Bardamu meldet sich als Freiwilliger im Ersten Weltkrieg. Die Erinnerung an das Grauen der flandrischen Schützengräben, wo er seinem alter Ego, dem Deserteur Robinson begegnet, wird er nicht wieder los. Einen Unterschied zwischen Krieg und Frieden gibt es fortan für ihn nicht mehr, die Züge des Krieges entdeckt er im Leben überall wieder. Elend, Einsamkeit, Feigheit, Hass, Gewalt, Verbrechen, Gemeinheit, das ist der Stoff, aus dem bei Céline die Menschen sind. Bardamu gelangt zuerst ins tropische Afrika und erlebt den Albtraum des Kolonialismus, in dem die demoralisierten Opfer den Tätern nichts mehr voraus haben und ihn für Geld auf einer Galeere nach Amerika verschachern. Céline braucht für diese Episode die herrschende Logik nur beim Wort zu nehmen, um ihren Aberwitz zu enthüllen: da Bardamu weiß, dass Zahl und Statistik in Amerika Gott sind, klassifiziert er mit neuer Methode Flöhe nach Herkunft und Geschlecht und macht sich so für das statistische Department der Einwanderungsbehörde unentbehrlich. Der Krieg, den die „Compagnie Pordurière" im afrikanischen Fort-Gono gegen die Lohnarbeiter führt, geht im Produktionskoloss von Ford in Detroit mit der Segmentierung der Körper in industrieller Fließbandarbeit weiter. Ferdinand begegnet hier auch der Prostituierten Molly. Er, der alles auf sich zersetzende Körperlichkeit reduziert, trifft jenseits seiner sexuellen Begierde bei ihr auf etwas, was sich nicht auf die Materialität des Leibes reduzieren lässt. Für ein einziges Mal blitzt ein anderes Leben, etwas wie Glück auf. Doch Bardamu weiß sich insgeheim dazu nicht mehr fähig und flieht erneut. Aber den weltumspannenden Prozess innerer und äußerer Zerstörung zu fliehen, ist unmöglich. Über den Metropolendschungel New Yorks kommt er zurück nach Paris und wird Armenarzt in der Pariser Banlieue. Dort wiederholt sich mit der Armut die Misere und das Inferno der Verbrechen.

Sprache

Mit Céline dringt das gesprochene, volkstümliche Französisch, das „français populaire" der unteren Schichten in die literarische Schriftsprache. Insofern ist sein Roman auch eine Reise an das Ende der konventionellen Sprache, deren Interpunktion er zersprengt. Die syntaktischen, morphologischen, lexikalischen Besonderheiten der Umgangssprache, die CÉLINE mit ihren epischen, komischen, satirischen und poetischen Elementen sämtlich übernimmt, wirken förmlich revolutionierend auf den französischen Roman. *Resensibiliser la langue, qu'elle palpite plus qu'elle ne raisonne – tel fut mon but,* so der Autor rückblickend über sein literarisches Programm. CÉLINES Stilprinzip bleibt nicht ohne Nachfolger – neben SARTRE zuerst RAYMOND QUENEAU (*Le chiendent,* 1933). In der jüngeren Vergangenheit haben die Textproduzenten der ultralinken „Tel-Quel", so PHILIPPE SOLLERS in *Lois* (1972), bei aller ideologischen Gegnerschaft CÉLINES intensive Reflexion über Sprache und Sprechakte weitergeführt. „Comment peut-on écrire autrement?" überschreibt schließlich JEAN-MARIE LE CLÉZIO seine Hommage an CÉLINE –, sowenig wie er ohne Vorgänger war: RABELAIS, HUGO, MAUPASSANT, BALZAC. Doch CÉLINE bestreitet mit dem gesprochenen Französisch nicht nur die Dialoge, sondern auch die erzählenden Passagen. In seinen späteren Romanen, *D'un château l'autre* (1957), *Nord* (1960), *Rigodon* (1969), der Trilogie des nationalsozialistischen Deutschlands, geht er darüber noch weit hinaus und stößt ohne Atem nur noch kurze Einzelsätze oder Satzfetzen hervor.

Vor allem dient diese Diktion aber einer Kaskade von Flüchen, Beschimpfungen und Zornausbrüchen. Zugleich ist damit das Problematische der ganzen Romananlage angesprochen. Denn nirgends macht CÉLINE die Kräfte unzweideutig sinnfällig, deren Abdruck sich in Leben und Sprache seiner Ausgestoßenen, der *miteux,* findet. Den pikaresken Typus des Vaganten hatte ALBERT COHEN (*Solal,* 1930; *Mangeclous,* 1938) wieder belebt, CÉLINE erfasst ihn in seinem letzten Stadium als Getriebener und Gehetzter. So drastisch es ihm gelingt, ein Dasein vor Augen zu stellen, für das sich alle Unterschiede von Werk- und Feiertag, Geschlechtsakt und Liebe, Natur und Gesellschaft eingeebnet haben, so wenig wird deutlich, was dieses alles umschließende Grau verursacht haben könnte. Der Zusammenhang von universellem Hass und universellem Egoismus erscheint bei ihm als naturgegeben. Seinen realen Grund streift CÉLINE zuweilen. *Je n'avais pas encore appris qu'il existe deux humanités très différentes, celle des riches et celle des pauvres.* Doch die Frage, ob zwischen der genzenlosen Lebensangst Bardamus und dem in der Zwischenkriegszeit vom Kapital hier und der aufsteigenden Arbeiterklasse dort bedrohten französischen Kleinbürgertum, das vor dem sozialen Abstieg Zuflucht beim Faschismus suchte, Identität besteht, stellt sich für CÉLINE nicht. Er wie es optieren nihilistisch, als sie sich für Hitler-Deutschland entscheiden.

Namen	Begriffe	Themen
Gide	Ästhetizismus und Moral, *acte gratuit*	Selbstreflexion des Romans
Colette	Claudine-Romane, Chéri	Natur und Liebe
Rolland, Martin du Gard, Duhamel, Romains	*roman-fleuve*	Chronik und Panorama der Epoche
Bernanos, Mauriac, Green	*renouveau catholique*	Schuld und Gnade, Satan und Gott
Giono	*magischer Realismus*	mystische Natur
Malraux	*roman engagé*	politische Konflikte, Freiheit
Céline	Erneuerung der literarischen Sprache: *français populaire*	Krieg, Gewalt, Elend, Einsamkeit

Literatur Benjamin (1980), Carrard (1976), Citron (1990), Gille (1984), Godard (1985), Lottman (1990), Martin (1963), Raether (1980).

3 Traditionen und Avantgarde der Lyrik

Kanon

Seit BAUDELAIRE ist die französische Lyrik keine nur französische Angelegenheit mehr, mit LAUTRÉAMONT, RIMBAUD, VERLAINE und MALLARMÉ wird sie endgültig europäisch und entwickelt in den Jahrzehnten bis zum Surrealismus nahezu das gesamte poetische Form- und Stoffinventar des 20. Jahrhunderts. In Fortsetzung und Variation der einmal angeschlagenen Themen und Motive: Großstadt, Moderne, Intellektualität und Natur, Formbewusstsein und Inspiration, Realitätsbewusstsein und Realitätsentfremdung, analogisches versus unerkennbares Universum, Revolte und Resignation, Sprachglauben und Sprachskepsis, individuelles und kollektives Dichten, Absolutes und leere Transzendenz verläuft der weitere Fortgang längst nicht nur in Abhängigkeit vom surrealistischen Kanon. Der Symbolismus hat, sieht man vom inkommensurablen Werk VALÉRYS ab, mit Jahrhundertbeginn seine innovative Kraft verloren. Der „Naturisme" in den *Ballades françaises* (1896) von PAUL FORT versteht sich noch als antisymbolistische Reaktion, aber sowohl die belgischen Symbolisten MAETERLINCK, EMILE VERHAEREN, ALBERT MOCKEL, GEORGES RODENBACH als auch der sprach- und bildgewaltige SAINT-POL ROUX dringen bald zu neuen Ausdrucksformen vor. Über romantisches Bildinventar und alexandrinische Verse hinaus findet sich bei ANNA DE

NOAILLES (*Le coeur innombrable,* 1901) ein Register, das zwischen zärtlicher Heiterkeit und Trauer über das hinfällige Leben über alle Töne und Halbtöne verfügt. RENÉE VIVIEN setzt die Tradition sapphischer Poesie fort.

Unanimisme

Unanimisme heißt das erste großformatige künstlerische Programm des 20. Jahrhunderts in Frankreich, das seine Grenzen nicht in der Literatur findet. Charles Fouriers frühsozialistische Utopie des „Phalanstère" setzt die Künstlergruppe um RENÉ ARCOS, GEORGE DUHAMEL, CHARLES VILDRAC (*Livre d'amour,* 1910) in die Praxis einer Lebens- und Arbeitsgemeinschaft um. Sie ziehen sich nach Créteil in ein einfaches Landhaus zurück, das sie „Abbaye de Créteil" in Anlehnung an RABELAIS' „Abbaye Thélème" nennen. Der junge JULES ROMAINS, neben GEORGES CHENNEVIÈRE einziger Lyriker des Zirkels, tritt mit der Abtei in Verbindung und veröffentlicht kaum dreiundzwanzigjährig *La vie unanime* (1908), wo der Rhythmus des Großstadtlebens, das die Lyrik VERHAERENS unter sozialem Aspekt aufgreift, den frei gehandhabten klassischen Vers geschmeidig macht. Mit Frontstellung gegen Naturalismus und Individualpsychologie wird der Gedichtband zum Manifest des literarischen Unanimismus. Philosophisch hatte Bergson den Begriff des *élan vital* eingeführt. In der Soziologie erkannten Gabriel Tarde und Emile Durkheim zwar, dass das Individuum eine soziale Kategorie, weil durch Gesellschaft vermittelt ist, spiritualisierten die tragenden gesellschaftlichen Prozesse aber als Objektivität einer *conscience collective.* Mit dem Primat des Kollektiv-Allgemeinen vor dem Individuell-Besonderen steht ROMAINS' Programm im Einklang. Die verloren gegangene Einheit von Ich und Welt wird in einer gemeinschaftlichen Existenz restituiert. Die sozial nicht weiter differenzierten Großstadtmassen und Menschenströme, das Kollektiv einer Haus- oder Straßengemeinschaft schmelzen das Individuum in die allbeseelende Einheit des unanimistischen Lebensakkords ein.

Renouveau catholique

Eine beträchtliche Anzahl nicht unbeträchtlicher Literaten war als Reaktion auf den Laizismus der Dritten Republik bis 1914 zum Katholizismus konvertiert, darunter FRANCIS JAMMES, JACQUES COPEAU, CHARLES DU BOS und CHARLES PÉGUY. JACQUES RIVIÈRE und GIDE erwägen 1918 diesen Schritt gründlich. Spektakulär, auch in seiner literarischen Stilisierung (*Contacts et circonstances,* 1946), war der jähe Einbruch Gottes für PAUL CLAUDEL in der Weihnachtsmesse 1886 zu Notre-Dame in Paris. Auf dieser weltanschaulichen Grundlage entsteht eine unverwechselbare Lyrik. Frucht der Rückkehr zum Kinderglauben sind bei JAMMES (1868–1938) die beiden Samlungen *Le deuil des primevères* und *Clairières dans le ciel* (1906), von Devotionalien nicht frei.

Weitaus mehrstimmiger ist der cantus firmus bei PÉGUY, der 1914 zu Kriegsbeginn fällt. Wie CLAUDEL und JAMMES ist PÉGUY bäuerlicher Herkunft. Er kommt aus der Beauce, der Gegend um Orléans, und es sind die Kräfte des Handwerkers und Bauern, an die Péguy appelliert, um die soziale und politische Regeneration Frankreichs einzuleiten, die einen revolutionären Typus des Geistigen aus sich entlassen soll. PÉGUY ficht hier irrational-antiintellektualistisch gegen Positivismus und die erstarrte Hierachie der Kirche der Reichen. Entscheidend ist nun, dass PÉGUY den revolutionären Typus in Christus findet und den Erlöser als Tischlerlehrling in der väterlichen Werkstatt zeigt (*Le mystère de la charité de Jeanne d'Arc*, 1910). Katholizismus und Sozialismus treten so bei ihm in Allianz. Sein heilsgerichtetes Denken wandelt sich nach dem Bruch mit den Sozialisten in eine republikanische Mystik (*Notre jeunesse*, 1910), deren erste Manifestation das Engagement für Dreyfus ist, die jedoch später chauvinistische Züge annimmt. Im selben Maße wie für PÉGUY vom Sozialismus nur noch die Utopie bleibt, nähert er sich einer mystischen Religiosität, die einem eschatologischen Heilsplan aufruht. Gott selbst ist darin so auf den Menschen angewiesen wie der auf ihn. Diese Voraussetzungen erklären die Lyrik PÉGUYS, die zwischen 1910 und 1912 entstandene Trilogie *Le Mystère de la charité de Jeanne d'Arc*, *Le Porche du mystère de la Deuxième vertu*, *Le mystère des saints Innocents* (eine Dreiheit analog zum Geheimnis von Inkarnation und Auferstehung sowie den drei Kardinaltugenden Erbarmen, Hoffnung, Glauben) und *La tapisserie de Notre-Dame* (1913), der Schlussstein der mystischen Kirche. PÉGUYS Sonette, Alexandriner, lyrische Prosa, lateinische Verse verbinden äußerste sprachliche Schlichtheit, gewollt kindliche Naivität mit der Gewalt des Bekenntnisses. Ob Anrufung, Bitten, Danksagungen, Hymnen sind alle Gedichte im Grund eins: Gebete. Die gedrängten, litaneiförmigen, endlosen Aufzählungen mit der gleichsam architektonischen Staffelung und Steigerung ihrer gehämmerten Rhythmen verzichten auf äußere Beschreibung – alle Sphären krümmen sich in die Intensität der seelischen Schau hinein. Dabei scheut sich PÉGUY nicht, mit Gottes Stimme zu sprechen: *J'éclate tellement dans ma création/Dans le soleil et dans la lune et dans les étoiles./Dans toutes mes créatures.* In den von PÉGUY seit 1900 herausgegebenen *Cahiers de la Quinzaine*, der bedeutendsten literarisch-politischen Zeitschrift Frankeichs vor dem Ersten Weltkrieg, erscheinen auch die meisten seiner journalistischen Arbeiten und literarischen Werke.

Dichtung und Poetologie PAUL CLAUDELS gehen unmittelbar aus seiner theologischen Weltsicht hervor, die ästhetische Fragen nur im Zusammenhang mit metaphysischen zulässt. In der thomistisch inspirierten *Art poétique* (1904), der Gegenposition zur

Sprachkonzeption MALLARMÉS, stiftet der Schöpfungsbegriff die Verwandschaft von Gott und Welt. Alles Geschaffene ist nach dem Vorbild des Schöpfers unausgesetzt schöpferisch. In ausgezeichneter Seinsnähe zu Gott steht der Mensch, dessen Fähigkeit zur Erkenntnis der Teilhabe am schöpferischen Gotteswort entspringt. Connaissance, ist co-naissance, ein Mitwerden der bei ihrem Namen gerufenen Dinge. Die Nach- und Neuschöpfung der Welt in der Sprache ist Aufgabe des Dichters. *Corona benignitatis anni dei* (1915), zuerst aber *Cinq grandes odes* (1910) vollziehen diese Forderung. Dank, Preis und Lobgesang stehen in der Tradition der Psalmen wie der Messliturgie. Wie in seinen dramatischen Dichtungen verwendet CLAUDEL für das Versmaß der Oden den *verset,* eine frei geführte, dabei stark rhythmisierte reimlose Langzeile. Die auf CLAUDEL folgende konfessionelle Lyrik von MARIE NOËL (1883–1967) PATRICE DE LA TOUR DU PIN (1911–1975), PIERRE EMMANUEL (1916–1984) und die „lazarenischen" Gedichte von JEAN CAYROL (geb. 1910) bahnen tausend Wege auf der Suche nach Gott. Nach unanimistischen Anfängen nähert sich auch die Poesie PIERRE-JEAN JOUVES (1887–1976) einer christlichen „foi poétique" (*Noces,* 1931; *Sueur de sang,* 1935; *Kyrie,* 1938) und folgt den Spuren des Göttlichen inmitten der heillosen Welt.

Kosmopoliten, Kosmogonien

Wie bei PÉGUY gehen auch bei CLAUDEL Religion und Nationalismus eine trübe Mischung ein. Tatsächlich unterstand er sich nicht, eine *Ode au Maréchal Pétain* zu maschinieren. Der literarische Pontifex CLAUDEL, der Katholisches auch aus dem toten RIMBAUD herauslas und so Erhebliches zu seiner Verfälschung beitrug, lässt das Hexagon in den Prosagedichten von *Connaissance de l'Est* (1900) zugleich weit hinter sich. In diplomatischer Mission ist CLAUDEL in China und Fernost unterwegs. Die kontemplative, geduldig beim Einzelnen einhaltende meditative Geisteshaltung erfährt er als Befreiung vom szientifischen Bewusstsein Europas. Den Mythos der verbotenen Stadt Peking belebt VICTOR SEGALEN mit exotischem Parfum wieder (*René Leys,* posthum 1922), mit den Weltenbummlern LARBAUD und dem Schweizer BLAISE CENDRARS (1887–1961) befreit sich die französische Dichtung restlos von ihren territorialen Grenzen. CENDRARS, Fremdenlegionär und Diplomat, schreibt 1912 das Gedicht *Pâques à New York,* das nicht nur in zeitlicher Nachbarschaft zu APOLLINAIRES *Zone* steht. Die Simultantechnik findet sich hier ebenso wie das einsam durch trostlose Großstadtquartiere irrende Ich und seine vergebliche Suche nach Gott, doch CENDRARS Neuerungen erreichen nicht die revolutionären APOLLINAIRES. Das ändert sich im Jahr darauf mit *La prose du Transsibérien et de la petite Jehanne de France,* vom Autor als erstes „livre simultané" bezeichnet und von Sonia Delaunay illustriert (die *Tour Eiffel*-Dichtungen CENDRARS' korrespondieren sachlich und technisch der gleichnamigen Serie kubistischer Bilder Robert Delaunays). Versgruppen fassen sich überlagernde Räume und Zeiten zusammen, die von CENDRARS in ihrer ganzen Fülle wortwörtlich erfahrene moderne Welt – Geschwindigkeit, Fernstraßen, Wüsten, Leuchtreklamen, Bars, Ozeane, music-halls – findet zu intensivem Ausdruck. Die Gelegenheitsgedichte *Dix-neuf poèmes élastiques* (1919) sind typografische Collagen von gereihten Wörtern und Satzfragmenten. Der in Montevideo als Sohn französischer Eltern geborene JULES SUPERVIELLE (1884–1960) widmet seine 1925 erschienene Gedichtsammlung *Gravitations,* der dreizehn Jahre später *La fable du monde* folgt, RAINER MARIA RILKE. Der rühmt an ihm, das Geheimnis der großen Konstruktion zu besitzen. SUPERVIELLES Lyrik ist Raum- und Brückenkunst. Er schlägt Bögen zwischen Tag und Nacht, Geist und Leib, Innen und Außen, die bei ihm in Balance und freundlichem, wenn auch heimlichem Einverständnis gehalten sind. Die Durchlässigkeit der Dinge füreinander ermöglicht ihre Transparenz und Schöpfung im Wort, eine Kosmogonie, die SUPERVIELLE bei allem Bilderreichtum behutsam und mit einfacher Sprache ins Werk setzt.

Saint-John Perse

(1887–1975) kommt als MARIE-RENÉ ALEXIS SAINT-LÉGER LEGER in Guadeloupe zur Welt, wo er eine paradiesische Kindheit verbringt. Nach Studien in Frankeich tritt er in den Auswärtigen Dienst und beginnt seine diplomatische Laufbahn als Legationssekretär in Peking. Nach weiteren Stationen in Korea und Japan wird er 1922 Beamter im französischen Außenministerium am Quai d'Orsay, 1925–1932 Kabinettschef unter Briand, 1933–1940 Generalsekretär des Auswärtigen Amtes. Vom Vichy-Regime 1940 aller Ämter enthoben, geht er 1940 nach Washington ins amerikanische Exil. Dort verlebt er den größten Teil seines „grand âge", unterbrochen von langen Reisen und Aufenthalten auf der Presqu'Ile de Giens. 1960 erhält er den Nobelpreis für Literatur. SAINT-JOHN PERSE hat der Öffentlichkeit lange Zeit jeden Einblick in sein Privatleben verwehrt und die diplomatische Laufbahn strikt von seiner literarischen getrennt. Dennoch ist sie ohne biografische Daten nicht zu verstehen. Hommagen, Briefwechsel und Dinerlisten vermitteln die Weite der Zusammenhänge, in denen Saint-John Perse sich bewegt. Die Namen Kennedy, Churchill, Léon Blum und de Gaulle ermessen sie politisch, PROUST, VALÉRY, GIDE, CLAUDEL, LARBAUD, PAULHAN, CAILLOIS, Adrienne Monnier, WILLIAM AUDEN, JOSEPH CONRAD, T.S. ELIOT, Stravinsky, BORGES, UNGARETTI und MORAVIA geistesgeschichtlich.

S'en aller! s'en aller! Parole de vivant!.. S'en aller! s'en aller! Parole du prodigue! ist die Parole einer lyrischen Prosa, die bei allem Pathos des Aufbruchs, ob landeinwärts oder auf den geliebten

Atlantik, doch fast ganz ohne das psychologische Moment der Sehnsucht auskommt. Allein in den frühen *Éloges* (1911), wo ein wehmütiger Blick auf das entschwundene Guadeloupe der Kindheit fällt, ist das noch anders. Stilistisch zeigt die erste Veröffentlichung des Autors bereits alle bestimmenden Merkmale der künftigen großen Gedichte. Unregelmäßig-langzeilige Verse im freirhythmisch-sakralen Hymnentonfall, psalmodierende Reihungen, liturgische Formeln, mystisch erregte Anrufungen, Exaltationen, Benennungen und Rezitationen, hieratischer Gesang. Das lyrische Epos *Anabase* (1924) macht SAINT-JOHN PERSE berühmt. T. S. ELIOT übersetzt das Werk ins Englische, GIUSEPPE UNGARETTI ins Italienische, HUGO VON HOFMANNSTHAL, RILKE und WALTER BENJAMIN ins Deutsche. Im 4. Jahrhundert v. Chr. beschrieb der Athener Xenophon in seiner historischen Monografie *Anabasis* den Rückzug des griechischen Söldnerheers der „Zehntausend" an die kleinasiatische Schwarzmeerküste. Der befreiende Ruf beim Anblick des rettenden Wassers stiftet die einzige offensichtliche Beziehung zur endlosen Wanderschaft eines Fremden mit seinen Scharen bei SAINT-JOHN PERSE, wo das Meer als raumschaffendes, raumverbindendes Element erscheint. Der schmale Handlungsfortgang – Stadtgründung, Aufbruch, Durchquerung der Wüste und immer neuer Aufbruch – tritt zurück hinter eine Phalanx von Traum, Imago und Sinnlich-Überwirklichem, die in oft harter Satzfügung zu unausdeutbarer Bildfülle zusammentreten. Der Raum ist Medium der Veränderung wie sonst nur die Zeit, Ankunft und Aufbruch sind allerorts eins.

Im Gegensatz zu BAUDELAIRE und den Surrealisten, deren Korrespondenzen im Verhältnis zu einer idealen Transzendenz stehen, gelingt es der horizontalen Flächigkeit des Gedichts, Ähnlichkeit als die zwischen real Geschautem, Analogien als greifbarexistente sinnfällig zu machen, was die Metapher zur fundamentalen Instanz poetischer Welterschließung macht. Ihre seinserhellende Kraft macht Dichtung Naturwissenschaften und Philosophie überlegen. SAINT-JOHN PERSES Lyrik ist physisch-elementare Kosmologie, mimetisch bleibt die Wahrheit des Wortes an die kosmische gebunden. Der große Gegenstand erfordert die Höhenlage des großen Stils und umgekehrt. Dem Dichter fällt die Funktion des archaischen Sängers, des Rhapsoden zu, der mit demiurgischem, nur selten von humoresken Untertönen gebrochenem Gestus die Dinge ins Wort schafft. Den vielgestaltigen Zusammenhang zwischen Erde und Mensch modellieren die späteren Dichtungen symbolhaft. *Exil* (1944) bewegen Schnee und Regen, *Vents* (1946) feiert die großen Winde als Atem der Welt und immer wieder den Zug der Ferne. *Amers* (1957) lotet die Schwellen von Land und Wasser aus. Wenn das Werk SAINT-JOHN PERSES, das sich jeder konkreten Bezugnahme auf Gesellschaftliches enthält, gleichwohl als kritisches gelten darf, dann wegen der Dimension eines Weltverständnisses, das die Veranstaltungen der Menschen in ihrer ganzen Fremdheit offenbart.

Valéry

VALÉRY repräsentiert für die erste Hälfte dieses Jahrhunderts das Muster des europäischen Intellektuellen schlechthin. Als er 1945 dreiundsiebzigjährig stirbt, geht eine geistespolitische Epoche zu Ende, die zweifeln lässt, ob nicht jeder Fortschritt seither einen Rückschritt jener intellektuellen Sensibilität zum Preis hat, die für PAUL VALÉRY sich kaum vom Denken unterscheidet. Was es rechtfertigen mag, sein essayistisches, kunsttheoretisches, aphoristisches und gesellschaftsanalytisches Werk, in dem die Dichtung, der es seinen Ruhm verdankt, nicht den ersten Platz einnimmt, gleichwohl als essentiel lyrisches zu betrachten, ist VALÉRYS lebenslange Reflexion über das Kunstwerk in der Logik seines Produziertseins, an dem die Produktivität des Geistes selber aufgeht. An dieser Stelle setzt VALÉRYS Denken ein und geht über seinen Mentor MALLARMÉ hinaus. VALÉRY definiert das Absolute neu. Inbegriff absoluter Bewusstheit wird die literarische Produktion, Evidenz wird nicht für das fertige Werk, sondern für die Methode seiner Hervorbringung gesucht.

In Leonardo da Vinci findet VALÉRY das bewunderte Vorbild für die Arbeitsweise des Geistes. Dem Essay *Introduction à la méthode de Léonard de Vinci* (1895) geht es um ein Modell jener geistigen Universalität, die bei unbegrenztem Wechsel ihrer Objekte – Literatur, Malerei, Architektur, Mathematik, Naturwissenschaft, Kriegstechnik – ihre Herstellbarkeit durchdenkt und durch Analyse, Konstruktion und Kalkül zur Erkenntnis der Subjekt wie Natur immanenten Konstanten vordringt. Doch bereits in seiner Frühschrift wird der undurchdringliche Körper zur Grenze, auf welche das Ideal eines sich in all seinen Akten gegenwärtigen Ichs stößt. Im Maße wie das Bewusstsein zum Medium reiner Operationalität wird, löst es sich von jedem personalen Ich und seinen leibgebundenen individuellen Eigenheiten ab. Am Grund des Bewusstseins und seiner Werke liegt etwas Unmenschliches.

Cahiers

Das Leiden an einer glücklosen Liebe stürzt VALÉRY in eine schwere Krise. Von ihr befreit er sich, indem er sie verwertet. Nach der dramatischen „Nacht von Genua" beginnt er 1892, das eigene Innenleben einer dauerhaften Selbstbeobachtung zu unterwerfen. Daraus entstehen die posthum veröffentlichten *Cahiers*, fast 30 000 Seiten. Das konstruierte Ich soll das leidende überwinden. Fünfzig Jahre lang notiert VALÉRY jeden Morgen alle Veränderungen, Unregelmäßigkeiten, Interferenzen und Abweichungen seines Bewusstseins in einer Sprache, die er zum Instrument des Differenziertesten umschafft. Das am eigenen Ich unternommene halbmystische Experiment hat die Freiheit des Geistes zum Ziel, die paradox mit vollständiger Selbstkontrolle zusammenfällt. Doch statt seiner Invarianz wird das Ich seiner Hinfälligkeit inne. *Les larmes = hélas! c'est bien moi; il n'y a pas moyen d'en douter.*

Teste

Das Jahr 1892 unterbricht die symbolistischen Dichtungen VALÉRYS. Die Komposition von Gedichten, so macht er gegen MALLARMÉ geltend, ist nur ein Sonderfall für die Anwendung der konstruktiven Fähigkeiten des Denkens. Die Ästhetik wird von einem neuen Imperativ abgelöst: was ist möglich, was ist denkbar? Aus den Entwürfen der *Cahiers* geht 1896 die literarische Figur des *Monsieur Teste* hervor, 1926 als Prosazyklus veröffentlicht. Mit seinem Bedürfnis nach Klarheit personifiziert Monsieur Teste (tête und lat. testis, Zeuge) die herrschende Form abendländischer Rationalität, deren Anfänge bei Descartes liegen. Und eben die Evidenz seines *Cogito ergo sum* ist für Teste das Rätsel. Nicht die leere Identität des „Ich bin" ist der absolut zweifellose Bestand der Selbsterfahrung: das zufällige Ich der Person verschwindet in der Reduktion der Erfahrungsstruktur auf die klaren Denkakte des Bewusstseins. Teste, eine anonyme Pariser Allerweltsexistenz, hat alles hinter sich gelassen, was nicht in reine Intellektualität aufzulösen ist. Kindheit, Gefühl, Meinungen, Gott, Zufall – *la bêtise n'est pas mon fort* lautet der famose Anfangssatz – sind nur Ausfallserscheinungen auf dem Weg zur restlosen Selbstdurchdringung der „intelligence pure". Doch den eigenen Körper in die systematische Technik des Ichs einzubeziehen, gelingt nicht. Schlaf und Schmerz und Tod bleiben Inkohärenzen, und schließlich sind da noch die regelmäßigen Besuche von Monsieur Teste im Bordell.

Kritik

Der Exzess nüchternster Ichanalytik führt die Teste-Figur über sich hinaus. In Teste beschreibt VALÉRY das Individuum im historischen Moment seines Verschwindens und die Auflösung des Denkens in Methodologie. Das entpersönlichte, systemfunktionale Ich folgt dem als Massentypus nach. Schließlich vollstreckt ein unaufhaltsamer Rationalisierungsprozess den Geist von Herrschaft und Methode, den Teste nur zur Eroberung seines Selbst verwandte, am gründlichsten in den Vernichtungstechniken der Weltkriege. Zum Zeitpunkt, da Teste entstand, bleibt VALÉRYS Kritik der instrumentellen Vernunft noch eine private. Den vom Menschen losgelösten methodischen Geist militärischer, politischer und industrieller Logik identifiziert die Abhandlung *Une Conquête méthodique* (1897) mit der Expansion des Deutschen Reichs.

Nach *Monsieur Teste* publiziert VALÉRY zwanzig Jahre lang fast nichts. Als um 1912 der Verleger Gaston Gallimard mit der Bitte an ihn herantritt, eine Auswahl seiner alten Gedichte für die neugegründete *Nouvelle Revue Française* zu treffen, lehnt er zunächst kategorisch ab. Bald darauf entschließt er sich, ein neues, kurzes, aber letztes Gedicht zu verfassen. Bis 1917 entsteht so in 512 paarweise gereimten Alexandrinern, in sechzehn Strophen ungleichen Umfangs eines der größten, gewiss aber eines der dunkelsten Gedichte des Jahrhunderts, *La Jeune Parque*. Sein Erscheinen ist eine Sensation. In seiner Widmung an GIDE bezeichnet VALÉRY es als „exercice". Kunst kommt von Können. Doch indem das Werk eine Methode verifiziert, wird es zur Einübung ins Vollkommene. Inspiration (FLAUBERT folgend bestand sie für VALÉRY darin, sich täglich zur gleichen Stunde an den Schreibtisch zu setzen) und Spontaneität werden in der „poésie pure" bis auf ein Minimum zurückgedrängt. Maßstäblich für die Technik des Versbaus wird die Architektur, Metrik und Dichtung stehen zueinander im selben Verhältnis wie Statik und Baukunst. VALÉRY richtet die poetische Sprache an der Musik aus und unternimmt es, mit Worten die Ordnung reiner Töne nachzuschaffen. Der Gedanke wird Klang und Stimme. Da VALÉRY zugleich aber vom Anspruch auf „clarté" nichts nachlässt, wird *La Jeune Parque* zum vollendeten Ineinanderspiel von Intellekt und Sinnlichkeit, ohne Mittleres dazwischen. Die Subtilität des Spiels von „son" und „sens" entzieht sich semantischer Eindeutigkeit.

Poesie

Die Parze ist ein junges Mädchen auf einem Felsen, das nachts aus dem Schlaf auffährt und von Unruhe solange gequält wird, bis es den Biss einer Schlange als deren Ursache erkennt. Wie im biblischen Eden verführt die Schlange auch hier zur Erkenntnis. Zögernd beginnt die Parze zu begreifen, dass das reine Geist-Sein ihres jungfräulichen Ichs ihr die sinnliche Welt viel mehr versagt denn erspart. Begierde, Lust und Körperlichkeit erwachen. Erst durch Abstieg aus der Sphäre des reinen Denkens vermag dessen Wunsch nach Zeitlosem in Erfüllung gehen, denn alle Lust findet Ewigkeit in der Hingabe an den Augenblick. Aus der Kümmernis des alten bildet die Parze sich mit immer neuen Widerständen in ihr schwesterlich-neues Ich ein, bereit, das ungeborene Kind auszutragen. Am Ende willigt sie ganz in Werden und Vergehen als Bedingung menschlichen Lebens ein und ruft zu Sonne und Sterne als Lichter, die den Weg für eine Zeit beleuchten.

Dass die Präsenz des Menschen in der Welt eine körperliche ist, macht die absolute Suprematie des Geistes zunichte. Seine Unruhen, Antriebe, Wünsche Regungen und Erleuchtungen entstehen nicht durch ihn, er aber durch sie. Das mythische Bild der Schlange symbolisiert den irrationalen Impuls der Ratio, das Unmenschliche bedingt das Menschliche. Im Ich selbst ist etwas unfassbar Ichloses, aber genau das ist die unverfügbare Tiefe, aus der die Blitze der poetischen Inspiration fahren; ein unpersönliches Ungefähr, das dem Rigorismus der „poésie pure" ihr Faszinosum verleiht und die Unausdeutbarkeit der *Jeune Parque* zum

Bild des Geistes macht, der sich in seinem Produkt zugleich verunendlicht und bei sich bleibt.

Der Einbruch des Anderen in die Eiswüste des „moi pur" hat seine lebensweltliche Entsprechung. Wie 28 Jahre zuvor ist es auch diesmal die Liebesaffäre mit einer Frau, die VALÉRY in eine tiefgreifende Krise stürzt. Catherine Pozzi gegenüber wird die Autonomie des Geistes zu unendlichem Mangel. Aber nicht nur die lang niedergehaltenen Affekte brechen aus, die ihm als Kritikerin ebenbürtige Pozzi veranlasst ihn, sein ganzes System nicht mehr auf sich allein zu beziehen. Die entmachtete Monade wird dialogisch. *Eupalinos ou l'architecte* (1921) fragt nach der Verbindung des Regelmäßigen mit dem Unregelmäßigen in Kunst und Natur. Auch die vollkommenen Schöpfungen der Natur bleiben als Resultat unendlicher Versuche blinder Zufall. Das Werk des göttlichen Demiurgen, die Gestaltung der chaotischen Unordnung der Welt, blieb unvollendet und verlangt seine Vollendung im Künstler. Die vorzüglichste geistige Handlung, das zeigt das Bauwerk des Architekten Eupalinos, ist die Architektur als Einheit von Reflexion und Praxis. Im Dialog *L'âme et la danse* (1921) verwandelt der Tänzer das Chaos von Körperzuständen in die Selbsterfüllung harmonischer Bewegung. Modell des Gedichts, stellt der Tanz die unendliche Bewegtheit des Geistes ungleich unmittelbarer dar. Die Freiheit des Urteils ist mit der Freiheit der Bewegung vertauscht und ihre Ekstase verändert das Ich und die Außenwelt gründlicher, als je der Geist es vermöchte.

Der Band *Charmes* (1922) ist ein Zenit in der Lyrik VALÉRYS. Für ihn wächst die schöne Freiheit des Ausdrucks zumal dann, wenn sie durch strenge Notwendigkeit von Rhythmus und Versmaß zur Form gelangt, deren „chaînes exquises" er sich freiwillig unterwirft. Zum Außerordentlichsten zählen die aus dem rhythmischen Impuls des zehnsilbigen Eingangsvers hervorgegangenen 24 Strophen des von RILKE ins Deutsche übersetzten *Cimetière marin*. VALÉRY begriff sich als Europäer auf Grund seiner mediterranen Herkunft. Nirgendwo sonst gibt es auf so begrenztem Raum eine vergleichbare Vielfalt von Kulturen und Völkern wie an den Küsten des Mittelmeers, für die Bildung des europäischen wie des menschlichen Geistes sind die hier entstandenen Mythen, Künste, Philosophien und Wissenschaften fundamental. Athen, Ephesos, Smyrna, Beirut, Alexandria, Karthago, Barcelona, Marseille, Genua, Venedig, Rom. *Cimetière marin* überlässt sich den „Inspirations méditerranéennes" samt ihren Gottheiten Himmel, Meer und Sonne. Im südfranzösischen Sète wurde VALÉRY geboren und begraben. Der Friedhof liegt hügelan. Von dort fällt zwischen Pinien und Grabstelen ein Blick hinunter aufs nahe Mittelmeer. Damit beginnt das Gedicht. *Ce toit tranquille où marchent des colombes,/Entre les pins palpite, entre les tombes;/Midi le juste y com-*

pose de feux/La mer, la mer, toujours recommencée!/O récompense après une pensée/Qu'un long regard sur le calme des dieux! Von dieser bewegungslosen Welt, symbolisiert durch die Gleichsetzung von Sein und Invarianz in der Lehre des griechischen Philosophen Zenon, spricht das Gedicht, damit sie in Bewegung gerät. *Beau ciel, vrai ciel, regarde-moi qui change!* An den Stränden des wunderbar beleuchteten Meeres überwindet das lyrische Ich die Trauer über das vergängliche Leben, das handelnd allein, nicht denkend zu bewältigen ist.

Reflexion
Parallel entsteht ein umfangreiches kritisches und essayistisches Werk. Neben *Tel Quel* erscheinen zwischen 1924 und 1944 die vier Bände der *Variété*, Vorträge und Aufsätze zu Literatur und Gesellschaft. Für den Essay *La crise de l'esprit* hat die Katastrophe des Ersten Weltkriegs die Grenzen der Modernität akut vor Augen geführt. Dass mit der Gesamtheit ihrer Erinnerungen die europäischen Gesellschaften ihre Vergänglichkeit mit allen früheren Zivilisationen teilen, ist ein Schicksal, das sie sich durch die anarchische Freisetzung aller Produktivkräfte selber schaffen. VALÉRY hatte Marxens *Kapital* gelesen und teilt dessen Befund, dass die Menschen von der Welt, die sie machen, selbst gemacht werden. Als Resultat großer technischer wie methodischer Entwicklungen und einer falschen Konsequenz daraus tendiert der Fortschritt dazu, die physische, psychische und kognitive Disposition des Menschen von Grund auf umzuformen. Mit bestechender diagnostischer Schärfe skizziert der Aufsatz *La politique de l'esprit* (1932) die Erscheinungsformen moderner Subjektivität.

Das 20. Jahrhundert eröffnet das Zeitalter des Vorläufigen. Modell für das prinzipiell Provisorische allen Planens und Tuns ist die Maschine. Sie bedingt ein neues Verständnis der Zeit. Der heutige Mensch arbeitet nicht an dem, was er nicht abkürzen, das heißt potenziell einer Maschine übertragen kann. Eine prinzipiell unabschließbare Vervollkommnungsfähigkeit, also Beschleunigung, tritt an die Stelle des Vollkommenen. Die neuen Reproduktionstechniken verändern die Voraussetzungen ästhetischer Erfahrung und damit die Kunst, denn die kürzeste Einheit der Rezeption ist die Information, die das Bedürfnis nach schnellen, immer neuen Wirkungen befriedigt. Alle Tätigkeiten, die wie das traditionelle Kunstwerk kontinuierliche, geduldige Arbeit seitens des Schaffenden wie des Aufnehmenden erfordern, sind im Schwinden begriffen. Und nicht anders, so tief reichen materielle Prozesse in geistige hinein, ergeht es der Theologie. Für VALÉRY scheint es fast, als ob der Schwund des Gedankens der Ewigkeit mit der wachsenden Abneigung gegen langdauernde Arbeit zusammenfiele. Weil sie die Mühe des Nachdenkens abschafft, weil sie die Individualcharaktere im mittelmäßigsten Typus vereinheitlicht, treibt die Gesellschaft, so VALÉRYS düstere Dialektik der Aufklärung, einem totalitären Zustand zu. Als einzige Kraft, die gegen den Automatismus der Dummheit aufgeboten werden kann, bleibt die Herstellung gesellschaftlichen Bewusstseins – keine literarische, eine politische Aufgabe.

Eine Korrektur im Denken VALÉRYS bringt die dramatische Dichtung *Mon Faust* (1946, posthum). Unter dem Eindruck der militärischen Niederlage Frankreichs und der nachfolgenden europäischen Katastrophe hat die Hoffnung auf Aufklärung jeden Optimismus verloren. Das radikal entzauberte Wissen erfährt seine Ohnmacht. Mephisto hat Faust nichts mehr zu bieten, weil er zu viel weiß, um noch an die wirklichkeitsgestaltende Kraft der Wahrheit zu glauben. Was übrig bleibt, sind die sinnlichen Erfahrungen des Augenblicks, die Frau Lust, die das Denken resignativ unter ihr Gesetz beugt. Das Passen nach allen Seiten ist nicht VALÉRYS letztes Wort zur Moral der Vernunft. Im Dezember 1944 hält er im befreiten Paris eine letzte öffentliche Rede zum zweihundertfünfzigsten Geburtstag von VOLTAIRE. Sein Interesse gilt dem Punkt, wo VOLTAIRE sich auf dem Gipfel literarischen Ruhm für die Politik entscheidet und den Kampf gegen das Unrecht des "ançien régime" aufnimmt. Die eigene historische Situation erfordert Ähnliches, denn dem 18. wie dem 20. Jahrhundert steht die Aufklärung noch bevor.

Wirkung

VALÉRYS Position war zu überragend (selbst GIDE sprach freimütig vom Gefühl ständiger Unterlegenheit ihm gegenüber), als dass die folgende Generation nicht demonstrativ ihr Desinteresse an ihm bekundet hätte. Das Nachleben VALÉRYS längst nicht nur im französischen Geistesleben beginnt später umso intensiver. Vom philosophischen Sachgehalt her steht er in der Nähe der phänomenologischen Selbstbewusstseinstheorien Husserls, SARTRES und der Kritik des Repräsentationsprinzips bei Derrida und Deleuze. Literaturwissenschaftlich wird VALÉRY zum Vorläufer der strukturalistischen Textkritik von Barthes, Goldmann und Genette.

Namen	Begriffe	Themen
Romains	*unanimisme*	Großstadt, Masse
Péguy, Claudel	*renouveau catholique,* *connaissance* als *co-naissance*	Glaube, Sozialismus, Patriotismus
Cendrars, Saint-John Perse	Kosmopolitismus	Moderne, Metropolen, Weltfahrt
Valéry	poésie pure	Ästhetik und Technik, Bewusstsein und Inspiration

Literatur Bozon-Scalzitti (1977), Buchner/Köhn (1991), Caillois (1954), (1977), Madaule (1968), Nelson (1960).

4 Boulevard und Theater der Grausamkeit: die Entwicklung bis Artaud

Spektakel

Aus dem mondänen Leben der Belle Époque ist das Boulevardtheater nicht wegzudenken. „Esprit parisien" und „esprit boulevardier" finden an den Spielstätten zwischen Madeleine und Opéra zusammen. Vom Viertel der großen Boulevards getrennt, insofern geht Haussmanns architektonischer Plan auch soziologisch auf, sind die populären Amüsements zwischen Bastille und République, „café-concert" oder „bals popu". In Montmartre und Montparnasse triumphieren die Chansoniers Aristide Bruant und Yvette Guilbert „en goguette". Aus vaudevilles und couplets gehen musikalische Komödien hervor, die der Tonfilm aufgreift. Edith Piaf, Jean Gabin, Josephine Baker und Fernandel stehen in der Tradition dieser Schauspieler und Sänger. Die Revue entsteht. Mit der *Dreigroschenoper* zieht BERTOLT BRECHT in den Dreißigerjahren daraus die Konsequenz für das Theater.

Das Boulevardtheater hat seine Meister. Für die Komik GEORGES COURTELINE *(La paix chez soi,* 1903) und GEORGE FEYDEAU *(Mais n'te promène donc pas toute nue,* 1911), für die Intimität HENRI BATAILLE *(La marche nuptiale,* 1905) und HENRY BERNSTEIN *(La vierge folle,* 1911), für die Moral OCTAVE MIRBEAU *(Les affaires sont les affaires* (1903). Erstrangige Schauspieler wie Mounet Sully, Lucien Guitry, Sarah Bernhardt und Réjane interpretieren Stücke, die nicht immer zweitklassig sind. Sie finden ihr Publikum in der Pariser Bourgeosie. Arbeitsteilig wünscht man sich die Kunst abends üppig, wenn schon tagsüber das Leben spärlich fließt. Ob Vaudeville, Satire, Psychologie, Unterhaltungstheater, Komödie oder „genre sérieux", alles bleibt leichte Muse. Auch wo sich das Boulevardtheater auf MOLIÈRE beruft: die Konventionalität der Aufführungspraxis, die Stereotypie seiner Themen und Bilder, das Demonstrative seiner Rhetorik und das Entwicklungslose seiner Form machen es zu einer Kunst ohne Geschichte. Das erklärt die hohe Produktivität mancher Dramatiker, die nicht selten zwei oder mehr Stücke pro Saison abliefern sowie die beliebige Wandlungsfähigkeit des Genres. In seinen Grenzen erneuern SACHA GUITRY, HENRI-RENÉ LENORMAND, EDOUARD BOURDET, MARCEL ACHARD und MARCEL PAGNOL (1895–1974) das Boulevardtheater. PAGNOLS in der Bühnen- wie in der späteren Filmfassung äußerst erfolgreiche südfranzösische Familiensaga, die Dramentrilogie *Marius – Fanny – César* (1929–1936), gibt eine sentimentale bis humoristische Schilderung von Marseille, wo die Hafenkneipe „Zum goldenen Anker" Schauplatz des Geschehens wird.

Coups de théâtre

Als Konfektionsware ist das Boulevardtheeater zu sofortigem Konsum bestimmt. Seine konventionelle Bühnengerechtigkeit wirkt sozial als Kompensation, seine ästhetische Norm ist konservativ und sein Kalkül kommerziell. Reaktionen bleiben nicht aus. 1913 wird das *Théâtre des Champs-Elysées* eröffnet, ein Stahlbetonbau, der die hierarchische Platzaufteilung im Zuschauerraum zwar architektonisch nicht in Frage stellt, dessen Einrichtung jedoch nicht mehr die klassische des „théâtre à l'italienne" ist. Im selben Jahr gründet Jacques Copeau, ein Schüler Antoines, das *Théâtre du Vieux-Colombier*. Er respektiert den Dramentext als Grundlage der Aufführung, befreit die Bühne von überflüssigem Dekor und inauguriert einen auf Klassiker wie Moderne anzuwendenden Inszenierungsstil, der sich in Konkurrenz zum Film neu definiert. Als Copeau 1924 ausscheidet und die *Compagnie des Quinze* seine Arbeit übernimmt, hat das Vieux-Colombier ein Stück Theatergeschichte geschrieben, die von den Regisseuren Charles Dullin, Louis Jouvet, Gaston Baty und Georges Pitoëff fortgesetzt wird. Ihr Angriff gilt dem Stilideal der Comédie Française wie den Simplismen des Boulevardtheaters. Mit den Aktivitäten des so genannten *Cartel des Quatre* beginnt das Regietheater. Das Cartel öffnet die Bühne für ausländische Autoren (GORKI, TOLSTOI, PIRANDELLO, IBSEN, SHAW) und regt mit seinen Erneuerungen das Theaterschaffen von GIRAUDOUX und ANOUILH an.

Der Ausbau des europäischen Schienennetzes ermöglicht einen künstlerischen Austausch über die Landesgrenzen hinweg. Seit 1909 gastiert das Russische Ballett unter Leitung von Sergej Diaghilew in Paris und wirkt auf die zeitgenössische Theaterpraxis. In Zusammenarbeit mit den Komponisten Strawinski, Prokofieff, Milhaud und Satie sowie Picasso, Braque und Matisse synthetisiert Diaghilew aktuelle Stoffe, Inszenierung und Bühnenbilder im Dienste des Tanzes und realisiert eine neue, antiwagnerianische Konzeption des „spectacle totale". APOLLINAIRES Vortrag *L'esprit nouveau et les poètes* nimmt diese Anregungen ebenso auf wie COCTEAU und das Totaltheater ARTAUDS.

Ideentheater

Für das Programm eines „théâtre populaire" stehen drei Namen: MAURICE POTTECHER, ROMAIN ROLLAND und FIRMIN GÉMIER. Sie eint der Versuch, das Theater aus seiner kleinbürgerlich-boulevardesken Einfassung zu befreien und ein neues Repertoire von Paris in die Provinzen zu tragen. Am entschiedensten macht sich ROLLANDS Aufsatz *Le Théâtre du Peuple* (1903) die Ästhetik eines sozialistisch gefärbten Realismus zueigen. Der Zyklus seines republikanischen Revolutionstheaters bearbeitet nationale Stoffe

(*Danton*, 1899, *Le quatorze juillet*, 1902; *Robespierre*, 1939). Für den Romanschriftsteller ist das Theater immer eine besondere Versuchung. MARTIN DU GARD schreibt 1931 *Un taciturne*, MAURIAC 1937 *Asmodée*. GIDES dramatisches Werk nimmt biblische und mythologische Stoffe auf (*Le Prométhée mal enchaîné*, 1899; *Le roi Candaule*, 1901; *Saul*, 1902). Mit Rückbezug auf den Unanimismus hat JULES ROMAINS' Arztpersiflage *Knock ou le triomphe de la médicine* (1923) durchschlagenden Erfolg. Gleichfalls unanimistisch sind die psychologischen Dramen *Le paquebot Tenacity* (1920) und *Madame Béliard* (1925) von CHARLES VILDRAC.

Claudel

Genuin dramatisch im Sinne christlichen Weltheaters ist das Werk PAUL CLAUDELS, der Bruder der Bildhauerin Camille. Bei allem Wandel der dramatischen Form setzt die Verbindung von Theologie und Theater immer die Wahrheit des biblischen Offenbarungsgeschehens voraus. Die Passion Christi liefert das Urbild aller Dramatik, seine Auferstehung lässt die eschatologische Vollendung der Geschichte Gewissheit werden. Das macht die eigentümliche Ungeschichtlichkeit der Jahrhunderte umfassenden Dramatik CLAUDELS aus, das Stück Welt wird nicht auf eigene Kosten aufgeführt. Bei aller auf oder wider das Absolute gerichteten Intensität hat das Diesseitige seinen letzten Ernst verloren, da der Katholizismus CLAUDELS den Punkt kennt, von dem aus das *theatrum mundi* als Spiel einzusehen ist. Sein Theater hat Gleichnischarakter. Als Heilssymbolik ist es Verkündigung.

Welttheater

Anders als der Roman des renouveau catholique, der den Konflikt von Gott und Mensch in die Innerlichkeit rücklaufen ließ, lässt CLAUDELS Theater ihn Handlung werden. *Le soulier de satin* (1929) ist die Summe seines dramatischen Schaffens. Durch Umfang, Thematik und stilistische Vielfalt sprengt das Werk die Grundbegriffe der dramatischen Form. Das katholische Spanien des 16. und 17. Jahrhunderts gibt den Hintergrund für die unmögliche Liebe zwischen Don Rodrigue und der mit Don Pélage verheirateten Dona Prouhèze. Ihr der Jungfrau Maria geopferter seidener Schuh soll sie an die wahre Gottesliebe erinnern. Zudem stehen die Pläne des spanischen Königs einer Liaison entgegen, der Rodrigue als Vizekönig nach Amerika delegiert. Von ihrem Mann gedrängt übernimmt Dona Prouheze die Statthalterschaft der afrikanischen Festung Mogador. Sie entsagt um dieses Auftrags willen ihrer Liebe. Jahre vergehen. Don Pélage stirbt, Prouhèze schreibt Rodrigue einen Brief, der durch die Welt irrt und erst nach einem Jahrzehnt seinen Empfänger erreicht, den sie um Hilfe gegen die Zudringlichkeiten des Leutnants Camille bittet. Beim letzten Gespräch zwischen den Liebenden erkennen sie, dass eine irdische Vereinigung unmöglich ist und trennen sich, nachdem Prouhèze Rodrigue ihre Tochter Sept-Epées anvertraut. Sie weicht nicht mehr von seiner Seite. Prouhèze stirbt. Don Rodrigue verliert die Gunst des Königs. Nach Kämpfen in Japan zum Krüppel geschossen, lebt er unbeachtet in seiner Heimat, wird schließlich als Schuldknecht verkauft und für nichts an einen Bettelorden weitergegeben. Diese gedrängte Skizze bliebe unvollständig ohne den Hinweis auf die vielschichtigen Nebenhandlungen mit ihrer unabsehbaren Personenvielfalt, dem Eingriff von Engeln, Gestirnen und Heiligen. *Le soulier de satin* ist Historiendrama, Sittenstück und Burleske. Dass Meere und Kontinente Schauplatz des dramatischen Geschehens sind, macht es zum allegorisch-barocken Welttheater. Der Richtungssinn der anfangs lyrischen, dann zusehend beschleunigten Bühnenaktion bleibt überwölbt von der Gnadentheologie CLAUDELS und lässt auch Rodrigue Erlösung zuteil werden.

Die Allianz von Theater und Theologie bei CLAUDEL ist im 20. Jahrhundert ebenso einmalig wie anachronistisch, in den Einzelheiten der dramatischen Technik ist sie Avantgarde. Zu Beginn tritt ein Ansager auf die Rampe und unterweist das Publikum in den Spielcharakter der kommenden Handlung. Der Raum ist nur Dekor, über die Zeit wird frei verfügt. Der Ansager gibt die Fiktion als Fiktion zu erkennen, wenn er auf offener Bühne Szenenanweisungen gibt und, da er den Ausgang der Handlung kennt, den Zuschauern den Anfang des folgenden Monologs mitteilt: erzählend statt handelnd, distanzierend statt einfühlend nimmt diese Technik BRECHTS und PISCATORS episches Theater vorweg. Keine Diskretion oder Ergriffenheit, sondern ungeduldiges, ja lärmendes Erwarten des kommenden Vergnügens, das verlangt CLAUDEL von allen Beteiligten. Das Theater ist kein Religionsersatz, die höchste Kunst steht der gewöhnlichsten Messe unendlich nach und macht die Bühnenhandlung zu ihrem weltlichen Gleichnis. CLAUDELS Theater ist hochexpressiv. Intensität der Körpersprache, Appelle, Wort und Musik, komische, tragische und mystische Pantomime, Profanes und Heiliges, Zeitsprünge, Zitate, Repliken und Buffoneskes verdichten sich zu einem Gesamtkunstwerk. Partiell stimmt das Programm CLAUDELS mit dem ARTAUDS überein, was zeigt, dass Innovation der ästhetischen Form auch unter Wahrung des orthodoxen Gehalts gelingt. Unter der Regie von Jean-Louis Barrault wird *Le soulier de satin* mit Bühnenmusik von Arthur Honegger am 27.11.1943 in der *Comédie française* uraufgeführt. Um die Textmenge des Riesenwerks spielbar zu machen, muss die Spieldauer von neun auf fünf Stunden gekürzt werden. Das metaphysische Drama CLAUDELS ist begeistert gefeiert worden, ohne Vergleiche mit CORNEILLE und VICTOR HUGO zu scheuen. GIDE und VALÉRY schweigen angesichts dieses letzten Versuchs einer ästhetischen Theodizee betroffen.

Mythen

Den Gegenpol zum Spieltheater CLAUDELS bildet das Worttheater von JEAN GIRAUDOUX (1882–1944), ein Höhepunkt bürgerlichen Theaters. Auf die geschliffene, bisweilen pretiös-manieristische Rede und Reflexion gestellt, verarbeitet GIRAUDOUX in konventionellen Stücken mit klassischer Aktstruktur Mythen und Märchenstoffe germanischer (*Siegfried*, 1928; *Ondine*, 1939), antiker (*Amphytrion 38*, 1929; *La guerre de Troie n'aura pas lieu*, 1935; *Electre*, 1937) und biblischer Herkunft (*Judith*, 1931). Hinzu kommen Komödien wie *La Folle de Chaillot* (1945), seit den Dreißigerjahren färbt sich die humanistische Weltsicht des Gräzisten GIRAUDOUX zunehmend düster. Die mythologische Inspiration dient der Darstellung gegenwärtiger Probleme in kanonisierten Stoffen. Aktualität gewinnt der Konflikt zwischen Trojanern und Griechen, weil er die Gefahr eines deutsch-französischen Krieges symbolisiert. Auch die achtunddreißigste Version des *Amphytrion* sowie *Electre* spielen auf Zeitgenössisches an.

Cocteau

Eine der schillerndsten Figuren der Epoche ist JEAN COCTEAU (1889–1963). Äußerst produktiv, vielseitig begabt, komponiert er das Ballett *Parade* (1917), betätigt sich in Malerei und Grafik, Poesie und Roman sowie an der Seite von Roland Garros in der Luftakrobatik. COCTEAU ist im Leben wie in der Kunst ein theatralischer Charakter. Vom Theater verlangt er, dass es wahrer als wahr ist und die fade Wirklichkeit vergessen lässt. So schreibt er Farcen (*Le boeuf sur le toit*, 1920), Feerien (*Les chevaliers de la table ronde*, 1937) und surreale Mimodramen (*Les mariés de la Tour Eiffel*, 1924), die allesamt teils sehr erfolgreiches Unterhaltungstheater sind. Daneben wendet er sich als einer der ersten im modernen Theater der antiken Tragödie zu und wirkt mit seinen Adaptationen nachhaltig auf GIDE, SARTRE und ANOUILH. Die SOPHOKLES-Tragödien *Antigone* und *Oedipus der Tyrann* übersetzt und bearbeitet er, das Drama *La machine infernale* (1932) deutet mit der Oedipuslegende auch die antike Schicksalsvorstellung um, die nun in der Technik der selbstgeschaffenen Höllenmaschine als böse Farce wiederkehrt. Der Einakter *Orphée* (1926), dessen berühmte Filmfassung von 1950 datiert, benennt die für COCTEAU zentrale mythische Gestalt, die hier zu einer surrealistischen wird. Erst der Tod, das ist die Schönheit von Orpheus und Eurydike in der Unterwelt, gibt das Poetische ganz frei, weil die Lebenden das Wunderbare nicht erkennen.

Artaud

Toute écriture est de la cochonnerie. Mit der ARTAUD (1896–1948) eigenen Drastik benennt der Satz, was sein Leben und Werk zerreißt: die Unmöglichkeit eines Stoffwechsels zwischen Körper und Denken mit Mitteln der Sprache. Den unlösbaren Konflikt zwischen Sprache, Bewusstsein und Physis trägt ARTAUD im Theater aus. Die Sammlung von Vorlesungen, Aufsätzen, Materialien und Briefen, die 1938 unter dem Titel *Le théâtre et son double* erscheint, gehört zum Bedeutendsten, was im 20. Jahrhundert über Theater geschrieben wird.

Artauds Denken verknüpft Schmerz und Schreiben aufs engste. Das zum Ausdruck drängende Leid gibt das Recht, zu sprechen, doch im Wort erkennt der darin entäußerte Körper sich nicht wieder, was Ursache neuen Leidens wird. Artaud bietet die größte nur vorstellbare Summe des Leidens. Schon früh wird er in Irrenhäusern interniert, sein ganzes, von extremer geistiger und physischer Pein gequältes Leben ist eine Odyssee durch Gefängnisse und pychiatrische Anstalten. 1939 wird er für unheilbar geisteskrank erklärt und in einer geschlossenen Abteilung interniert. 1942-1946 verbringt er in völliger Isolation im südfranzösischen Rodez, wird jahrelang mit Elektroschocks behandelt, konvertiert zwischenzeitig zum Katholizismus und schreibt Briefe an Adolf Hitler. Neben den *Lettres de Rodez* (1945) ist *Le pèse-nerfs* (1925) das schockhafte Zeugnis seiner Biografie. Was die Gesellschaft repressiv als Wahnsinn bezeichnet, ist bei Artaud das luzideste Bewusstsein der Dualität von Körper und Geist. Artaud sieht sich in einer Reihe mit Hölderlin, Nerval, Nietzsche und van Gogh (*Van Gogh le suicidé de la société*, 1947), die zu viel wussten, um nicht irre zu werden.

Entfremdung Was wusste Artaud? Jeder Begriff ist Begrenzung. Er teilt den Realitätsfluss auf und unterbricht den ungreifbaren Prozesscharakter des Bewusstseins. Diese Segmentation ist Voraussetzung der Dualität von Geist und Körper und konstituiert die Sprache als Abbild und Darstellung des Wirklichen, von dem sie notwendig getrennt bleibt. Artaud erfährt diese Entfremdung unmittelbar materiell als Enteignung des eigenen Körpers. *Ni mon cri ni ma fièvre ne sont de moi.* Die Identifikation des Körpers geschieht durch Zeichen, die nicht seine eigenen sind und nicht sein können, weil die Differenz von Zeichen und Bezeichnetem das Prinzip von Repräsentation selbst ist. Garant der Äquivalenz von Sprache und Sein ist Gott als oberstes Identitätsprinzip. Dagegen richtet sich das für den Rundfunk geplante, seiner Obszönität wegen aus dem Programm genommene Stück *Pour en finir avec le jugement de Dieu* (1948). Gedichte, so Artaud, müssen stinken. Die Obszönität seiner Schriften will die Worte zu direkten Aktionen oder Passionen des Körpers machen und ihn mit seinen eigenen Energien umittelbar affizieren.

Für die intensive Identität von Fleisch und Wort, die aus dem abstrakten begrifflichen Denken herausführen soll, bedient sich Artaud solange der Sprache, bis sein Theaterkonzept als Form unmittelbaren Ausdrucks vorliegt. Zusammen mit Roger Vitrac (*Victor ou les enfants au pouvoir*, 1928), der zeitgleich mit ihm aus der surrealistischen Bewegung ausgeschlossen wird, gründet er 1926 das *Théâtre Alfred Jarry*. Bereits Vier Jahre später muss es seine Pforten schließen, doch führt es zur Entstehung einer bahnbrechenden Theorie des Theaters, die die surrealistische Forderung nach Einheit von Leben und Kunst radikaler verwirklicht, als es BRETON jemals träumte. Auf dem Weg zum *Théâtre de la cruauté* ist das Pariser Gastspiel des balinesischen Theaters 1931 von großer Bedeutung. Die Aufführungen konfrontieren ARTAUD mit den unabsehbaren Möglichkeiten einer Bühne, die anders als die europäische ihre magisch-kultischen Ursprünge gegenwärtig hält. Der forcierte Einsatz mimisch-gestischer Mittel, die Verwendung starrer, leuchtender Masken korrespondierten seiner Forderung nach Aufwertung der nonverbalen Elemente des Dramas. Magische Traditionen entdeckt er während einer Mexikoreise 1931 bei den Tarahumara-Indianern. Vor diesen Erfahrungen erscheint die europäische Kultur mit ihrer Repression aller spontanen Manifestationen des Lebens als Irrweg, ihre moralischen und ästhetischen Werte als kriminell. Rigoros lehnt ARTAUD daher das westliche, naturalistisch geprägte Illusionstheater ab, dessen Sprache Freiheit verhindert, anstatt ihr Ort zu sein.

Unmittelbarkeit

Den stummen Körper zur vollständigen Aussprache seines eigenen Sinns zu bringen, nicht weniger verlangt ARTAUD vom Theater. Aufgerufen werden die expressiven Vermögen unterhalb von Sprache und Denken: Mimik, Gestik und Schrei als materielle Zeichensysteme. Es ist das Paradox einer Sprache, die nichts mehr bedeuten darf, um zum vermeintlich unverfälschten Kern reiner Selbstgegenwart vorzudringen. Das macht das Theater zur magischen Operation. Die ekstatische Rede, die auf unterscheidbare Worte verzichtet, wirkt dann befreiend, wenn sie wie der befreite Körper keine unterschiedlichen Teile hat. In diesem Sinn hat ARTAUD vom organlosen Körper gesprochen. Gegen die Leblosigkeit des geschriebenen Wortes inszenieren die theatralischen Bühnensituationen die Affekte in einer Kombination von Gesten, Masken, Tanz, Lall- und Stammellauten ohne Realitätsbezug. Zur Koordination plastischer Hieroglyphen mit der Bilderschrift des Traums treten technische Mittel. Lichteffekte, Geräuschkulissen, unerträgliches Tonmaterial, magische Zeichenbündel beziehen das Publikum ein und erzwingen die Identifikation mit der Bühnenaktion, die sie organisch durchkreuzt. Die Programmatik des *Théâtre de la cruauté* impliziert keine physische Grausamkeit. Nach dem Ende der Diktion, die das textzentrierte Theater zur Leseübung deklassiert, gibt es keinen Überschuss möglicher Bedeutungen mehr. *Ci-gît* (1946) erbringt den materiellen Beweis, dass jede wahre Sprache unverständlich ist. „Grausamkeit" meint die alternativlose, ohne Zutat des Ichs vollständig determinierte

Form vermittlungsloser Manifestation. ARTAUD, dessen Ästhetik den Begriff der Schönheit nicht kennt, verabschiedet mit der Repräsentation auch Kommunikation, Botschaft und Interpretation als Modi bloßer Wiederholung. Das Unaussprechliche der lebendigen Gegenwart lässt in einer vom Leben ununterschiedenen Kunst die Authentizität des Augenblicks zum neuen Ethos werden. Das reine Jetzt ist reine Differenz.

Die konkrete Materialisierung des totalen Theaters scheitert. Der frühe Einakter *Le jet de sang* (1925) gelangt zu Lebzeiten des Autors nicht zur Aufführung. Im *Théâtre Alfred Jarry* aufgeführte Stücke wie *Ventre brulé* sind Achtungserfolge. ARTAUDS zweite Pariser Theatergründung ist das *Théâtre de la cruauté* in Paris. Seine ehrgeizigste Produktion, das im Frühjahr 1935 mit aller Gewalt gegen das Publikum gespielte Stück *Les Cenci* überdauert 17 Tage. ARTAUDS ganzes Schreiben hört nie auf, anzuklagen, zu beleidigen, zu attackieren. Doch die Revolution, der er sich verschreibt, ist eine spirituelle. Als die Surrealisten auf den Marxismus setzen, wendet er sich mit Entsetzen ab, sein Wille geht aufs Absolute. Die Menschen mit ihren Körpern scheinen ihm noch gar nicht auf der Welt, er selbst noch ungeboren zu sein. Bei einem Vortrag im *Théâtre du Vieux-Colombier* am 13. Januar 1947, vor 600 Zuschauern, darunter PAULHAN, Vasarely, CAMUS, ADAMOV, GIDE, BRETON, SARTRE, MICHAUX, Derain und Braque, schreit, tobt er zwei Stunden lang, schildert die Wahnvorstellungen und seine Einsamkeit. Der ganze Saal steht unter äußerster Spannung. Mit einem Mal kniet ARTAUD nieder, um seine Zettel zu sammeln, bekommt Angst vor der Leere des Raums ringsum. ANDRÉ GIDE unterbricht die Stille, steigt auf die Bühne, umarmt ihn.

ARTAUDS Theater transzendiert das Ästhetische, seine Vorstellung einer Kulturrevolution das Gesellschaftliche. Ich strebe nach einem anderen Leben, sagt ARTAUD 1927. Der prophetische Ton, der heroische Gestus seines ganzen Werks, das Mysterium des Fleisch gewordenen Geistes verrät, dass Theater nur Mittel zum Heil ist, um das es im tiefsten ihm ging. ARTAUDS sinnfreie Sprache will hinter die Trennung von Darstellung und Wirklichkeit, hinter das Schisma von Körper und Geist zurück. Seine Mystik ist gnostisch, seine Religion atheistisch, sein Theater tätige Metaphysik der unrepräsentierbaren Präsenz. *Le théâtre et son double* synthetisiert die Theaterdiskussion der Zwanzigerjahre und antizipiert die künftige. Indem er eine Kunstform vollständig neu denkt, beendet ARTAUD eine mehrhundertjährige europäische Tradition. Auf die Entwicklung des ganzen neueren Theaters hat sein Werk tiefgreifenden Einfluss, einzig dem BRECHTS vergleichbar, in dessen Filmversion der *Dreigroschenoper* ARTAUD eine Nebenrolle übernimmt. Die nachfolgenden Dramatiker, GENET, TARDIEU, ARRABAL, BECKETT, SCHÉHADÉ und IONESCO schulen sich für die Raum-

behandlung, Filmtechnik und konkrete Visualität ihrer Stücke an Artaud, dessen Denken auch Dramaturgen wie seinen Regieassistenten Roger Blin, Barrault und Brook inspiriert. Bis zur Gegenwart findet ARTAUD ungebrochen Resonanz bei den Avantgardisten aus Tanz, Malerei, Film und Musik. Uneinnehmbar bleibt die anarchische Vitalität dieser Existenz.

Namen	Begriffe	Themen
Bataille, Bernstein, Mirbeau, Guitry, Achard, Pagnol	Boulevardtheater	Liebe, Eifersucht, Intrige
Giraudoux, Cocteau	Adaption mythischer Stoffe	Schicksal, Tod, Krieg
Claudel	Welttheater	natürliche Liebe und Gottesliebe
Artaud	*théâtre de la cruauté*	Sprache und Physis, Gestik, Mimik, Schrei

Literatur Fowlie (1966), Kapralik (1977), Kesting (1967), Mercier-Campiche (1968), Sontag (1983), Weinrich (1976).

KAPITEL Engagement und Desengagement

Epoche

Die Jahre 1940–1944, die Besetzung des nördlichen Teils Frankreichs durch deutsche Truppen und die Errichtung des restaurativen „Etat français" in Vichy (Marschall Pétain) sind die „années noires". 1942 besetzt die Wehrmacht ganz Frankreich. In London bildet General Charles de Gaulle eine Exilregierung, die auf britischer Seite den Kampf gegen Deutschland fortsetzt und in Rundfunkansprachen über den BBC die Franzosen zum Widerstand aufruft. Lyon wird das Zentrum der sich formierenden, Konservative, Christen und Kommunisten einenden *Résistance*-Gruppen, die militärisch zunehmend an Schlagkraft gewinnen. Nach der Eroberung Nordafrikas durch die Alliierten errichtet de Gaulle 1942 das Französische Komitee zur nationalen Befreiung. Als Folge der amerikanischen Invasion in der Normandie am 6. Juni 1944 wird Frankreich befreit. Nach der Einnahme von Paris, das auf Anordnung des deutschen Stadtkommandanten und gegen Hitlers ausdrücklichen Befehl unzerstört bleibt, zieht de Gaulle am 25. August 1944 mit seiner Regierung in die Hauptstadt ein. Ganz Paris steht Kopf, auch HEMINGWAY, der gekommen ist, um die Bar des Ritz-Hotels zu befreien.

Anders als Deutschland hatte Frankreich keine Stunde Null. Gleichwohl lag die Forderung nach einschneidenden politischen, ökonomischen und sozialen Veränderungen als Konsequenz des Krieges auf der Hand. Die Verstaatlichung von Großbanken und Unternehmen durch die provisorische Regierung de Gaulles 1944-1945 sowie das Verfassungsprogramm von 1946 nähren diese Hoffnung. Doch mit der Annahme des Verfassungsentwurfs vom 13. 10. 1946 tritt die IV. Republik ins Leben. Damit ist die Entscheidung zu Gunsten einer bürgerlich-parlamentarischen Republik gefallen. Innenpolitisch brechen in den Nachkriegsjahren, nach kurzer kriegsbedingter Allianz und der Euphorie der Befreiung, die ideologischen Konflikte zwischen den gesellschaftlichen Kräften wieder aus. Die innenpolitischen Fronten reproduzieren die Blockbildungen des Kalten Krieges. Der bedingungslos prosowjetischen PCF widersprechen Christdemokraten, Gaullisten und Sozialisten im Lager der Westmächte. Nachdem die parlamentarische Grundlage der staatstragenden Parteien in den Fünfzigerjahren infolge rasch wechselnder Regierungen sowie innerparteilicher Splitterungen schwindet, setzt de Gaulle 1958 die bis heute bestehende Verfassung der V. Republik in Kraft, die die Exekutivgewalt des Präsidenten stärkt. Außenpolitisch verliert Frankreich seinen Großmachtstatus und entlässt bis 1962 seine ehemaligen Kolonien in Nordafrika und Indochina in die Unabhängigkeit. Frankreichs Verwicklung in den Indochinakrieg (1946–1954) wie die blutige Niederschlagung des Aufstands der algerischen Nationalen Befreiungsfront (1958) polarisieren das Land. Gegen den Widerstand der Algerienfranzosen und von Teilen der Armee setzt de Gaulle 1962 die Lösung Algeriens aus der französischen Republik durch.

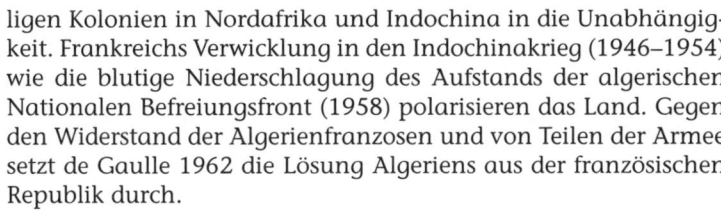

Collaboration 1940 legt JEAN PAULHAN die Leitung der *Nouvelle Revue Française* nieder, um sich nicht mit den deutschen Besatzern zu kompromittieren. PIERRE DRIEU LA ROCHELLE tritt an seine Stelle, doch die intellektuelle Elite, die er um sich versammeln will, distanziert sich: ARAGON, BERNANOS, DUHAMEL, MALRAUX, MAURIAC, Maritain und ROMAINS bekennen sich dissident. An Mitarbeitern fehlte es dennoch nicht: CÉLINE, DE MONTHERLANT, ABEL BONNARD, JACQUES CHARDONNE, ROBERT BRASILLACH. Andere publizieren, ohne in faschistische Organisationen einzutreten, in publizistischen Organen der Kollaboration: AYMÉ, JOUHANDEAU, JEAN ANOUILH, GEORGES SIMENON. Für die militärische Niederlage müssen Schuldige und Erklärungen her. Jene findet man in den GIDES, COCTEAUS und MAURIACS, den „mauvais maîtres" mit ihrer demoralisierenden, zersetzenden Wirkung auf die Franzosen, diese liefert die Umdeutung des nationalen Untergangs in eine „vertu curative" (PAUL MORAND). Das kosmopolitisch, kommunistisch oder freimaurerisch degenerierte Frankreich leistet dafür jetzt Sühne. Marschall Pétain, dem Sieger von Verdun, wird kultische Verehrung zuteil, die Hagiographien (JACQUES DORIOT, HENRY BORDEAUX, CLAUDEL) häufen sich. Zugleich wuchern antisemitische Propagandaschriften, Hasstiraden und offene Mordaufrufe, CÉLINE bleibt hier unübertroffen. LUCIEN REBATETS *Les Décombres* (1942) wird mit 65 000 verkauften Exemplaren zum marktgängigsten Bucherfolg unter der Okkupation. Die Romane DRIEUS, der zudem ein umfangreiches essayistisches Werk hinterlässt, tragen autobiografischen Charakter. *Rêveuse Bourgeoisie* (1937) zeigt einen schwächlichen Helden, nicht willens und fähig, sich in der bürgerlichen Gesellschaft ein Auskommen zu suchen, der sich schließlich dem Tod im Ersten Weltkrieg so in die Arme wirft wie DRIEU dem Faschismus. Ähnlich die Situation in *Gilles* (1939), dessen Schwäche für totalitäre Macht DRIEUS eigene ist. 1945 bringt er sich um. BRASILLACHS Memoirenwerk *Notre avant-guerre* (1941) dokumentiert die Lebensstationen eines jungen, begabten Intellektuellen auf dem Weg in den Faschismus. Seit 1941 ist BRASILLACH Chefredakteur der Zeitschrift *Je suis partout* und macht sich in weiteren Romanen (*La conquérante*, 1943; *Six heures à perdre*, 1944) zum ideologischen Fürsprech des Vichy-Regimes. Er zahlt für sein Engagement mit dem Leben. Trotz des Einspruchs zahlreicher Schriftsteller, darunter CLAUDEL, ARAGON und VALÉRY, verurteilt de Gaulle ihn stellvertretend für die gesamte geistige Kollaboration zum Tode. 1945 wird er hingerichtet.

Résistance

Der Gedanke ist frei, seine Verbreitung seit dem September 1940 nicht mehr. Alle französischen Neuerscheinungen unterstehen fortan deutscher Zensur. Die erschwerten Bedingungen literarischer Opposition unterbinden diese nicht, „impossible n'est pas un mot français". Im Kreis um PAULHAN entsteht die Revue *La pensée libre*, die *Lettres Françaises* zirkulieren hinter versteckter Hand. Unter strikter Geheimhaltung gründen JEAN VERCORS (alias Jean Bruller) und Pierre de Lescure 1941 die illegalen *Editions de Minuit*. Allen materiellen Schwierigkeiten trotzend, erscheinen im folgenden Jahr die ersten Bücher. VERCORS *Le silence de la mer* erzählt mit klarem Duktus die Konfrontation eines deutschen Offiziers mit seinen französischen Quartiergebern, als Demonstration einer Verweigerung wird es zum bekanntesten Titel der neuen Reihe. Unter Pseudonym veröffentlichen MAURIAC (*Le Cahier noir*, 1943), ARAGON (*Les Voyageurs de l'impériale*, 1942), JEAN GUÉHENNO, ELUARD und ELSA TRIOLET. Ihre Erzählung *Les amants d'Avignon* (1943) schildert die beklemmende Atmosphäre in den Tagen der Gestapo-Razzien. Für *Le pemier accroc coûte deux cents francs* erhält die gebürtige Russin, die 1938 mit *Bonsoir Thérèse* ihren ersten Roman auf Französisch schreibt, 1945 den Prix Goncourt. Kriege werden mit Waffen, nicht mit Worten entschieden, was eine große Anzahl oppositioneller Literaten militant werden lässt. Im Kampf gegen die organisierte Barbarei setzen viele Résistance-Kämpfer nichtsachtend ihr Leben aufs Spiel, BECKETT, CAMUS oder RENÉ CHAR etwa, dessen „nom de guerre" Hypnos in den Titel seiner *Feuillets d'Hypnos* (1946) eingeht.

Für das Theater ist die Periode der Okkupation außerordentlich ergiebig. Das Bedürfnis nach divertissements füllt die Säle, zudem liegt es im Interesse der Nationalsozialisten, durch einen ihnen genehmen Pariser Kulturbetrieb den Schein von Normalität aufrechtzuerhalten. Während SACHA GUITRY (*N'écoutez pas mesdames*, 1942) und DE MONTHERLANTS Historiendrama *La reine morte* (1942) die Zensur unbeschadet überstehen, bedarf es für die „pièces de contrebande" anderer Mittel, um zur Aufführung zu gelangen. Dazu lassen JEAN ANOUILH (*Antigone*, 1944) und SARTRE (*Les mouches*, 1943) mythische Figuren auftreten, wenn sie von der Gegenwart sprechen, eine List der Vernunft, die von den deutschen Zensoren unbegriffen bleibt. In moderner Einkleidung lehnt sich ANOUILHS Einakter formal an die antike Tragödie an. Antigones unbedingtes Nein zu einem Leben, das in der Macht des Königs Kreon steht, zieht den Tod der realen Unfreiheit vor. ANOUILH übt Mimikry an die Herrschenden, wenn er die Staatsraison triumphieren lässt und Humanität einzig in ihrem Fehlen erfahrbar macht. Die Reaktionen auf das Drama bleiben indes geteilt. Auch SARTRE gestaltet in der Inszenierung von Charles Dullin einen antiken Stoff zur Allegorie der Jetztzeit um. Mit seiner Schwester Elektra befreit Orest die Heimatstadt Argos durch Mord vom Usurpator Ägisth und den ekelhaften Fliegen, sichtbares Zeichen des von ihm im Volk künstlich erzeugten Schuldbewusstseins. Der Aufruf zum Kampf für die Freiheit ist unmissverständlich.

Besonders die Lyrik erweist sich als fähig, literarisch den Willen zum Widerstand zu manifestieren. Parole und Appell ineins, wendet sich das Gedicht von allem, was den Geist und nicht das Überleben unmittelbar betrifft, am dringlichsten an die Praxis. PIERRE SEGHERS gründet die Lyrikzeitschrift *Poésie,* die schon bald hohe Auflagen erreicht und namhafte Poeten als Mitarbeiter gewinnt. PIERRE EMMANUEL wie die Kommunisten ELUARD und ARAGON (*Le Musée Grevin,* 1943) greifen im Ton einer „grande poésie nationale" auf die Elemente der französischen Tradition zurück. ELUARDS Gedicht „Liberté" aus *Poésie et vérité* (1942) wird mit seinem Freiheitspathos weit über den unmittelbaren Anlass hinaus zum berühmtesten Gedicht dieser Jahre. 1943 veröffentlicht er die Gedichtsammlung *L'honneur des poètes,* was BENJAMIN PÉRET nach Kriegsende Gelegenheit gibt, die auf Volk und Vaterland vereidigte Lyrik der Résistance ästhetisch für ruinös, politisch für reaktionär zu erklären (*Le déshonneur des poètes,* 1945). Die anonyme lyrische Schöpfung *Le chant des partisans* avanciert zu einem der bekanntesten Lieder ganz Frankreichs.

1945 hat sich die literarische Landschaft grundlegend verändert. Einige Schriftsteller fielen (SAINT-EXUPÉRY, NIZAN), andere wurden in Konzentrationslager deportiert (ROBERT DESNOS, MAX JACOB, SIMONE WEIL). DRIEU und BRASILLACH sind tot, GUITRY, MORAND, AYMÉ, DE MONTHERLANT und GIONO rechtslastiger Tendenzen verdächtig, CÉLINE ist „persona non grata". Die großen Doyens sterben. ROLLAND und GIRAUDOUX 1944, VALÉRY 1945, BERNANOS 1948, GIDE 1951, CLAUDEL 1955. JEAN-PAUL SARTRE wird zum ersten „maître à penser" der neuen Generation.

1 Existenzialismus

Sartre

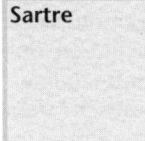

(1905–1980) wächst in großbürgerlichen Verhältnissen auf, das Philosophiestudium an der Pariser *Ecole Normale Supérieure* schließt er 1929 als Jahrgangsbester knapp vor SIMONE DE BEAUVOIR ab, mit der er ein Leben lang eng verbunden bleibt. SARTRE wird in der Nachkriegszeit schnell berühmt. Die zusammen mit BEAUVOIR und MERLEAU-PONTY gegründete Zeitschrift *Les temps mo-*

dernes vereinigt die linke Intelligenzija Europas. Politisch gravitiert SARTRE zu einem immer radikaleren Marxismus. Sein Engagement ist von hoher öffentlicher Wirksamkeit, das die Nation spaltet. „Fu-sil-lez JEAN-PAUL-SARTRE" skandieren am 3. Oktober 1960 siebentausend Demonstranten, unter ihnen das Stadtratsmitglied Jean-Marie Le Pen, auf den Champs-Elysées, nachdem SARTRE für die Unabhängigkeit Algeriens eingetreten war. 1964 verweigert er die Annahme des Literaturnobelpreises, weil er sich als politischer Aktivist und nicht als Literat begreift. Seine Werke stehen auf dem Index des Kommunismus wie der katholischen Kirche. SARTRE erhält Einladungen von Fidel Castro, Nasser und Mao Tse-tung, konferiert mit Tito und Nehru. Bezeichnend für ihn ist das Fehlen jeglicher Eitelkeit: als berühmter Vorwortverfasser aus dem 20. Jahrhundert, sagt er, werde er in das Bewusstsein der Nachwelt eingehen. 1974 besucht er zusammen mit Daniel Cohn-Bendit Andreas Baader und Ulrike Meinhof im Gefängnis von Stammheim. Am 15. April 1980 stirbt SARTRE, am 19. April folgt eine Menge von 50 000 Menschen seinem Sarg zum Friedhof Montparnasse.

Philosophie

Philosophie und Literatur gehen im Werk SARTRES ein privilegiertes Verhältnis ein. Im Zentrum des Existenzialismus steht der Freiheitsbegriff, den SARTRE in Anlehnung an Husserl und Heidegger in einer phänomenologischen Bewusstseinstheorie fundiert. *La transcendance de l'ego* (1937) definiert ein unpersönliches transzendentales Feld als eine dem Bewusstsein vorausliegende Tiefendimension, aus der das Ich hervorgeht. Als Bewusstsein von etwas und als Bewusstsein seiner selbst ist das Ich nicht als Innenleben oder Substanz zu verstehen, sondern als transzendentes, in seiner Intentionalität beständig nach außen gerichtetes. Diese Differenz des Ich von sich selbst lässt das Nichts zur Voraussetzung der Freiheit werden. *L'être et le néant* (1943), das erste philosophische Hauptwerk SARTRES, beschreibt zwei grundsätzlich unterschiedene Seinsweisen, das *en-soi* (An-sich) und das *pour-soi* (Für-sich). Die unbelebte Welt der Dinge und Objekte ist ein Sein, das nicht anders sein kann als es ist. Der Mensch dagegen koinzidiert nicht mit sich selbst und entwirft reflexiv sein eigenes Sein auf die Zukunft hin. Die nur in ihrem Verhältnis zur Zeit zu verstehende Freiheit besteht in der Fähigkeit, sich jeden Augenblick neu zu entwerfen. SARTRES berühmte Analyse des Blicks konkretisiert das Scheitern einer gegenseitigen Anerkennung der Freiheit.

Der Essay *L'existentialisme est un humanisme* (1946) popularisiert die Thesen des Hauptwerks und modifiziert sie zugleich. Um eine genuine Lehre gesellschaftlichen Handelns zu sein, musste SARTRES Existenzialismus, der als Korrektiv gegen ojektivistische Tendenzen im Marxismus auftritt, die solipsistische Freiheit des Einzelnen und die abstrakte Wahl des Entwurfs an Verantwortung (*liberté engagée*) binden. Dies geschieht, indem wie bei Hegel die Freiheit aller Menschen zur Bedingung der individuellen Freiheit wird. Doch erst mit der Integration des Existenzialismus in die marxistische Theorie nimmt diese Forderung konkrete Formen an. SARTRES Spätwerk *Critique de la raison dialectique* (1960) versucht mit der Verbindung von individueller und kollektiver Praxis eine neue Synthese von Marxismus und Existenzialismus.

Literatur

Mit Ausnahme der Autobiografie *Les Mots* (1964) liest sich Sartres literarisches Werk – Dramen, Erzählungen, Romane und Literaturkritik (*Situations* I–X, 1947–1976) – gleich einer chronologischen Illustration seiner philosophischen Thesen. Der 1938 erschienene Roman *La nausée* stellt die Existenzerfahrung dar, die *L'être et le néant* theoretisch und *L'Imaginaire* (1940) wahrnehmungsanalytisch fasst. Über die Fiktionsbeglaubigung hinaus hat die Tagebuchform des Textes noch eine quasi-dramatische Funktion, denn das Problem der Existenz ist kein literarisches, sondern identisch mit ihrem Sein selbst. Der Romanheld Antoine Roquentin lebt in einem bescheidenen Hotel in einer trüben Stadt der französischen Provinz. Mit Datum des 25. Januars 1932 beginnt er seine Tagebuchseiten, um dem Ekel auf dem Grund zu kommen, der ihn gegenüber Menschen und Dingen zunehmend befällt. Das Hotel, das Café Mably, der Bibliothekslesesaal, die Rue Tournebride, das Verhältnis mit Anny, die Gespräche mit dem Autodidakten, die Stupidität der Stadt und ihrer Bürger – alle Bezüge zur Welt offenbaren sich in ihrer Überflüssigkeit. Nicht psychologisch: die fehlende Notwendigkeit, dass etwas so und nicht anders ist, bedingt die ekstatische Einsicht in die absurde Kontingenz alles Existenten. Der als Angst erfahrene Mangel an Sein, das *être de trop,* ist nichts anderes als die Freiheit des Individuums, dessen Bewusstsein nicht in der geschlossenen Kugel des Seins gefangen ist.

Das Werk des vormarxistischen SARTRE dokumentiert die Krise humanistischen Denkens am Vorabend des Zweiten Weltkriegs. Freiheit ist nicht mehr die offene Stelle des Seins, sondern die im Ekel durchbrechende Erfahrung von Endlichkeit und Tod. Gegen Ende seiner Aufzeichnungen entschließt sich Roquentin, einen autobiografischen Roman zu schreiben. Durch ästhetische Gestaltung allein hofft er seine Existenz zu rechtfertigen, die Kunst erhält Heilsfunktion. *Les mots* kommen 26 Jahre später noch einmal auf dieses Credo zurück. Mit der Prägnanz und Klarheit des Stils, der Diskontinuität des Berichts und der prismatischen Spiegelung der Welt im Bewusstsein weist *La nausée* auf den „Nouveau-Roman" voraus. Für die Form der Introspektion bei NATHALIE SARRAUTE und BECKETT ist der Weg bereitet.

Liberté

Das weitere Romanwerk SARTRES bleibt vom großen Thema der Freiheit und ihrer richtigen Verwendung bestimmt. In großer Nähe zum ersten Roman steht die Erzählungssammlung *Le mur* (1939), erst die unvollendete Romantetralogie *Les chemins de la liberté* (1945–1949), der SARTRES Auseinandersetzung mit der Romantechnik bei JOYCE, FAULKNER und DOS PASSOS vorausgeht, konkretisiert, was Freiheit, Wahl, Entwurf und Verantwortung in einer bestimmten historischen Situation bedeuten. Im Essay *Qu'est-ce que la littérature?* (1947) entwickelt SARTRE ein Literaturkonzept, das aus dem Wesen der Literatur ihr politisches Engagement herleitet. Von der Poesie werden die Wörter zu Dingen verzaubert, die sprachliche Wirklichkeit dagegen auf Gesellschaft hin durchsichtig zu machen ist Zweck der Prosa. Freiheit der Literatur meint Parteinahme für die Revolution. An SARTRES Überlegungen zur Romantechnik (Realismus als Pluridimensionalität, Verlust der Zentralperspektive, Lektüre als Sinnerzeugung) schließt ALAIN ROBBE-GRILLET an. SARTRES umfangreiche Essais zu GENET (*Saint-Genet, comédien et martyr*, 1952) und FLAUBERT (*L'idiot de la famille*, 1971–1972) synthetisieren psychoanalytische und marxistische Theoriestücke im Kraftfeld von Individuum und sozialer Determination.

Die Wahrheit über die eigenen Wahrheiten zu sagen, unternimmt SARTRE in *Les mots* (1964) mit Charme und nie gekanntem Humor. Hier wird die Geschichte des Kindes SARTRE als Berufung zum Schriftsteller geschildert. Für den leseversessenen „Poulou" ist die Realität bald nur noch als Welt der Bücher gegeben. Nach der ergebnislosen Begegnung des kleinen Katholiken mit Gott wird die Literatur zum sakralen Bereich, der mit schrankenloser Macht über die Wörter ausgestattete Schriftsteller zum säkularisierten Priester. Doch ein zweite Säkularisierung treibt den Heiligen Geist ebenso aus der Belletristik aus. SARTRES totaler Atheismus verlangt, auch den Glauben an Literatur als Irrglaube abzulegen. Der Wunsch nach Selbsterlösung durch das geschriebene Wort ist lediglich eine Variante der Religiosität. Nach dieser Erkenntnis fällt auch die Unterscheidung von reiner und engagierter Literatur, beide realisieren einen Entwurf, sind Konsequenz einer Wahl. Picassos Guernica-Bild, mutmaßt SARTRE einmal freimütig, hätte niemanden für die Sache der spanischen Republik gewonnen. Er widerruft damit weniger die Positionen des eigenen Existenzialismus, als dass er dem Gesetz treu bleibt, unter das er sein Leben stellt: allem untreu zu sein, sobald es der Erkenntnis nicht mehr standhält.

Thesenstücke

Die Verwandlung von Philosophie in dramatisches Bühnengeschehen gelingt mit unterschiedlichem Erfolg. *Les mouches* nimmt innerhalb von SARTRES Theater dieselbe kardinale Position ein wie

La nausée für das erzählerische Werk. An der befreienden Bluttat Orests geht, zunächst noch in anthropologischer Allgemeinheit, die Dialektik der Freiheit auf. Das von Orest, der mit der irdischen Macht auch die himmlische stürzt, hinterlassene Pensum, die einmal errungene Freiheit zur Basis einer sozialen Ordnung zu machen, macht den Inhalt der folgenden Stücke aus. *Huis clos* (1944) führt zwei Frauen und einen Mann im Salon eines billigen Hotels zusammen. Die Unveränderlichkeit dieses im Empire-Stil eingerichteten Raums übernimmt die dramatische Funktion des ansonsten entwicklungslosen Stückes, denn Ines, Estelle und Garcin sind dazu verdammt, für alle Ewigkeit dasselbe Spiel zu wiederholen: den anderen zu beherrschen oder von ihm beherrscht zu werden. Das Wort Garcins am Schluß des Dramas macht es berühmt: *l'enfer, c'est les Autres*. Die antike Form des Totengesprächs aktualisiert das als Filmdrehbuch und Bühnenstück redigierte *Les jeux sonts faits* (1947) erneut.

Hier wie nicht selten in SARTRES Thesenstücken, die mit traditioneller Intrige und konventioneller Dialogführung operieren, bleibt die ästhetische Form hinter der Radikalität der Aussage zurück. Eine vorgängige philosophische Begrifflichkeit regelt die dramatische Handlung. Die Verbindung von pointierter Idee und handfestem plot trägt SARTRE den großen Erfolg zu. Bei der Gestaltung der Existenzproblematik tritt in der Folge die geschichtliche Situiertheit alles Handelns, die soziale Bedingtheit jeder Wahl immer mehr in den Vordergrund (*Morts sans sépulture*, 1946; *La putain respectueuse*, 1946; *Les mains sales*, 1948).

Sartres Kreis

Die Zeitschrift *Les temps modernes*, aber auch die Öffentlichkeit der Cafés und Bars in den Pariser Vierteln Saint Germain-des-Prés und Montparnasse sind Zentren des Existenzialismus. Vom Herbst 1945 an und für Jahre bestimmt er die leidenschaftlich geführten intellektuellen Debatten. JEAN GENET wird von SARTRE protegiert, der für Juliette Greco, der Muse der Bewegung, ein Lied schreibt. BORIS VIAN (1920–1959) ist die exzentrischste Figur jener Tage. Poet, Jazztrompeter, Dramatiker und anarchischer Bohémien, schreibt er rasch populär werdende politische Chansons, pornographische Schriften, Provokationen (*J'Irai cracher sur vos tombes*, 1946) und den furiosen Roman *L'écume des jours* (1947), die zärtlichste und hoffnungsloseste Liebesgeschichte des Jahrzehnts. Darin gibt er einen fantastischen Bericht vom Abend des 29. Oktobers 1945, als SARTRE seinen Vortrag *L'existentialisme est un humanisme* in der hoffnungslos überfüllten „Salle des Centraux" hält. Der Andrang ist immens, die Zuhörer kommen durch die Kanalisation oder in Leichenwagen, andere springen mit Fallschirmen aus Sondermaschinen ab. Jean-Sol Partre, der Meister selbst, naht indes auf einem Elefanten und bahnt sich mit einem

Beil den Weg durch die Menge. Der Begriff Existenzialismus steht schließlich bald wahllos für eine philosophische Rebellion, einen Habitus oder Lebensstil, der allem Marginalen, Irregulären oder auch nur Autistischen zu höheren Weihen verhalf. Als extrovertierte Form der Kleidung und Frisur verflacht er zur Mode und ein Pariser Arrondissement mit ihm.

Gegner

Philosophie als Begründung der Freiheit, Literatur als Engagement, Theater als moralische Anstalt – SARTRES Konzeptionen erfahren heftigsten Widerspruch. Von marxistischer Seite wird sein Ausgang vom Individuum als Rückkehr zu bürgerlich-idealistischen Traditionen verworfen. Umgekehrt führt SARTRES Akzeptanz der marxistischen Geschichtsphilosophie zum Bruch mit Merleau-Ponty und CAMUS. Neomarxisten wie Adorno und Herbert Marcuse kritisieren, dass Sartre dem Individuum die Freiheit der Wahl nur abstrakt anbefehle. Der Philosoph und Dramatiker GABRIEL MARCEL (1889–1973) ist der christliche Widerpart zum atheistischen Existenzialismus. Zusammen mit Jean Wahl hatte er bereits Ende der Zwanzigerjahre den Begriff „Existenzialismus" geprägt. Religion ist bei Marcel jener Bezug, der davon entlastet, dass die Menschen füreinander alles sind. Verwirklichung des Ich allein ist unzureichend, erinnert MARCEL, ebenso muss jene Dimension wieder entdeckt werden, worin er sich – entwirklicht.

Im Namen der Geschichte lehnt SARTRE die Ethnologie, Linguistik und Psychanalyse ab. Die neuen, strukturalistischen und poststrukturalistischen Denkrichtungen und Forschungsmethoden, mit denen Claude Lévi-Strauss, Roland Barthes, Jacques Derrida, Gilles Deleuze, Michel Foucault und Louis Althusser das Subjekt aus dem Zentrum der Theorie rücken, bleiben ihm fremd. Literarisch formuliert ROGER NIMIERS (1925–1962) das Nein zum literarischen Engagement vom Typ „existentialo-marxiste" am entschiedensten. Er steht an der Spitze der „hussards", zu denen noch LAURENT und ANTOINE BLONDIN und MICHEL LÉON gehören. Für diese vom Krieg zutiefst desillusionierte Jugend, die in NIMIERS Romanen *Les épees* (1948) und *Le hussard bleu* (1950) porträtiert wird, verläuft die wahre Front nicht zwischen Demokraten und Faschisten, sondern zwischen ihrer Generation und der verhassten der Väter. Aus Widerspruchsgeist und geprägt von einem hedonistisch-nihilistischen Lebensgefühl rebellieren die Protagonisten gegen alle konformistischen Ideologien, zu denen der Mythos der Résistance wie die gesamten bürgerlich-humanistischen Werte zählen. Der jugendbewegte Zynismus der hussards lässt sie mit dem reaktionären Opportunismus der äußersten Rechten paktieren. Das Absurde Theater und der Nouveau-Roman setzen den skeptischen Dialog mit SARTRE fort.

„La grande Sartreuse", „Notre-Dame de Sartre" – die von der bürgerlichen Presse ersonnenen Namen artikulieren neben Bewunderung auch das Ressentiment, mit dem der Aufstieg einer Schriftstellerin zu einer Figur des öffentlichen Lebens im Nachkriegsfrankreich verfolgt wird. Die „Agrégation" an der Ecole Normale, ihr freies Zusammensein mit SARTRE, der politische Linksdrift einer Tochter aus gutem Hause repräsentieren eine Verlaufsform weiblicher Individualität, die von der Gesellschaft nicht vorgesehen ist. Aus bürgerlichem Haus, gerät BEAUVOIR (1908–1986) mit ihrer sozialen Herkunft zunehmend in Konflikt, nach Verlust des nie wieder vermissten Kinderglaubens wiegt die Welt dann nur noch für sich. Das Erbe ihrer Erziehung, Rigorismus, unbedingten Ernst und Verantwortung bewahrt sie sich zeitlebens. Ihr Existenzialismus ist ein moralischer, bevor er marxistisch wird. BEAUVOIRS essayistisches (*Pour une morale de l'ambiguité,* 1947) wie literarisches Werk (*Le sang des autres,* 1945; *Tous les hommes sont mortels,* 1946) steht anfangs noch ganz im Zeichen der Begrifflichkeit SARTRES, der Fortgang der Romanthemen ist eher diskursiv denn erzählerisch motiviert. Der Durchbruch als Schriftstellerin gelingt ihr mit *Les mandarins* (1954), der ihr den Prix Goncourt einbringt. Das Romangeschehen umspannt die ersten Nachkriegsjahre und schildert Leben und Reden französischer Linksintellektueller. In den Hauptfiguren sind SARTRE, CAMUS, ARTHUR KOESTLER und die Autorin leicht wiederzuerkennen. Inhaltlich kreisen die Debatten um aktuell politische Fragen, Kommunismus pro und kontra, Arbeitslager in der Sowjetunion, Hiroshima, hinzu die Kriege des Herzens. Den Romancharakteren fehlt es dabei meist an lebendiger Plastizität, sie bleiben Begriffspersonen, ihre Debatten schulbuchhaft. In der panoramatischen Schilderung der späten vierziger Jahre überwiegt Resignation, die schon der Romantitel mit Selbstironie annonciert. Gleich den chinesischen Mandarinen, hochgebildet und privilegiert, sind die Pariser Meisterdenker von den realen Triebkräften des gesellschaftlichen Prozesses abgeschnitten, den sie gedanklich zu lenken glauben. Die alternierend auf die beiden Hauptfiguren Anne und Henri verteilte Erzählperspektive verdeutlicht, dass ein und dasselbe Geschehen nach Maßen verschiedener Subjekte selbst zu einem verschiedenen wird. Was damals Anstoß erregte, die Freizügigkeit in der Darstellung sexueller Szenen, wirkt heute vornehm diskret. BEAUVOIRS autobiographische *Mémoires d'une jeune fille rangée* (1958) und die späteren Bände *La force de l'âge* (1960), *La force des choses* (1963) besitzen hohen dokumentarischen Wert. Exemplarisch schildert ihr eigener Werdegang die Widerstände und Schwierigkeiten, denen eine ganze Frauengeneration begegnet.

Geschlechter

Bahnbrechend wirkt BEAUVOIR aber nicht mit ihrem ästhetischen Werk, sondern mit dem zweibändigen Essayband *Le deuxième sexe* (1949), dem Alten Testament des Feminismus. Das zweite Geschlecht ist es relativ zum männlichen, das sich als Subjekt, die Frau als Objekt und damit die Konfrontation setzt. BEAUVOIR überträgt die Herrschaftsbeziehung, die für den Existenzialismus das Wesen von Intersubjektivität ausmacht, auf das Verhältnis zwischen den Geschlechtern und analysiert die Geschichte der Frau als Kontinuum ihrer Unterdrückung. Nicht der Mensch, der Mann wird zum Maß aller Dinge von Anfang an. Dies zu erklären, erweisen sich Biologie, Psychoanalyse und historischer Materialismus als ungenügend, allein die existenzielle Deutung der Hierarchie der Geschlechter macht sie begreiflich. Die Reduktion der Frau auf die Funktionen von Geburt und Mutterschaft hält sie Jahrtausende hindurch in Abhängigkeit, schließlich identifiziert sie sich mit dem, wozu man sie gemacht hat. Der bekannte Satz: *on ne naît pas femme; on le devient* ist die Erinnerung daran, dass alles Gewordene auch veränderlich ist. BEAUVOIR fordert ihre Geschlechtsgenossinnen auf, diese Veränderung selbst in die Hand zu nehmen und keine zugewiesene Rolle in der Gesellschaft als natürlich zu akzeptieren. Trotz mancher Vorbehalte bleibt dieses Buch für die spätere Frauenbewegung (ELISABETH BADINTER, BENOÎTE GROULT) ein entscheidender Bezugspunkt.

Camus

Gott ist tot, aber während im Norden die Demutsstarre bleibt, findet CAMUS (1913–1960, Literaturnobelpreis 1957) die Ewigkeit im südlichen Licht, Meer, Himmel und in der Sonne wieder. Was der in Algerien in proletarischen Verhältnissen Geborene in metaphysische Kategorien überträgt: Geschichte und Unendlichkeit, Revolte und Resignation, Freiheit und Indifferenz hat seinen Ursprung in einer naturmystischen „pensée de midi". Tanz der Worte mit der Sonne nennt CAMUS die mediterrane Literatur und meint die eigene, die mit seiner Philosophie in engster Verbindung steht. Der für die französische Existenzphilosophie wegweisende Essay *Le mythe de Sisyphe* (1942) geht von der Erfahrung des Absurden aus. Die theologische Kategorie barg eine Glaubensgewissheit von anderen Gnaden, die nur für die Kriterien der Vernunft sinnlos ist. Eine rein immanente Welt ohne jede Transzendenz muss im höchsten Maße absurd erscheinen, aber genau das ist die Situation bei CAMUS. Kein absoluter Sinn ist mehr vorgegeben, nur das Bedürfnis danach überlebt. Auf der Suche nach einer Wertordnung, die die Würde des Menschen wahrt, ist er auf sich selbst angewiesen. Der Sprung in den Glauben, so bei Kierkegaard, ist ihm aus Stolz verboten. Mit allem Pathos entscheidet CAMUS sich für die absolute Bejahung der gegebenen Welt. Unversöhnt, nicht mit vollem Einverständnis zu sterben, nur das rechtfertigt die selbstzweckhafte Revolte gegen den unveränderlichen Lauf der Zeit. Gerade das Ergebnislose seines sinnlosen Tuns macht den antiken Sisyphos zum glücklichen Menschen.

Absurdität

Ebenfalls 1942 erscheint die Erzählung *L'étranger*, eine Sensation im besetzten Frankreich. Ohne den philosophischen Traktat einfach mit Bildern zuzudecken, stellt das literarische Werk die Frage nach dem Absurden erneut. Meursault, ein kleiner französischer Angestellter in Algier, beginnt seine schriftlichen Aufzeichnungen im Augenblick, wo er die Nachricht vom Tod seiner Mutter erhält. Lakonisch und fast abstandslos folgt dann der Bericht dem Geschehen in einer Sprache, deren Unmittelbarkeit die Differenz von Realität und Literatur durchstreicht. Meursault nimmt zwei Tage Urlaub, hält Totenwache, wohnt der Beerdigung bei, empfängt die Beileidsbekundungen und kehrt nach Algier zurück, alles in völliger Teilnahmslosigkeit. Dort trifft er Bekannte, geht ein Verhältnis mit Maria ein – nichts gibt es , was er nicht auch lassen könnte. Mir war es gleichgültig, heißt es leitmotivisch, und in der starren Hitze des Mittags kommt es zur Katastrophe. Den Araber, mit dem er zuvor in Streit lag, schießt Meursault am Strand nieder.

Absurder Sonnenmord oder *acte gratuit*, die Tat führt Meursault (mer-soleil) ins Gefängnis. Des Mordes angeklagt, bekennt er sich unschuldig, nicht er, die Sonne habe getötet. Schuldig zum Tod durchs Beil verurteilt, weist er in der Zelle die Tröstungen des Priesters von sich und erwartet die Vollstreckung des Urteils. Meursaults Leben wie seinem Bericht fehlt jener Sinnzusammenhang, den seine Ankläger in der Gerichtsverhandlung suchen. Motive für den Mord, die sie als Scheinerklärung bemühen, gibt es nicht. Dennoch vollzieht sich bei der Rekapitulation des schon einmal erzählten Zeitraums in Meursault ein tiefgreifender Wandel. Schon immer war sein Leben absurd, aber jetzt erkennt er dieses Absurde – das Wort fällt im ganzen Buch nur ein einziges Mal — als Bedingung des Lebens an. Nichts ändert sich, aber alles wird anders. Gegen die hegemonialen Ansprüche auf Sinnhaftigkeit, die Gott, Vernunft, Moral und Natur an den Menschen stellen, steht nur der Selbstwert des individuellen Lebensaktes. Meursault in der Nacht vor der Hinrichtung: *je m'ouvrais pour la première fois à la tendre indifférence du monde*. Mit diesem Staunen wird er sterben. Von Pessimismus und Kapitulation vor der politischen Lage des Jahres 1942 kann keine Rede sein, Frankreichs engagierte Schriftsteller begrüßen Meursault als eine Gestalt, die CAMUS der Gleichgültigkeit des Schicksals mit der Aufforderung gegenüberstellt, sie zu überwinden. Ein Seitenstück zu *L'étranger* ist das Schauspiel *Caligula* (1945). Auch *Le malentendu* (1944) schließt an den Roman an.

L'étranger hinterlässt das Problem, wie die unendliche Leidenschaft für den Augenblick, welche die Leidenschaft für das Unendliche ablöst, handlungsrelevant für die praktische Lebensgestaltung wird. Wie muss man handeln, um nicht fürchten zu müssen, es noch einmal zu tun? Ähnlich wie bei GIDE ist die größtmögliche Lebensintensität mit einer moralischen Maxime zu verbinden. Das geschieht in CAMUS' erfolgreichstem Prosawerk *La peste* (1947). Die Seuche ist Sinnbild der deutschen Okkupation, der Konzentrationslager, der Atombombe, des barbarischen Zeitalters überhaupt. Und zugleich ist die Pest, die wahllos unter den Einwohnern Orans wütet, modellhaft für die Absurdität des Daseins. Der Arzt Rieux stellt sich ihr entgegen. Er ist das Individuum, für das die gegenwärtige Not zum Maßstab eines Handelns wird, das seinen Zweck in sich selbst hat. Die moralische Kraft eines einzelnen reißt die anderen Romanfiguren mit. Im Lehrstück *L'état de siège* (1948) wird die Pest wieder zur Allegorie historischer Mächte. Die Darstellung der Pest als unabänderlicher Schicksalsmacht, die Umdeutung der historischen Katastrophe zu einer natürlichen bringt CAMUS die Kritik SARTRES ein, die er nach Erscheinen von CAMUS' philosophischem Hauptwerk *L'homme révolté* (1951) noch verschärft.

Revolte

Die bislang nur als individuelle Erfahrung vorgestellte Revolte wird auf die Geschichte abgebildet. Es ist der von Prometheus bis Stalin unternommene Versuch, die Absurdität der conditio humana zu übersteigen und selbst an die Stelle Gottes zu treten. Die metaphysische Revolte ist der Angriff auf Gott. CAMUS unterteilt ihn in drei Perioden: die absolute Verneinung, die Ablehnung des Heils, die absolute Bejahung. Jede besitzt ihren Repräsentanten: SADE, Iwan Karamasow, Nietzsche. Alle drei enden im Wahnsinn. Mit dem Übergang der Revolte zur Revolution beginnt die historische Empörung. In der neueren Zeit tritt die Geschichte an die Stelle Gottes. Die Jakobiner von 1789, die Immanenz des Geistes im Werden der Welt bei Hegel, das Reich der Zwecke bei Marx, der faschistische Terror des Staats – überall sieht CAMUS eine Logik vorausgesetzt, für die der Zweck die Mittel heiligt. Dass eine zukünftige Gerechtigkeit dereinst die Opfer rechtfertigt, die kommende Freiheit die jetzige Unfreiheit, ist für CAMUS ein Glaubensartikel aus nihilistischer Verzweiflung (Das Drama *Les justes* seziert die Prämissen dieses Denkens). *Je me révolte, donc nous sommes*, aus dieser Solidarität entsteht das Aufbegehren gegen den mythischen Zirkel, darin sich die Revolution sich stets gegen den Revoltierenden und dieser sich gegen die Revolution wendet. Gegen die utopische Verführung, das vorhandene Sein zugunsten eines eingebildeten Seins zu verneinen, wird die versöhnende Kraft der Kunst aufgeboten. Als gegenwärtige, greifbare Transzendenz, als Ineinander von Natur und Geschichte ist Kunst Gerechtigkeit, als Schöpfung ist sie der Revolte verbunden. Beide leben vom Maß. Das Ideal des Maßes, dies die metaphysische Lehre der „pensée de midi", ist Treue zur Erde in der Spannung zwischen Himmel und Geschichte. In ganz anderem Sinne als Meursault vertraut Camus sich restlos der Gegenwart an, um für die Zukunft noch etwas übrig zu haben. *L'homme révolté* bewirkt den Bruch mit Sartre, für den der Verzicht auf politische Gestaltung der Geschichte asozial, bestenfalls puristisch ist. Zudem, so Sartre, abstrahiert die Kategorie des Absurden von allen realen Unterschieden. Die Absurdität in Paris ist eine andere als die in Rouen und eine andere als in Berlin. Camus' Roman *La chute* (1956), eine verzehrende Selbstanalyse, entsteht auch in Konsequenz dieser Vorwürfe.

Der Imperativ der Gerechtigkeit und die Unbedingtheit des moralischen Anspruchs machen das Werk von Camus zu einem zutiefst religiösen. Den christlichen Glauben bezeichnet er nicht als Illusion, sondern als Wahrheit, der er nicht teilhaftig zu werden vermag. So zu leben, dass es als Ungerechtigkeit erscheint, wenn Gott nicht existiert – in solcher Form überlebt bei Camus das Absolute.

Namen	Begriffe	Themen
Drieu La Rochelle, Brasillach	*collaboration*	Wege in den Faschismus
Vercors, Eluard, Anouilh, Sartre, Triolet, Aragon,	*résistance*	Freiheitskampf, Humanität
Sartre, Beauvoir, Camus	Existenzialismus	Freiheit, Engagement, Emanzipation, Nihilismus, Gerechtigkeit

Literatur   Borgal (1966), Cohen-Solal (1987), König (1988), Kohut (1982–1984), Lebesque (1960), Zehl Romero (1978), Zimmermann (1979).

2 Das Theater des Absurden

Vorspiel   Das dramatische Schaffen Jean Anouilhs, die tragischen „pièces noires" (*Becket ou l'honneur de Dieu*, 1959; *Pauvre Bitos*, 1956) und die komischen „pièces roses" (*L'invitation au château*, 1947), die Stücke Henry de Montherlants (*La ville dont le prince est un enfant*, 1951; *Port-Royal*, 1954), aber auch das existenzialistische Ideentheater lassen die dramatischen Ausdrucksmittel unangetastet. Vom Sinnlosen wird sinnvoll, vom Katastrophischen kohärent und von der Existenz demonstrativ gesprochen. Gleichzeitig finden sich vereinzelte Ansätze zu einer neuen Bühnensprache: die dem Film analoge Technik der Rückblende bei ANOUILH (*Becket ou l'honneur de Dieu,* 1959), der Wechsel zwischen Rolle und Person bei MICHEL DE GHELDERODE, die Allgegenwart des chaotisch Bösen bei JACQUES AUDIBERTI (*Le mal court,* 1947), die Atombombe als Vollendung des Surrealen bei GEORGES SCHEHADÉ (*Les violettes,* 1960), das Theater des Schreis bei JEAN VAUTHIER (*Capitaine Bada,* 1952), ein Stück ohne auftretende Personen (*Une voix sans personne,* 1960) bei JEAN TARDIEU (der in *Les amants du métro* an das Marionettentheater JARRYS anknüft), die mit der Handlung aufgelöste Einheit von Raum und Zeit bei ROLAND DUBILLARD (*La Maison d'os,* 1962). Aber erst im – nach der Bezeichnung Martin Esslins – Theater des Absurden explodiert der überlieferte dramatische Formkanon, die Ausdrucksformen selbst werden absurd und zersetzen Sinn, Sprache, Handlung, Identität. Für die dramatische Dekonstruktion und den dezidiert antipsychologischen Gestus stehen ARTAUD und JARRY Pate. Die drei- oder fünfaktige Gliederung des dramatischen Aufbaus wird zumeist verworfen, zwischen Komik und Tragik verlieren sich Grenzen und Hierarchien. *Rien n'est plus drôle que le malheur,* lässt sich Nell in BECKETTS *Fin de partie* aus ihrem Mülleimer vernehmen, weil die Kategorie des Individuums selbst, ihr Glück und Unglück nichtig geworden ist. Zugleich bekundet sich darin das von Scham untrennbare Bewusstsein, dass auf der Bühne noch die äußerste Verzweiflung Bild- und Schaucharakter gewinnt, und auch vor den Stücken des absurden Anti-Theaters der Vorhang sich hebt – Spektakel.

Ionesco

Der 1912 in Rumänien geborene EUGÈNE IONESCO schreibt mit dem 1950 am *Théâtre des Noctambules* uraufgeführten Anti-Stück *La cantatrice chauve* ein Stück Theatergeschichte. Zunächst reagiert das Publikum verständnislos, denn nichts Erwartetes noch Unerwartetes kommt, sondern Neues. Das Stück wird dann ein beispielloser internationaler Erfolg. Der Titel steht in keinem Verhältnis zur Handlung, von der nur so viel übrig bleibt, dass man sie vermisst. In seiner Wohnung erwartet das Ehepaar Smith den Besuch des bald darauf eintreffenden Ehepaars Martin. Die nachfolgende Abendunterhaltung, stupid, banal und immer wieder von peinvollem Schweigen durchsetzt, steigert sich schließlich zu einem vierstimmigen Furioso von Sprachspielen, Wort-, Silben-, Lautfetzen und infantilen Wortassoziationen, in denen jeder logische Sinn untergeht. Als der Vorhang fällt, erscheint das Anfangsbild noch einmal, der inhaltslose Dialog kann unmöglich zu einem Abschluss gelangen. Antithetisch zum engagierten Theater und dem des Boulevards ist *La cantatrice chauve* auch keine Parodie des Konversationsdramas. Zwar besteht die Bühnenwirklichkeit einzig aus Sprache, doch ist sie weder in Handlung noch in Bewusstsein konvertierbar. Als reine Phrase steht sie ihrem semantischen Element wie ihren Benutzern so fremd gegenüber wie diese sich selbst. Dass am Ende die Martins an die exakt selbe Stelle der Smiths treten, zeigt über die Austauschbarkeit der Figuren hinaus das Individuationsprinzip des Einakters: die einen sind die einen, weil die anderen die anderen sind.

Auch in *La lécon* (1951) und *Les chaises* (1952) wird das Alltägliche zum Alptraum. Die Unterrichtsstunde endet im Mord, die Lebensrücksschau von zwei alten Menschen im gemeinsamen Selbstmord. In den späteren Stücken tritt die Typenfigur Bérenger auf, mit der Setzung dieses zentralen Protagonisten erfolgt eine Wende in IONESCOS Schaffen, die zuvor nur parabolischen Verweise auf die soziale Realität treten unverstellter hervor. *Rhinocéros* (1960) schildert, wie alle Einwohner einer Stadt unaufhaltsam in Nashörner verwandelt werden, Bérenger bleibt als einziger, letzter Mensch zurück. IONESCO gelingt hier eine überzeugende Gestaltung der Entindividualisierung und Uniformisierung des Lebens, zeitgeschichtlich liegt der Bezug auf totalitäre Regimes jeder couleur auf der Hand. *Le roi se meurt* (1962), IONESCOS letzter großer Erfolg, zeigt Bérenger als gealterten König, dem weder Macht, noch Land, noch Untertanen geblieben sind. Zwei Frauen, Marguerite und die Königin Marie, sind ihm als Allegorien von Leben und Tod zur Seite gestellt. Seine Allmachtsphantasien wachsen im Maße, wie er seine Ohnmacht gegenüber dem Tod gewahrt und dem eigenen Sterben zusehen muss. Von Bérengers aberwitzigen Herrschaftsdekreten bis hin zur letzten Phase seines körperlichen Verfalls vergehen nicht einmal zwei Stunden. Reale Zeit und Aufführungzeit gelangen zur Deckung. Vom Aufbau folgt *Le roi se meurt,* dem klassischen Königsdrama, hinter Bérenger steht die Figur Richards II., doch die Insignien der Macht verkehren sich. Der Rollstuhl als Thronersatz macht IONESCOS Helden zum hinfälligen Jedermann vor der absurden Majestät des Todes.

Beckett

Am Karfreitag des Jahres 1906 in Dublin geboren, lebt BECKETT seit 1928 zumeist und seit 1945 ständig bis zu seinem Tod 1989 in Paris. Zu Beginn der fünfziger Jahre ist der frühere Mitarbeiter von JAMES JOYCE als Schriftsteller noch immer so gut wie unbekannt, das Manuskript seines Schauspiels *En attendant Godot* erhält von zahlreichen Theatern eine Absage. Als es in der Inszenierung von Roger Blin im März 1953 am *Théâtre de Babylone* uraufgeführt wird, macht es BECKETT mit siebenundvierzig Jahren berühmt, das Stück wird eins der meistgespielten des Jahrhunderts. Handlung, Dekor, Dialog sind auf das äußerste Minimum reduziert, das die folgenden Stücke stets noch aufs neue unterbieten. Das Bühnenbild zeigt zwei zerlumpte Landstreicher, Vladimir und Estragon, einen kahlen Baum und eine Landstraße, der Rest der Welt kam abhanden. Zeit und Raum sind unbestimmt, in diesem Vakuum ist jede Möglichkeit zu handeln entfallen. Vladimir und Estragon warten auf einen gewissen Godot, mit dem sie eine Verabredung haben, ohne zu wissen warum. Die Möglichkeit von Godots Ankunft ist genauso unbestimmt wie er selbst, was die Erwartung seines Kommens einzig am Leben hält, ist die Tatsache des Wartens, die zwangsläufig zur Erwartung wird. Wer schließlich eintrifft sind Pozzo und Lucky, ihr Verhältnis ist das von Herr und Knecht. War es bisher allein das Gespräch, das den Wartenden die Zeit vertrieb, so trägt die Prügelei der beiden Reisenden nicht wenig zu ihrer Zerstreuung bei. Von Godot hingegen können sie keine Auskunft geben, schließlich wandern sie weiter. Vladimir und Estragon setzen ihre Unterhaltung so fort, wie sie begann, mit clowneskem Nonsens, Stupiditäten, Bibelzitaten, Fragen, Geschichtenerzählen, Abzählreimen, unterbrochen von Raufereien und Pantomime, alles abgründig und schreiend komisch, aber der Schrei gilt Godot. Pozzo und Lucky erscheinen noch einmal, nach einer Auseinandersetzung ziehen sie weiter. Wie schon im ersten tritt auch gegen Ende des zweiten Aktes ein Junge auf, der Nachricht von Godot bringt. Er würde heute nicht kommen, wohl aber morgen. Der Junge verschwindet, es wird Nacht. Vladimir und Estragon versuchen sich aufzuhängen, doch der Strick reißt. Ohne sich von der Stelle zu rühren, warten sie weiter.

Stillstand

Wer ist Godot? Gott? Tod? Sinn? Rettung? Katastrophe? Die Frage lässt deshalb alle möglichen Deutungen zu, weil die kreisförmige Anlage des Stücks jede Antwort zu einer neuen Frage macht. Mit schwacher Variierung wiederholt der zweite Akt den ersten, die Zeit ist kein Medium qualitativer Veränderung, sondern endlose Wiederholung. BECKETTS Figuren treten auf der Stelle, ihre Reden kommen in alle Ewigkeit nicht voran, Pozzo und Lucky spielen Hegels Herr-Knecht-Dialektik nur nach. So erklärt sich der Unernst des Geschehens, denn für Vladimir und Estragon verwandelt sich alles zur Farce, zur Posse. BECKETT übersetzt Metaphysik in sinnliche Konkretheit, wenn er ein Dasein zeigt, das der Transzendenz vielleicht bedürftig, aber nicht fähig ist. Zugleich ist das Bild vom stagnierenden Leben Parabel eines gesellschaftlichen Zustands, in dem alles vorangeht, nur bis heute das Ganze nicht.

Konkretionen

Das gesamte Werk BECKETTS ist Bewegung im Stillstand. Es ermisst die tausend Tausendstel zwischen 1 und 0. *Fin de partie* (1957) ist der Höhepunkt in Becketts dramatischem Schaffen. Die Satzbezeichnung des wie ein Kammermusikstück komponierten Einakters müßte „realissimo" lauten, denn die grauenhafte Realität, die das Stück zum Thema hat, kann sowenig wie ein Atomkrieg oder ein Konzentrationslager auf realistische, also täuschende Art dargestellt werden. Es ist die Zeit nach der vollständigen Katastrophe. Ihre Furchtbarkeit ist zu ahnen an dem, was sie überlebte. Der Einschließungs-, Lähmungs- und Schrumpfungsprozess radikalisiert sich. In trübem Licht, inmitten eines kahlen Raums sitzt Hamm (Bérengers Königsbruder) im Rollstuhl, blind und gelähmt, sein Compagnon Clov neben ihm. Mit dem Beginn des Stücks ist sein Endzustand erreicht. Clov hängt von Hamm ab, der über die Nahrungsvorräte verfügt, dieser von ihm, der ihn füttert. Aus zwei sich öffnenden Mülltonnen schieben sich die Köpfe von Nell und Nagg, Hamms Vater, ein Unfall hat beide zu Krüppeln gemacht. In der Leerform dieses Ensembles kreist das Endspiel. Gleichermaßen unfähig, zu bleiben oder zu gehen, sich umzubringen oder den anderen umzubringen, vegetieren sie in der Grauzone zwischen Leben und Tod. Irgend etwas geht seinen Gang, sinniert Clov, aber es gibt keinen Ort mehr für das zerstörte Bewusstsein, um sich darauf zu besinnen. Beim Blick aus dem Fenster – Parodie der dramatischen Teichoskopie (Mauerschau) – hält Clov auf Hamms Befehl nach der Welt Ausschau und findet nichts mehr, hellschwarz nennt er die Farbe der endlosen Nacht. Wo sie der Wahrheit am nächsten kommen, sind Grauen und Trost eins. *Clov: Il y a tant de choses terribles. Hamm: Non non, il n'y en a plus tellement.*

Eine andere verstellt komische Schlüsselstelle ist der Moment, wo Hamm seinen Gefährten fragt, ob sie irgend etwas bedeuten könnten, was dieser mit einem Lachen quittiert. BECKETTS Konstruktion des Sinnlosen zerrüttet auch die Bedeutung der Sprache. Die existenzialistischen Thesenstücke demonstrieren sie nur, bei BECKETT hat die Absenz des Sinns die Form eingeholt. Die geschichtlichen Ausdrucksformen des Geistes führt *Fin de partie* als Kulturmüll mit sich. Bildung, die Auschwitz so wenig verhindert hat wie die Atombombe, ist Phrase, Bewusstsein verdinglichter Abhub von Geschichte. Hamm äfft Hamlet, Zitate von SHAKESPEARE, BAUDELAIRE, Bibelstellen und Zenons Beweis gegen die Realität der Veränderung werden vom Kontext ad absurdum geführt. Dem Drama selbst geht es ans Leben. Held, Handlung, Freiheit, Exposition, Peripetie und Katastrophe: die dramatischen Elemente sind wie Leichen gefleddert. Stichomythie heißt in der klassischen Tragödie die spannungserzeugende Wechselrede zweier Personen, bis Frage und Antwort sich in einem einzigen Wort gegenüberstehen. BECKETTS Figuren hingegen bringen ganze Perioden oft nicht mehr zustande, weil das von der Sprache Übriggebliebene jeden Moment ins Schweigen zurückzufallen droht. Vollständig wird die Isolation, wo die verbale Kommunikation keinen Sinnzusammenhang stiftet, sondern das Irrationale die

Fassade vernünftigen Sprechens durchschlägt. *Hamm: Ouvre la fenêtre. Clov: Pour quoi faire? Hamm: Je veux entendre la mer. Hamm: Même si tu ouvrais la fenêtre? Clov: Non. Hamm: Alors ce n'est pas la peine de l'ouvrir? Clov: Non. Hamm (avec violence): Alors ouvre-là!* Die logische Figur des Absurden, die den flagranten Widerspruch als rational stringent vorträgt, überführt die Sprache selbst der Sinnlosigkeit. Über alle vergleichbaren Stücke, wo Absurdität nur Inhalt bleibt, geht BECKETT am entschiedensten hinaus.

Krapp's Last Tape (La dernière bande) schreibt BECKETT in englischer Sprache, Uraufführung ist 1958 in London, bald darauf übersetzt er das Monodram ins Französische. Krapp steht in der langen Reihe der BECKETTschen Clowns, dem hier ein erfolgloser Schriftsteller Gestalt verleiht. Krapp ist ein einsamer alter Trinker, der sich die Phasen seines Lebens vergegenwärtigt, indem er Tonbänder abhört, die er dreißig Jahre zuvor selbst besprochen hat. Die dem Gerät anvertraute Gedächtnisleistung, die die Vergangenheit (eine Folge von Fehlschlägen und verlorenen Lieben) jederzeit reproduzierbar hält, ist der Abgesang auf PROUSTS *mémoire involontaire*. 1931 verfasste BECKETT einen fulminanten Essay über PROUST. Nun ist es nicht mehr der andere allein, unzugänglich ist für das Ich auch sein einmal gelebtes Leben, das auf der Tonspule mechanisch vor- und rückgespult wird, ohne im mindesten dem Jetzt zu ähneln. Krapp hört auf, die Jahre zurückzuwünschen, reisst das Band aus dem Gerät und starrt auf das leer weiterlaufende letzte Band. *Happy Days* (1961), der Titel ist dem Gedicht *Colloque sentimental* von VERLAINE entnommen, leert die Welt auch von den letzten Residuen des Veränderbaren. Wieder dringt BECKETT, um die Verhältnisse sichtbar zu machen, bis zur Körperlichkeit vor. Bis zu den Hüften steckt Winnie (die einzig große Frauenrolle in seinem Bühnenwerk) in der Erde und „wartet" nach Art der BECKETTschen Kreaturen aufs Ende, plappernd und mit Nichtigkeiten vollends beschäftigt. Ihr Mann Willie bleibt hinter einem Hügel verborgen. Im zweiten Akt ist Winnie bis zum Hals begraben, in Frack und Zylinder kriecht Willie hinzu und macht ihr den Hof. Während es langsam dunkel wird, singt Winnie die Walzermelodie ihrer Spieldose. In den späteren, zusehend kürzer werdenden Stücken und Theaterfragmenten (*Play,* 1963; *Come and go,* 1966) erreichen Entstaltung und Reduktion der Ausdrucksmittel einen Grenzwert. BECKETT wendet sich anderen Formen zu. Hörspiele (*All that fall,* 1956; *Words and music,* 1962; *Cascando,* 1963), Pantomimen (*Acte sans paroles I* und *II,* 1956–1959), ein Filmdrehbuch (*Film,* 1964), ein Fernsehstück (*Eh Joe,* 1966).

Adamov

ADAMOV in der Rubrik des absurden Theaters aufzulisten, wird der Progression seiner Stücke nur bedingt gerecht. Die unauflösbare Spannung von Politik und Psyche charakterisiert Werk und Leben. 1908 im kaukasischen Russland geboren, lebt er seit 1924 in bedrängten Verhältnissen in Paris. 1941 verhaftet und zweimal in ein Konzentrationslager deportiert, begleitet ihn das Trauma des Faschismus ein Leben lang. Sein Votum und Engagement für den Kommunismus lässt ihn den Realgrund der Absurdität im Dispositiv sozialer Macht suchen, die späten Dramen dokumentieren diese Wandlung. ARTHUR ADAMOV setzt seinem Leben 1970 selbst ein Ende. Die frühen Stücke stehen unter dem Eindruck von STRINDBERG und KAFKA und übersetzen Zwangsmechanismen, Ängste, Begehrlichkeiten und Dämonien einer Innenwelt auf die Bühne. 1950 inszeniert Jean Vilar *L'invasion*, Exempel der geistigen wie physischen Zerfahrenheit und aussichtslosen Einsamkeit des Menschen. Das Konfliktmoment verlegt ADAMOV in der Folge nach außen. Gleichfalls 1950 wird im *Théâtre des Noctambules La grande et la petite manouevre* in zehn, gleich Filmschnitten gereihten Bildern aufgeführt. Das große Manöver ist die unaufhebbare Schieflage des menschlichen Daseins überhaupt, das kleine der Versuch, sich darin einzurichten. ADAMOV stellt zwei Menschentypen gegeneinander, den Revolutionär und den Verstümmelten. Der erste reproduziert, einmal zu Macht gekommen, die erpresserische Ordnung, die er voher bekämpfte, das Scheitern des zweiten vollzieht sich physisch. *Le Professeur Taranne* (1951), die Niederschrift eines Traumes, variiert die Stigmen der Selbstbestrafung und Amputation. Gleitende Raum- und Zeitverhältnisse, motivationslose Handlungen verlängern die undurchdringliche Wirklichkeit in den Menschen hinein.

Mit *Le Ping-Pong* (1955) vollzieht sich der Übergang von der absurden zur sozialkritischen Periode ADAMOVS. Die Realität erscheint als soziales Verhältnis, sein dinglicher Ausdruck ist ein Spielautomat, der den Mechanismus von Geschäft und Profit symbolisiert. *Paolo Paoli* (1957) kritisiert das Politisch-Soziale konkreter. Allen zwölf Tableaux des Prosaschauspiels sind Projektionen von Pressemeldungen und Photos vorangestellt, BRECHT (seit dem Pariser Gastspiel des Berliner Ensemble neuer Bezugspunkt der Dramenästhetik) wird Vorbild für die epischen Tendenzen in ADAMOVS Theater. Das Stück ist die Chronik der Belle Epoque, um vor historischem Hintergrund Individuen als Repräsentanten sozialer Klassen kenntlich zu machen. Den schmutzigen Umlaufs des über die Köpfe der Menschen hinweg immer nur mehr Geld fordernden Geldes unterbricht Paolo Paoli, der sein Vermögen denen überlässt, die es für Nahrung und Kleidung brauchen. Trotz der Öffnung zur gesellschaftlichen Realität hält ADAMOV an seiner tragisch-metaphysischen Weltdeutung fest und unterstellt alle gesellschaftlichen Daten der Absurdität des Seins. *Printemps 71* (1963) eröffnet die letzte, manifest kommunistische Periode ADAMOVS und führt wie das Drama BRECHTS in die Tage der Pariser

Commune. ADAMOVS historisches Volksstück steht in der Tradition des *théâtre du peuple* von ROMAIN ROLLAND, ohne deshalb einfach Gesinnungsästhetik zu sein. In *Off limits* (1969) steht der Zusammenbruch der New Yorker Freiheitsstatue zum Krieg in Vietnam in eindeutiger Beziehung.

Genet

GENET hat im Laufe seines Lebens (1910–1986) jedes gesellschaftliche Stigma gekannt: uneheliches Kind, Sozialfürsorge, Fremdenlegion, Kriminalität, Gefängnis, Homosexualität. SARTRE, COCTEAU und MAURIAC verhindern 1947 die lebenslange Inhaftierung des rückfällig gewordenen Diebs, als ihr Gnadengesuch beim französischen Staatspräsidenten durchdringt. Werk und Vita von JEAN GENET bedingen sich. SARTRES *Saint-Genet comédien et martyr* kanonisiert eine Existenz „causa sui", die die Konsequenzen des einmal gewählten Lebensentwurfs bis zur letzten in Kauf nimmt. Mit vollem Bewusstsein wählt er das Verbrechen und das Böse. Was ihm ermöglicht, auf seinem Weg längst den Rändern des sozialen Felds für Anerkennungen wie Sanktionen unempfindlich zu sein, ist die Verwandlung aller Erfahrungen in Prosa (*Notre-Dame-des Fleurs,* 1944; *Querelle de Brest,* 1947; *Journal du voleur,* 1949) und Theater kraft einer Ästhetik von provozierender Asozialität. Der Einakter *Haute surveillance* (1949) führt in die GENET innigst vertraute (Unter-)Welt der Verbrecher und Homosexuellen. Schauplatz ist eine Zelle in einer hochgesicherten Strafanstalt. Im Inhalt pervertieren die hier geltenden Werte die draußen geltenden, deren Struktur sie bewahren: das wahre Verbrechen ist ein absichtsloser Mord, der das am Zweck Uninteressierte mit der sittlichen Handlung teilt; eine weitere Variante des *acte gratuit.*

Louis Jouvet inszeniert 1947 *Les bonnes.* Die Tragödie in einem Akt ähnelt GENETS erstem Stück, da die aristotelische Forderung nach Einheit des Ortes gewahrt bleibt, zudem entspricht die Aufführungszeit der aufgeführten Zeit. Zwei Zofen, Claire und Solange sind Schwestern, die ihren Herrn durch Verleumdung ins Gefängnis gebracht haben. Die Herrin wird von ihnen geliebt und gehasst, aber auch zwischen den Schwestern spielt dieselbe Ambiguität der Gefühle. In Abwesenheit von Madame sind sie es, die rituell das Spiel Herrin-Bediente wiederholen. Beider Entschluss, die Herrin umzubringen, verleiht dem Mord erneut jene mystisch-erotische Aura des Absoluten. Das Mordzeremoniell schlägt fehl, aber die Unerbittlichkeit ihres Spiels verlangt, die Schönheit des Verbrechens mit anderem Opfer zu realisieren. Claire lässt sich den für Madame gedachten vergifteten Tee reichen und heiligt mit ihrem Tod Solange zur Verbrecherin. GENET treibt das Quid proquo von Schein und Sein so weit, dass selbst die Revolte der Untergebenen als Übernahme einer Rolle erscheint.

Das Ineinander von Realität und Traum gewinnt in *Le balcon* (1956) allgemeineren Ausdruck. Durch die Gliederung des Stückes in neun Tableaux wird die konventionelle Theaterform der früheren Stücke aufgelöst. Schauplatz des Konflikts von Trieb und Macht ist ein Bordell. Die Chefin Irma verschafft ihren männlichen Gästen Illusionen von vollster Realität. Dem Bischof beichtet eine Hure ihre Todsünden, der Richter lässt die Diebin vom Henker auspeitschen, hoch zu Ross träumt der General seiner Unsterblichkeit entgegen. Akzentuiert wird dieses Theater im Theater durch GENETS Rückgriff auf den Kothurn der griechischen Tragödie, was die Größe der Figuren ins Rituelle, Überlebensgroße steigert. Unterdessen wird in der Stadt Reveille geschlagen, allgemeiner Aufstand droht und Irma bittet ihren Freund, den Polizeipräsidenten, auch sie zu schützen. Doch die Insurgenten rücken vor und mit einem Mal schlägt der Schein in Wirklichkeit um. Den falschen Bischof, den falschen Richter und den falschen General lässt der Polizeipräsident auf den Balkon treten, wo sie sich, der neuen Königin Irma zur Seite, den Volksmassen als neue Staatsmacht präsentieren. Der Coup gelingt, die Revolte ist überwunden, nur Irma muss ihre Rolle zu Ende spielen: um sie zur heiligen Jeanne d'arc der Aufständischen zu machen, lässt der Polizeipräsident sie erschießen. Damit ist es immer noch nicht genug, denn die drei falschen Würdenträger verlangen nach realer Macht über das Volk. Primär schreibt GENET keine Satire auf die sexuellen Ambitionen von Kirche, Justiz und Militär, viel eher legt er den Anteil frei, den der Bereich des Imaginären für die Konstitution des Ich hat. Das Leben GENETS dokumentiert diese zweifache Zuschreibung, als er das Verdikt der anderen, ein Dieb zu sein, sich gründlich zu eigen macht. Im politisierten Kontext greift die Clownsposse *Les nègres* (1959), die in Wahrheit mystische Kulthandlung ist, diese Dialektik wieder auf.

Mit ihren außersprachlichen, zeremoniellen und mythischen Elementen schließt GENETS Dramenproduktion an die Programmatik des ARTAUDSCHEN Theaters an. Wo dieser jedoch durch magische Mittel den Zugang zum wahren Sein erzwingen will, belässt es GENET bei den Kaskaden von Bild und Gegenbild, die unentwegt nur sich selber spiegeln. Auch das obszön-blasphemische „théâtre panique" des gebürtigen Spaniers FERNANDO ARRABAL (geb. 1936) schuldet ARTAUDS „théâtre de la cruauté". Ausgang der Stücke *Pique-nique en campagne* (1952) und *Guernica* (1959) ist das Trauma der Franco-Diktatur, die als Chiffre für den Mechanismus von Terror und Repression steht. Die chaplineske Personenpantomime erinnert dabei an BECKETT. *Ils passèrent des menottes aux fleurs* (1969) ist eine Hommage an den durch Francos Falangisten ermordeten Dichter FEDERICO GARCIA LORCA.

Namen	Begriffe	Themen
Ionesco	Leerlauf der Sprache, Auflösung des Sinns	gesellschaftliche Gleichschaltung, Uniformisierung der Individuen
Beckett	gesellschaftliche und ontologische Absurdität	Bewegung im Stillstand, das Leben nach seinem Ende
Adamov	Herrschaft, Macht	opake Wirklichkeit, Kritik sozialer Macht
Genet	Bekenntnis zum Verbrechen	Identität als Konstrukt, Sexualität, Gewalt

Literatur Adorno (1981), Anders (1987), Esslin (1977), Sartre (1952), Schoell (1970), Wilhelm (1972).

3 Nouveau Roman

Zäsur

SARTRE unterstreicht die eigenen Ambitionen, berühmter „préfacier" des 20. Jahrhunderts zu sein, als er im Vorwort zu NATHALIE SARRAUTES Roman *Portrait d'un inconnu* (1948) zuerst vom Anti-Roman spricht und so den Nouveau-Roman kenntlich macht. Das Neue folgt dem Alten nicht einfach zeitlich nach, es stellt mit den Lösungen auch die Voraussetzungen in Frage, die seit BALZAC für die Romanform Selbstverständlichkeit haben. SARRAUTES Essayband *L'ère du soupçon* (1956) bilanziert. Bei aller Differerenziertheit ihres Innenlebens war die Person stets als Einheit begriffen und qua Introspektion offen für die Erkenntnis. Entsprechend erschien auch die äußere Wirklichkeit als kohärent. Diese Analogie gab die Basis für eine mimetische Darstellung, realistischer und psychologischer Roman bedingen einander. Seit Freud, PROUST und JOYCE, seit FAULKNER und KAFKA keimt der Verdacht, daß die innere Welt unendlich vielfältiger ist als das literarisch von ihr erstellte Bild, dass kein reales Objekt sich in realistischer Beschreibung erschöpft. Ich und Welt pluralisieren sich unendlich. Damit zerbricht der Pakt, der Autor und Leser verband, denn das traditionelle, mit Kausalitäten rechnende Erzählen hat den Anspruch auf Wahrheit verloren. Grundlegend veränderte Bewusstseinsformen erfordern eine neue Literatur.

SARRAUTES Essay nennt den Romanhelden *une limitation arbitraire, un découpage conventionnel pratiqué sur la trame commune que chacun contient tout entière.* Der für den Roman konstitutive Begriff der Person, die eine Identität, einen Charakter und eine Vergangenheit hat, ist ein historischer Begriff jüngeren Ursprungs. Wenige Jahre später wird Michel Foucault philosophisch „den Menschen" als Resultat eines bestimmten humanwissenschaftlichen Diskurses entlarven, der vor Ende des 18. Jahrhunderts nicht existiert. Das Verschwinden des Subjekts, gefürchtet wie gefeiert, ereignet sich zuerst im Nouveau-Roman, *Portrait d'un inconnu* weist die Richtung. BECKETTS Romanfiguren, sind sprechende Anonyma, nicht selten tragen sie überhaupt keinen Namen. *(L'innommable*, 1953). MICHEL BUTOR schreibt *La modification* (1957) in der zweiten Person, ALLAIN ROBBE-GRILLET skizziert Typen, keine Individuen. In CLAUDE SIMONS *La bataille de Pharsale* (1969) heißt eine Figur 0, MARGUERITE DURAS' *L'amant* (1984) ist ein Glissando zwischen erster und dritter Person. Unter dem Zeichen des Nouveau-Roman finden sich äußerst heterogene Werke vereint, insgesamt aber kommunizieren die literarische Theorie und Praxis der neuen Romanciers mit den zeitgleichen Methoden anderer Fakultäten. Variation und Repetition einer narrativen Sequenz sind konstitutiv für das Werk ROBBE-GRILLETS, die strukturale Anthropologie von Claude Lévi-Strauss analysiert Sprache und Mythen als Ensembles weniger Grundelemente, die beliebig variierbar, deren Konstellationen jenseits von wahr oder unwahr sind. Wie bei SIMON zerlegt sich Wirklichkeit in perspektivisch gebrochene Abbildungen, die Versionen, nicht Repräsentationen einer unzugänglichen Außenwelt sind. Mit der Aleatorik und der Theorie der Ganzheiten halten mathematische Verfahren in literarische Einzug. Musikalische Formen, Kanon, Fuge, Thema mit Variationen, insonders aber die serielle Musik werden für ROBERT PINGET *(Le fiston*, 1959; *Lettre morte*, 1960) und BUTOR modellhaft.

Sarraute

1902 in Russland geboren, seit 1908 in Paris. Die studierte Juristin widmet sich seit 1939 ausschließlich ihren literarischen Arbeiten. Die 24 kurzen Prosaskizzen von *Tropismes* (1939) bleiben bei ihrem Erscheinen unbeachtet. Die mikroskopische Prosa stößt in einen weder durch Soziologie noch Psychologie auslotbaren Erfahrungsbereich vor, der bis zum Augenblick seiner ästhetischen Bewältigung noch nicht vorlag. Tropismen sind die durch äußeren Reiz bewirkten Krümmungsbewegungen bei Pflanzen, die ihre Lage nach Richtung des Reizes verändern. Die Registratur dieser flüchtigen, dunklen, mimosenhaften, unendlich kleinen Bewegungen im Kräftefeld einer anonymen bürgerlichen Pariser Familie unternimmt die Autorin an der Oberfläche der sprachlichen Vorgänge. In den banalen Gesprächen der nur mit Personalpronomen vorgestellten Figuren murmeln untergründig Chiffren und Zeichen eines anderen Stoffwechsels mit. An ihn lagert der Text sich an und opfert seinen Fluktuationen die Kohärenz des Erzählten. Am Ende unterliegt wie infolge eines Naturgesetzes die als *elle* Bezeichnete dem Tropismus ihrer sozialen

Umgebung. Mit anderen Mitteln als Proust, doch mit derselben Skrupelosität legt Sarraute die fast unkenntliche Struktur dieser Angleichung bloß.

Portrait d'un inconnu setzt die *sous-conversations,* wie sie Sarrautes Essay nannte, fort. Wieder keine Handlung und konturierte Personen, hinzu ein erzählendes Ich als Kanzlist tropismaler Innenwelten. Zwischen den bald als Vater und Tochter identifizierten Sprechern spielen halb bewusstlos alle Regungen und Wünsche, ein auch existenzialistisch deutbares *nec tecum nec sine.* Stilistisch wird die magmatische Gewalt des psychischen Untergrunds, der sich der Beschreibung entzieht, in grelle Bilder und Metaphern gesetzt. Kreiste der Erzähler bisher nur konzentrisch um seine Figuren, so setzt der Auftritt einer vierten Person die überlieferten Formen ironisch wieder in ihre Rechte. Eine mit Namen versehene Gestalt wird zum Verlobten des Mädchens und jene Normalität kehrt ein, an der Sarraute so gründlich zweifelt. Im Roman *Martereau* (1953) sind die hochnervösen Reaktionen eines Kranken Objekte und Organe des Erkennens. Der soziale Raum bleibt schemenhaft, doch der zunehmende Abstand von tropismaler und äußerer Realität öffnet den Blick für die unter der Oberfläche der Sprache aufgespürten gesellschaftlichen Determinanten von Psyche.

Das Thema der inwendigen Umlaufbahnen variiert *Le planétarium* (1959) aufs Neue. Wie die durch Projektion sichtbar gemachten Erscheinungen am Sternenhimmel werden Ablauf und Widerspiel der kryptischen Wunschtiefen belichtet, eingefasst im Rahmen einer unverdächtigen Familie, in Wahrheit die kleinste Zelle des sozialen Einschlusses. Der Handlungsrest betrifft die Auseinandersetzung um eine Wohnung im feinen Quartier. Abgefasst in der dritten Person, dabei mit wechselnder Perspektivik, wird die Darstellung von den bereits zuvor verwendeten Formelementen zusammengehalten: Dialog, Monolog und erlebte Rede. Neu ist, daß zum ersten Mal alle Personen unter vollem Namen auftreten. Neuer noch, zumindest für die Sarrautsche Werkfolge, ist der Gegenstand von *Les fruits d'or* (1963), ein Spott auf die Pariser Kulturindustrie samt ihrem epigonalen Reigen von Kritikern, Künstlern und Scharlatanen. *Entre la vie et la mort* (1968) ist ein Buch über das Werden eines Romans und nah an Sarrautes Forderung, Bücher ohne allen Plunder, ohne Personen, Fabel und Sujet zu schreiben.

Robbe-Grillet

Robbe-Grillet (geb. 1922) ist im Bewusstsein der Öffentlichkeit der Repräsentant des Nouveau-Roman schlechthin. Gelegentlich seiner ersten Veröffentlichung *Les gommes* (1953) spricht Roland Barthes vom „Roman objectif", von der „Ecole du regard", später prägt die in Pro und Contra vehemente Kritik das Schlagwort vom

„chosisme" für die Romankonzeption ROBBE-GRILLETS. Der gibt erst 1963, inzwischen liegen fünf Romane vor, theoretisch Rechenschaft von seinem Tun. *Pour un nouveau roman* (1963) macht tabula rasa mit der Allerweltsmetaphysik von Wesen und Erscheinung, Form und Gehalt. Die hierarchische Rückführung eines Dings auf seine Bedeutung setzt ein zweistufiges Schema der Wirklichkeitsaneignung voraus. Alles ist identisch mit dem Sinn, den der Mensch ihm verleiht, ein dichtes Netz antropomorpher Bedeutungen überzieht die Objekte: der majestätische Berg, das in den Talgrund geschmiegte Dorf. Auch wo diese Konkordanz mit dem Menschen verneint wird, dies der Vorwurf an CAMUS' Meursault und SARTRES Roquentin, wirkt das humanistische Weltbild als tragisches fort: das Absurde bleibt einer rettungslos enttäuschten Philosophie der Wünschbarkeit verhaftet. Das Drama des exis-tenzialistischen Lebensentwurfs versteht Dasein als Zeit und Zeit als Frist, im Pathos der Freiheit steckt noch immer der liebe Gott. Ihn so gut wie alle Mythen der Tiefe will ROBBE-GRILLET absetzen und verkündet für den Roman eine veritable Revolution. *La surface des choses a cessé d'être pour nous le masque de leur coeur, sentiment qui préludait à tous les „au-delà" de la métaphysique.* Um Psychologie, Entwicklungs- wie Thesenroman, Held und Intrige ist es damit geschehen, denn es ist eindeutig nichts an den Tag zu bringen, was vorher nicht da war. Metapher, Vergleich und Analogie werden als Tiefensuggestion verworfen. Dagegen rückt die vorhandene Dingwelt in das Zentrum der Betrachtung. Aufgabe des zukünftigen Romans ist die photographische Beschreibung der Oberfläche, Größe, Gestalt, Entfernung und Struktur der Dinge, so wie sie vor dem Blick liegen. Eine Geometrie der Beschreibung löst die Linearität des Erzählens ab. Das Primat hat der Raum, nicht die Zeit.

Der älteste von ROBBE-GRILLETS neuen Romanen ist mehr ein Prolog zu ihnen. *Les gommes* (1953) nimmt vordergründig den Kriminalroman zum Modell, sabotiert aber sogleich die spannungserzeugende Frage nach dem Mörder, da sie für den Leser von Anfang an beantwortet ist, wenn auch nicht für den Detektiv Wallas, dessen Geschichte der des antiken Oedipus einbeschrieben ist. Im Roman *Djinn* (1981) wird der Oedipus-Mythos noch einmal variiert. *Le voyeur* (1955) setzt das Genre des Kriminalromans äußerlich fort, doch ist es nicht einmal mehr gewiss, ob überhaupt ein Mord geschah. Fabel, Psychologie und Chronologie treten fast ganz zurück, das Zeitbewusstsein des Protagonisten ist wenig verlässlich, übrig bleibt die allein sprachliche Realität der immer präziser beschriebenen Dinge.

Oberflächen   *La jalousie* (1957) ist das chef-d'œuvre, ROBBE-GRILLET wird berühmt. Ins Blickfeld gerät eine Bananenpflanzung in einer vermutlich französischen Kolonie. Inmitten regelmäßig bebauter Felder steht das Haus, welches ein Ehepaar bewohnt. Immer häufiger kommt Frank, ein benachbarter Plantagenbesitzer, zu Besuch. Zwischen ihm und der mit A bezeichneten Ehefrau bahnt sich ein Verhältnis an, ihr Mann reagiert misstrauisch. Soweit das „Geschehen", das vermuten lässt, dass originell nur die Art seines Vortrags sein kann. A's Mann, der fiktive Erzähler, tritt als Person nie in Erscheinung. Auf seine Präsenz ist allein durch dingliche Veränderungen zu schließen (drei Stühle auf der Terrasse), die sein Auftritt bewirkte. Sein ganzes, von wachsender Eifersucht gefärbtes Innenleben bleibt in der Darstellung ausgespart, erratbar wird es nur indirekt vermittels der Dinge (A. und Frank stellen die Stühle so auf, das sie sich einer direkten Beobachtung entziehen). Die deskriptive, das Gegenständliche an seiner visuellen Oberfläche durchmusternde Erzählform zieht aus dem Ich (des Ehemanns) alles Psychologische heraus und entleert es in die Phänomene der Objektwelt, die zu *supports* von seelischen Fluktuationen werden. Die ROBBE-GRILLET vorgehaltene Verdinglichung des Humanen indiziert viel eher die Omnipräsenz eines Bewusstseins, dem lediglich ein individueller Träger fehlt, um als in Perspektive gesetzter subjektiver Realismus zu gelten. Eine Abfolge von Szenen gliedert den Roman, der ein nichtchronologisches Kontinuum von Bewusstseinssequenzen ist. Deshalb die Diskontinuität von Raum und Zeit, die Nivellierung von Gegenwart und Vergangenheit. An ihrem Extremwert schlägt die positivistische Bestandsaufnahme des Gegebenen in Irrationalität um: die minutiöse Inventarisierung der äußeren Vorfälle, die exakte Nomenklatur der von aller subjektiven Zutat gereinigten Erscheinungswelt lädt deren Fremdheit mit einer zweiten, dämonischen Bedeutung auf. Strukturbildend kehrt in zahlreichen Abwandlungen der von Frank zerdrückte Tausendfüßler wieder, dessen Umriss einen Fleck an der Wand hinterließ, der in seiner Größe von Mal zu Mal und schließlich auf Tellergröße wächst. Die zuvor ausgetriebenen Anthropomorphismen kehren als Zwangsvorstellungen, Halluzinationen und Obsessionen entstellt zurück. Je näher ein Ding angeschaut wird, desto fremder schaut es zurück, die Phänomene sind in der Tiefe sowenig wie an der Oberfläche zu fassen. Sinnfrei, unpersönlich nur vorhanden ist nichts, alles ist mit Bedeutungen übervölkert, bereits der Titel, Jalousie und Eifersucht, zeigt diese Ambivalenz. Wie zuvor in *Les gommes* nimmt der Mikrokosmos von *La jalousie* etwas traumhaft Irreales an.

Dans le labyrinthe (1959) schreibt diese Linie fort – Theorie des Abstands, Aufhebung der Zeit, fehlende Komplizität von Dingen und Menschen –, ohne etwas fundamental Neues beizubringen. *La maison de rendez-vous* (1965) steht am Übergang zu ROBBE-GRILLETS Nouveau-Nouveau-Roman. Wirklichkeitserzeugend sind die durch das Subjekt hindurchgehenden „thèmes générateurs", in diesem Fall die generative Gewalt des Eros. Robbe-Grillet montiert Elemente des Kolportage- und pornographischen Romans, um in die Atmosphäre einer fernöstlichen Hafenstadt (Hongkong) zu gleiten. Die obsessive Präsenz sexueller Vorstellungen, sadomasochistische Szenarien, die tropisch-schwüle Exotik der hitzeflirrenden Stadt lassen als halbwegs zweifelsfreie Wirklichkeit nur das vag konturierte Bewusstsein des Erzählers zurück. Autobiographische Elemente enthält auch *Projet pour une révolution à New York* (1970), dem der Autor seine Romantheorie in Abbreviatur beifügt.

Mit Beginn der Sechzigerjahre wendet sich Robbe-Grillet dem Kino zu. Die frei mit Raum und Zeit schaltenden Bildschnitte im Film führen die Diskontinuität des Bewusstseinsflusses noch adäquater vor Augen, als die „écriture cinématographique" seiner Romane. Der Bildtypus des Films, das als bewegtes jede meditative Versenkung ausschließende präsentische Bild kommt dem Antipsychologismus entgegen. In Zusammenarbeit mit dem Cineasten Alain Resnais schreibt Robbe-Grillet 1961 das Drehbuch zu *L'année dernière à Marienbad,* dem auf dem venezianischen Filmfestival mit dem goldenen Löwen ausgezeichneten Film. Weitere Filme folgen: *L'homme qui ment* (1968), *L'Eden et après* (1971), *Le jeu avec le feu* (1975).

Butor

Butor teilt mit Robbe-Grillet die Überzeugung, dass der veränderten gesellschaftlichen Wirklichkeit mimetisch nicht beizukommen ist, experimentiert aber mit deutlich verschiedener Technik. Den Ertrag seiner literaturtheoretischen Reflexionen legt Michel Butor (geb. 1923) in *Répertoire (I–III)* vor, 1966 erscheinen die *Essais sur le roman.* Butor kommt über die Philosophie zum Roman, dem er am ehesten zutraut, die Phänomene noch zu erfassen. Seinen rigoros durchkomponierten Werken liegt ein hochreflektiertes Bewusstsein zu Grunde, das den historisch je reflektiertesten Stand von Ästhetik – Baudelaire, Mallarmé, Faulkner, Proust – als Maßstab für die eigene betrachtet. Das magische Objekt par excellence ist für ihn das, was alle Objekte einschließt, der Raum. Anders als Robbe-Grillet depersonalisiert er ihn nicht. Reine Oberflächenanalytik erfasst das mehrdimensionale stoffliche, subjektive und soziale Sein nur in einem Aspekt. Die im Werk privilegierten Raumparzellen: Mietshaus, Zugabteil, Gymnasium *(Degrés,* 1960), Stadt sind notwendig aufs Engste mit dem Zeitbewusstsein der Romanfiguren gebunden. Dynamik und Statik von Raum und Zeit rhythmisieren die Romane Butors.

Im ersten Roman *Passage de Milan* (1954) führt ein Mietshaus – 15, Passage de Milan, Paris – diesen Zeitraum vor. Proust wollte *A la recherche du temps perdu* wie eine Kathedrale konstruieren,

BUTOR und später GEORGES PEREC erbauen den Roman als „immeuble". Zweiunddreißig Bewohner sind auf sechs Stockwerke verteilt, ein Kaleidoskop verschiedener Berufe, Lebensalter und sozialer Schichten. Für die Darstellung der bis auf den unerwarteten Tod Angèles durchaus gewöhnlichen Ereignisse auf den Etagen greift BUTOR auf die Simultantechnik von JULES ROMAINS zurück, freilich kommt er ohne Gruppenseele aus. Nicht die Sukzession, die Wechselbeziehung zwischen den Ebenen interessiert. Dabei stiftet die altägyptische Kultur die überraschendste Kontiguität zwischen den Bewohnern, der sie in unterschiedlicher Weise verbunden sind. In die strikt auf zwölf Stunden, von abends 7 bis morgens 7, beschränkte Romanzeit bricht der mythologische Todesvogel der ägyptischen Religion, *Milan* ein und gibt dem Roman seinen „génie du lieu".

Räume

Ihn erweitert BUTOR in den beiden folgenden Romanen zur Stadt. *L'emploi du temps* (1957) führt den Franzosen Jacques Revel für die Dauer eines Arbeitsjahres in die fiktive englische Industriestadt Bleston, die Manchester nachempfunden ist. Feindlich, düster, und hässlich, gerät Revel doch immer mehr in den Bann des Ortes, der der des Todes ist. Auf den Fenstern der alten Kathedrale ist der biblische Brudermord dargestellt, Bleston erscheint als Gründung Kains. Als Revel auf einen „Le meurtre de Bleston" betitelten Kriminalroman stösst, verflechten sich Mythos und Gegenwart, denn der geschilderte Fall weist nur allzu deutlich auf ein reales, jüngst in der Stadt begangenes Verbrechen hin. Mit kriminalistischem Spürsinn macht sich Revel daran, die in das Buch eingesenkten Sachverhalte in der Wirklichkeit aufzuweisen. Doch die sich zeit seiner Recherchen mehr und mehr zum mythischen Labyrinth verwandelnde Stadt gibt ihr Geheimnis nicht preis, ohne greifbares Resultat tritt Revel die Rückfahrt nach Frankreich an. Die Besonderheit des Romans liegt in der Behandlung der Zeit. Als Tagebuch in Ichform geschrieben, überlagert sich das erzählte Geschehen mit dem gleichfalls der Zeit unterliegenden Akt des Erzählens. Zudem korrigieren nachträgliche Eintragungen die bis dahin für Wahrheit geltende Version der Ereignisse. Das Geschriebene nähert sich immer mehr der Gegenwart an, im Moment der Abreise fallen beide formal zusammen, ohne das auch äußere und innere Wirklichkeit zur Deckung gelangten. Das PROUSTSCHE Verfahren vergegenwärtigender Erinnerung erweist sich als nicht praktizierbar.

La modification (1957) wird BUTORS erfolgreichster Nouveau-Roman. Gegenläufig und parallel zugleich, werden Raum und Zeit hier aufs Engste zusammengedrängt. Der am Romanfang beschriebene Einstieg Léon Delmonts in den vom Pariser Gare de Lyon an einem Novembertag abfahrenden Zug, setzt mit diesem auch das Verhältnis von Autor, Romanheld und Leser in Bewegung. Die direkte Anrede durch das referentiell mehrdeutige „Vous" eröffnet eine Geschichte, welche die Delmonts so gut wie jene des Lesers sein kann. Da die Gedankenwelt Delmonts in der Folge mit einer Schärfe auseinandergelegt wird, die dessen eigene weit übertrifft, bleibt in der Schwebe, ob dem vom Autor entmündigten Helden seine eigene Geschichte vorerzählt wird oder ob die dem Leser so leicht gemachte Identifikation mit dem Helden in Wahrheit die Aufforderung ist, zwecks eigener Bewusstwerdung mit BUTOR zu kooperieren.

Der Nachtzug geht von Paris nach Rom. Delmont, Vertreter einer italienischen Schreibmaschinenfirma, hat an der Seine Frau und Kinder, am Tiber aber Cécile Darcella, seine französische, in Italien aufgewachsene Geliebte. Die jetzige Fahrt zu ihr soll die letzte von vielen sein, Delmont ist entschlossen, sich von seiner Familie zu trennen und Cécile nach Paris zu holen, ein Projekt, das sich während der gut zwanzigstündigen Bahnfahrt fortwährend modifiziert. Denn die Reise durch den Raum ist zugleich eine in Delmonts Vergangenheit. Die mit äußerster Akribie beschriebene Einrichtung des Abteils, der Ein- und Ausstieg von Mitreisenden, die durchs Fenster wahrgenommenen Lichter und Landschaften, die Bahnstationen von Dijon, Aix-les-Bains, Turin, Genua und Pisa, alles wird in die assoziativ verbundene Abflucht von Vorstellungen hineingezogen. Im Gegensatz zu ROBBE-GRILLET ist die Dingwelt BUTORS nicht sprachlicher, sondern analogischer Natur. Die wachsende Müdigkeit, das Ineinander von Traum und Wirklichkeit, Gedächtnisfragmenten und Zukunft löst die Kontur des Abteils wie die chronologische Ordnung auf, sprachlich manifest als Abbau kohärenter Satzstrukturen zu Gunsten endloser Hypotaxen. Über das Entscheidende jedoch verschafft Delmont sich Klarheit. Als der Zug in Roma Termini einrollt, geht er nicht zu Cécile. Delmont hat erkannt, dass in ihr nur das mythische Bild Roms für ihn Gestalt gewann. Einzig dem Traumgesicht der römisch-antiken, heidnischen, christlichen, an Kunstschätzen überreichen ewigen Stadt hing er nach, der Idee eines Zentrums der Welt, die keines mehr hat. Er wird drei Tage später mit demselben Zug zu Frau und Kindern nach Paris zurückkehren, diese Frist aber mit der Niederschrift eines Berichts füllen, um über das Erlebte zu letzter Klarheit zu gelangen. *La modification* ist dieser Bericht.

Simon

Nach intensiver Beschäftigung mit der Malerei findet der 1913 auf Madagaskar Geborene erst spät zur Literatur. Er beginnt mit traditionellen Romanen, bevor *Le vent* (1957) den Bruch mit der Tradition auch in den erzähltechnischen Prinzipien umsetzt. Mit der Allwissenheit des Erzählers verliert auch die Ereignisfolge ihren linearen Sinn und stürzt zu einer nach Maßgabe der Perspektive ebenso vorläufigen wie unvollständigen Ordnung zusammen. Von der Restitution eines barocken spanischen Altars spricht der Untertitel, und dem Nebeneinander von Schaubildern gleicht auch der sprunghafte, intermittierende Stil. Das Sujet, der Erbanspruch eines Photographen scheitert an der Feindseligkeit einer ganzen Stadt, ist unerheblich, die Zerlegung der Romanwirklichkeit in diskordante Bewusstseins- und Erinnerungssplitter eröffnet die Serie von SIMONS neuen Romanen. Folgt *L'herbe* (1958), folgt *La Route des Flandres* (1960). Im Mai 1940 gerät die Schwadron des Rittmeisters de Reixach auf einer flandrischen Straße in einen deutschen Hinterhalt. Hoch zu Ross mit gezogenem Säbel stirbt de Reixach im Kugelhagel. Unter den wenigen Überlebenden sind sein Bursche Iglesias und die Soldaten Georges und Blum, die gemeinsam in Kriegsgefangenschaft geraten. In den langen Jahren ihres trostlosen Barackenlebens versuchen sie, dem Geheimnis de Reixachs auf die Spur zu kommen. Als er in den Augenblicken vor seinem Tod so furcht- wie schutzlos auf die Feinde zuhielt, was bewegte ihn da? Immer neue Deutungen, Phantasien und Mutmaßungen kreisen um diese leitmotivisch wiederkehrende Szene. Georges und Blum drängen Iglesias, der zuvor als Jockey in de Reixachs Diensten stand, Einzelheiten aus dessen Vorleben preiszugeben. Jahre vor Kriegsbeginn hatte de Reixach die junge Corinne geheiratet, die Liaison zwischen ihr und Iglesias hätte de Reixach aus enttäuschter Liebe den Heldentod suchen lassen. Doch diese Version mag nicht wahrer sein als alle anderen, und die Suche nach den Gründen zieht weitere Kreise. Vor 150 Jahren gab es im Geschlecht derer von Reixach einen skandalumwitterten Selbstmord aus verschmähter Liebe – spiegelt de Reixachs Geschick das seines Vorfahrens? Ein zu Kriegsbeginn in einem Ardennendorf gesehener Bauer scheint gleichfalls ein Spiegelbild des Rittmeisters zu sein, SIMONS Romanuniversum steht unter dem Gesetz der Analogie.

Prismen Die Inhaltswiedergabe steht unter Vorbehalt, weil die textinternen Bezugspunkte unklar sind. Wer ist der Erzähler? Was erzählt er? Wo spielt das Geschehen und zu welcher Zeit? „Ecriture" und „écrit" sind antithetisch. Dem Anschein nach ist Georges der Erzähler, aber als *Je* und *Il* hat seine Person zwei alterierende Pronomen (im 1989 erschienenen *L'acacia* wird die Inflation pronominaler Zuschreibungen auf die Spitze getrieben). Intermediär ist er eine 1.–2. Person, SIMONS häufige Verwendung des vergleichzeitigenden Partizip Präsens setzt diese Entgrenzung auf grammatischer Ebene fort, die Datierung von Zeitabläufen wird unmöglich. VALÉRYS Ausspruch, „La marquise sortit à 5 heures", dessen Trivialität für ihn die des Romangenres überhaupt war, wird bei SIMON zu einer epistemologischen Unmöglichkeit. Er macht Ernst mit der vollständigen Auflösung der Außenwelt in ein Bewusstseinsphänomen, dessen Träger ungewiss bleibt: Erinnerungen, Wirklichkeitsreste, Phantasmen, Traumvorstellungen und Bilderreihen überblenden sich ständig. Innerhalb eines Satzes verwandelt sich die farbenprächtige Kulisse eines Pferderennplatzes in die Erinnerung an verwesende Pferdekadaver und beschwört die Imago apokalyptischer Reiter herauf. Die äußerste Reduzierung der Interpunktion, oft laufen Sätze fast ohne Zäsur über ganze Seiten, realisiert diesen Maelstrom im Druckbild; PROUST, JOYCE und FAULKNER gingen darin voraus. Das Buch ist ein „roman des origines" – warum de Reixachs Tod? –, aber das ursprüngliche Geschehen kann unmöglich durch die Erinnerung restituiert werden. Die Sprache resigniert vor der Aufgabe, das Wirkliche literarisch einzuholen, die Wörter repräsentieren nicht, sondern sind im Sinne Lacans Knotenpunkte unvereinbarer Bedeutungen. Zurück bleibt eine rätselhafte, zertrümmerte Welt, die dem zerstörerischem Werk der Zeit preisgegeben ist. SIMON ist PROUSTS Antipode. Mit der Begründung, *La route des Flandres* sei unlesbar, wird SIMON 1960 der *Prix Goncourt* verweigert, ein Vierteljahrhundert später erhält er den Literaturnobelpreis.

In *Palace* (1962) werden Szenen des spanischen Bürgerkriegs aufgerufen, den überlangen Partizipialkonstruktionen entspricht eine Inventarisierung kleinster Realitätsausschnitte ohne Aussicht auf Synthese. *Histoire* (1967) legt einen Querschnitt durch das wimmelnde Bewusstseinsleben, die fast interpunktionslose *La bataille de Pharsale* (1969) markiert eine weitere Etappe des Bewusstseinsromans. Die Erzeugung einer Welt aus Text unternehmen die folgenden, in der Nähe des Nouveau-Nouveau-Roman situierten Werke, *Orion aveugle* (1970) mit dem Konzept des „mot-carrefour" sowie *Les corps conducteurs* (1971). Mit einem dreidimensionalen Bezugssystem operiert SIMON in *Tryptique* (1971), am vollkommensten aber in *Les géorgiques* (1981), nochmals ein Höhepunkt in der Erzählkunst SIMONS. Das Schicksal eines Generals im Empire, das eines Kämpfers im spanischen Bürgerkrieg und das eines Reiters im Zweiten Weltkrieg vermengen sich. Drei Zeiten, drei Leben, doch die blinde Gewalt des sich wie ein Naturgeschehen wiederholenden Krieges macht die Zeit zu einem Simultanraum und lehrt die Unveränderlichkeit der Geschichte.

Duras

Nach einer Romanfolge traditioneller Faktur, die mit *Marin de Gibraltar* (1952) endet, nähert MARGUERITE DURAS sich dem Nouveau-Roman. Die Dialoge gewinnen im selben Maße an Raum wie die reinen Ereignissequenzen abnehmen, zunehmend wird die Sprache elliptischer, an schwachen Stellen prezios. *Un barrage contre le pacifique* (1950) hat das kolonialistische Indochina, wo

Duras 1914 zur Welt kommt, zum Rahmen und verflicht Gesellschaftliches mit Familiärem. Der Versuch einer französischen Lehrerin, Mutter zweier Kinder, ihre vom Hochwasser des Pazifik regelmäßig überfluteten Reisfelder durch ein Wehr zu schützen, scheitert, auch die familiären Bezüge unterliegen der Indolenz des Landes. Zum autobiographisch inspirierten „cycle indochinois" gehören noch *L'Eden-Cinéma* (1971) und *L'amant* (1984), zum „cycle indien" zählen *Le ravissement de Lol V. Stein* (1964), *Le Vice-Consul* (1965), *La Femme du Gange* (Film, 1975) sowie *India Song* (Text, Theater, Film, 1973) und *Son nom de Venise dans Calcutta désert* (Film, 1976). In *Moderato cantabile* (1957) zieht es Anne Desbaresdes immer wieder in das Arbeitercafé zurück, in dem ein Mord geschah. Dem faszinierenden Fremden, dem sie hier begegnet, folgt sie nicht und kehrt in die öde Vertrautheit ihres Familienlebens zurück. Das kriminelle Delikt, der Verzicht auf erzählerische Allwissenheit und die photographische Schilderung von Dingen und alltäglichen Vorgängen stellen den Roman in die Nähe von ROBBE-GRILLET. *Détruire dit-elle* (1969) ist die Hommage der engagierten Kommunistin DURAS an die Studentenbewegung von 1968. Im Werk von DURAS sind Liebe und Tod allgegenwärtig. Die zerstörerische „amour-passion" ihrer stets weiblichen Helden ist absolut, doch die Flucht aus dem erdrückenden Alltag gelingt nur unvollkommen und kurz, Qual und Schmerz, Erinnerung und Vergessen beginnen von vorn. So wie ihre Texte die Gattungsgrenzen in Frage stellen und zwischen Theater, Prosa und Drehbuch zirkulieren, definieren auch ihre Filme das Verhältnis von Bild und Wort neu. Der "film des voix" beendet die Dominanz des Visuellen. DURAS' Drehbuch zu Alain Resnais *Hiroshima mon amour* (1960) macht durch die Innovation der filmischen Mittel Furore. Die Liebe einer Französin, die 1957 für Dreharbeiten nach Hiroshima fährt, zu einem Japaner wird überblendet von ihrer Erinnerung an einen deutschen Soldaten, mit dem sie während der Okkupation in ihrer Heimatstadt Nevers ein Verhältnis hatte und der nach der Befreiung getötet wird; eine längst nicht nur private Geschichte, die die Nachkriegsmythologie der Résistance in Frage stellt.

Beckett

BECKETT verwahrt sich vehement dagegen, sein erzählerisches Werk im Zeichen des Nouveau-Roman zu sehen. Einen Roman über den Roman oder seine Unmöglichkeit zu schreiben, die Erzähltechnik zum Selbstzweck zu erheben, das scheinen ihm leer-formalistische Exerzitien einer neuen Preziosität zu sein. Mit dem Nouveau- Roman hat er erzähltechnisch wie thematisch gewiss einiges gemein, aber ein ganz anderer Ernst ist bei BECKETT zu spüren. Mit ihm bewegt er sich am weitesten aus der Literatur hinaus. Nicht sprechen zu können und nicht aufhören können zu sprechen, das ist das fundamentale Problem seiner Figuren. Das Nichts ist dabei das noch nicht Gesagte. Erst dann wird das Sprechen aufhören dürfen und die Luft frei, wenn einmal alles gesagt, ein für alle Mal das Leben Wort und das Wort Fleisch geworden ist. Im Zwang unaufhörlichen Sprechens, dem immer die Worte fehlen, geistert dieser Erlösungsgedanke mit. Da BECKETT an ihm jedes Wort misst, muss er das Ende jedes Wortes herbeiwünschen. Im vierten Gesang von DANTES *Purgatorio* begegnet Belacqua, der Lautenspieler aus Verona. Er hockt am Boden, den Kopf zwischen den Knien verschränkt. Berühmter noch als durch seine Kunst ist er durch seine Trägheit, ohne deshalb je Ruhe zu finden. Sein Anblick macht DANTE lächeln. Er wandert aufs Paradies zu, Belacqua bleibt im *Ante-Purgatorio* zurück, im Niemandsland zwischen Hölle und Heil zu ewigem Warten verurteilt. Die tragikomische, foetale Haltung Belacquas ist die von BECKETTS gesamtem Romanpersonal: Regression auf den pränatalen Zustand und deren Unmöglichkeit. 1929 erscheint BECKETTS Essay *Dante... Bruno. Vico. Joyce.* In den Erzählungen *More pricks than kicks* (1934) ist Belacqua der zu ewiger Bewegung verurteilte Held. Für Becketts Figuren Murphy, Watt, Malone, Moran, der Namenlose und Mahood ist die Situation keine andere bei ihrer Wanderung durchs Leben oder durch die Hölle. Weil ihr Raum endlos, also kreisförmig ist, beginnen BECKETTS Romane dort, wo sie enden.

Watt (1953) ist sein letzter englischer Roman, mit dem sich der Autor vom traditionellen Erzählen so weit entfernt wie sein Held von der bürgerlichen Gesellschaft. Watt verreist zu Mr. Knott, in dessen Haus er Dienst versieht, aber nichts geschieht dort außer dem sinnlosen Ritual von Herrschaft und Unterwerfung, um dessenwillen allein sich das Leben noch fortsetzt. Knott verliert die Sprache, Watt spekuliert endlos über das Nichts. Später wird deutlich, daß Watt alles bisherige einem Erzähler namens Sam berichtet, mit dem er die Zelle in einer psychiatrischen Anstalt teilt. Man trennt sie, Watt versinkt in Wahnsinn, der hilflose Narr spielt die Passion Christi nach. Schließlich versucht sich der All-Ohnmächtige an einer Gegenschöpfung. Zuerst kehrt er beim Sprechen die Reihenfolge der Wörter um, dann die der Buchstaben in den Wörtern, dann die Reihenfolge der Sätze in den Perioden. Ganz zuletzt löst er auf einem Bahnhof eine Fahrkarte dritter Klasse bis ans Ende der Strecke. BECKETT schreibt den Roman 1942–1945 in einem Dorf in Südfrankreich, für ihn ein Mittel, um nicht über dem Krieg verrückt zu werden.

Realismus

Mercier et Camier (1946) wird erstmals 1970 veröffentlicht und bereichert den elend langen Zug von BECKETTS Clochards um zwei weitere Gestalten. Hut, Mantel, Schuhe, Fahrrad, Sägemehl, Zigarettenkippen – aus dem elementarsten Zubehör seiner Hanswurste und Clowns lässt BECKETT in unermüdlicher Wiederholung ein Bild der Welt entstehen. Die Erzählungen *L'expulsé, Le calmant, La fin,* erstmals 1955 erschienen, verdeutlichen eindringlich, dass sein Werk nicht hermetisch, am wenigsten aber allegorisch ist. Die Welt ist feindlich. Mit seinem Trödel wird der Ausgestoßene aus seinem Haus und die Treppe hinunter geworfen, er landet im Rinnstein. Hinter ihm werden die Vorhänge zugezogen und die Zimmer desinfiziert. In der zweiten Erzählung scheint dieselbe Person wieder als Ich zu sprechen, das nicht mehr weiß, wann es gestorben ist. Mit einem großen grünen Mantel irrt es ziellos durch die Stadt. Die dritte Episode zeigt den Protagonisten – immer noch derselbe? –, nachdem man ihn aus dem Krankenhaus geworfen hat. Mit dem Rest seines Geldes mietet er einen Kellerraum, wird aber bald vom Eigentümer an die Luft gesetzt, der dort ein Schwein unterbringen will. Er ist auf der Straße, bettelt, erwartet sein Ende und besteigt wie ein Totenschiff einen Kahn, der hinaustreibt, während das Wasser durch den Rumpf dringt. Der beschriebene Zerfallsprozess betrifft auch die literarische Fiktion, denn noch während er die Geschichte erzählt, kommen dem Erzähler Zweifel an ihr. Angesichts der Angst, sich selbst verwesen zu hören, hätte er ebenso gut eine andere zum besten geben können.

Mit lichterlohem Bewusstsein beschreibt BECKETT einen sofort wiedererkennbaren gesellschaftlichen Zustand. Nicht aus Scham nennt er ihn nicht beim Namen, sondern weil ein Blick auf die Straße, ein alltägliches Gespräch genügt, um die Fiktion zu beglaubigen. Das Leben lebt nicht. Hinzu das nicht zu beruhigende Gefühl absoluter Verlassenheit: primär ist die Welt weder gut noch schlecht, sie ist ohne Ausweg. Niemand wäre gerne an des Menschen Stelle, er ist es selber nicht. *C'est à se demander parfois si on est sur la bonne planète.* Und nach dem Tod Gottes noch seine Ankunft zu erwarten und nicht anders zu können, treibt das Fiasko menschlichen Elends bis in die Lächerlichkeit. Die Romantrilogie *Molloy – Malone meurt – L'innommable* (1951–1953) präsentiert die Vagabunden als moribund. Bewegungsunfähig liegt Molloy im Bett seiner verstorbenen Mutter, ohne zu wissen, wie er dorthin gelangte. Er berichtet, wie er trotz seines steifen Beins ein Fahrrad bestieg und sie in der Stadt suchte. Eine Weile tun die Leute ihm nichts, also auch nichts Gutes, bis er den Hund von Madame Lousse überfährt und von der Polizei festgenommen wird. Madame Lousse verhindert dies und nimmt Molloy zu sich. Er erträgt die Aufdringlichkeit ihrer Fürsorge nicht und macht sich davon. Zuerst auf Krücken, dann, als er immer schlechter vorankommt, kriechend. Als der Regen ihn überrascht, rollt er sich zu einem Unterstand. Durch Wälder und Ebenen schleppt er sich zum Meer, ersinnt eine Algebra des Steinelutschens. Am Ende findet man ihn und bringt ihn in das Haus zurück, in dem er sich nun befindet und das Erlebte aufschreibt, obwohl er fast nichts mehr weiß und fast nicht mehr sprechen und denken kann. Im zweiten Teil schildert der Detektiv Moran seine Suche nach Molloy. Er findet ihn nicht, wird ihm aber in seinen körperlichen Gebrechen immer ähnlicher. Sind beide ein- und dieselbe Person? Moran ist es, der ihre Geschichte niederschreibt, die endet, wie sie begann. Malone geht aus Molloy hervor, seine Physis ist aber noch viel zerrütteter. Auf dem Rücken im Bett liegend, spürt er den baldigen Tod. Nur sein Geist ist intakt und erfindet Geschichten über Leben und Tod, nur um sich dem Soll des Schweigens zu nähern, in das auch der Namenlose nicht eingeht. Das Leiden macht den Menschen zum Tier, aber der Namenlose leidet schlecht. Ohne Namen, mit abgenommenem Gesicht, ohne Arme und Beine: der Rest des Körpers trägt die Last von Jahrtausenden und kann doch die Unquälbarkeit der echten Leiche nicht finden. Dazu verdammt, seinen Tod zu leben, produziert er wieder endlos Geschichten und Figuren, während inmitten der Leere eines unendlichen Raumes Molloy, Moran Murphy und Malone, so wie sie zuvor von morgens bis abends im Kreis auf der Straße liefen, nun auf Planetenbahnen um ihn kreisen.

Die Romantrilogie ist die Tragödie der Erkenntnis. Alles was geschieht sind Worte, die unfähig sind, das Sein, das Nichts, das Ich und das Denken zu benennen. Wie bei ARTAUD sind Bewusstsein und Physis durch einen Abgrund getrennt. Mit *L'innommable* hat BECKETT einen Endpunkt erreicht. Kein Haben, kein Sein, kein Nominativ, kein Akkusativ, nichts sei mehr da, um weiterzumachen, so äußert er sich einmal. Von nun an geschieht nichts mehr in BECKETTS Schriften, nur die Chiffren für den Stand der Hoffnungslosigkeit variieren. *Comment c'est* (1961) rückt auch typographisch an den Rand des Chaos, die drei Teile des Textes kennen weder Interpunktion noch Majuskeln und sind nur durch Leerzeilen voneinander getrennt. Vom ersten bis zum letzten Menschen zu einer lückenlosen Folge von Billionen ineinander verschränkten Leibern zusammengepresst, prozessioniert die Menscheit in alle Ewigkeit im Paarschritt von Schinder und Opfer. Dantesk auch das Szenario von *Le Dépeupleur* (1970). Auf fünfzig Seiten wird das Innere eines Zylinders – für jede Flucht zu eng, für jede Suche zu groß – beschrieben, wo zweihundert Körper in einem mit mathematischer Präzision beschriebenen Ritual von Bewegungen ihren Platz einnehmen. Am Ende tritt ein Mann zu den zusammengesunkenen Körpern der Verlorenen, um ihren Kopf aufzurichten. In seinem letzten Prosatext *Mal vu mal dit* (1981) erreicht die Reduzierung der Realien ein Äußerstes: Leere, Weißes, Dunkelheit und Nichts, aber selbst die sind schlecht gesehen und schlecht gesagt. *Il faut continuer, je ne peux pas continuer, je vais con-*

tinuer, der Satz am Ende von *L'innommable* ragt um ein Winziges über den Höllenkreis unaufhörlicher Wiederholung hinaus. Bei Molloy ist es ein kurzes rötliches Licht über der Ebene, in den *Textes pour rien* brennt der Ginster, nicht der Dornbusch. De profundis spricht man in *Le dépeupleur* von einem Kamin nach draußen, wo Sonne und Sterne angeblich noch immer glänzen, ein Echo vom Schlussvers in DANTES *Divina Commedia.* Die unsinnige Hoffnung schickt sich an, BECKETTS Menschen zu überleben.

Namen	Begriffe	Themen
Sarraute	*tropismes*	*sous-conversations*
Robbe-Grillet	*chosisme,* bedeutungsfreie Welt	Oberflächenbeschreibungen
Butor	Raum/Zeit, Mythos	Gegenwart/Vergangenheit
Simon	Versionen der Realität	Nichtrepräsentierbarkeit der Ereignisse
Duras	*amour-passion*	Realitätsbewältigung
Beckett	Reduktion der Sprache	Agonie, Sprachzwang, Gegenwart als Höllenkreis

Literatur

Armiel (1990), Dällenbach (1988), Fletcher (1983), Jongeneel (1988), Raffy (1988), Simon (1988), Wehle (1980).

Weitere Prosa-formen

HERVÉ BAZIN, ROMAIN GARY, JEAN CAU, ANDRÉ PIEYRE DE MANDIARGUES, HENRI THOMAS, GEORGES ARNAUD, ROGER PEYREFITTE, PAUL MORAND, JOSEPH KESSEL, MARIE GEVERS, JORGE SEMPRUN, LOUIS-RENÉ DES FORÊTS, FRANÇOISE SAGAN, JEAN CAYROL, DOMINIQUE ROLIN, BÉATRIX BECK – bereits diese wenigen Namen zeigen an, wie wenig der Nouveau-Roman das narrative Spektrum der Fünfzigerjahre in Frankreich erschöpft. Zum zweiten korrespondieren die traditionellen Formen des Liebes- und Gesellschaftsromans, der Familiensaga, der Autobiographie, des zeitgeschichtlichen Dokuments und der kriminalistischen Recherche dem Erwartungshorizont großer Leserschichten, auch die Vergabe des Prix Goncourt honoriert zumeist den Verlauf des literarischen Hauptstroms. Was abseits von ihm entsteht hat meist bessere Chancen, seine Aktualität nicht bereits mit dem Jahrestag der Erstausgabe einzubüßen.

Queneau

QUENEAU vereint enzyklopädisches Wissen mit dem Geist der Parodie. Seit 1951 leitet er die „Encylopédie de la Pléiade", wird im selben Jahr Mitglied der „Académie Goncourt" und präsidiert gleichzeitig im „Collège de Pataphysique" JARRYS. Sprachhistorisch war das erste Französisch nur schlecht gesprochenes Latein, das grammatisch kodifizierte Französisch der Renaissance und das VOLTAIRES haben ihre Verbindlichkeit für die Gegenwart verloren. Nach CÉLINE ist RAYMOND QUENEAU (1903–1976) der zweite, der das gesprochene, umgangssprachliche. Französisch gegen das etablierte ausspielt. *Exercises de style* (1947) variiert neunundneunzig Mal dieselbe Autobusfahrt durch Paris. Zeitlich, syntaktisch und stilistisch nach immer neuen Aspekten gruppiert, enthüllt sich die prinzipielle Offenheit jedes Faktums in einem unendlichen Sprachspiel. *Petite cosmogonie portative* (1950) ist ein parodistisches Epos in improvisierten Alexandrinern. In einem hochgelehrten Durcheinander werden alle Weltentstehungslehren von Lukrez bis zur biblischen Genesis in schnoddriger Sprache ironisiert. Die surreale, von Unwahrscheinlichkeiten und Zufällen durchsetzte Romanwelt von *Pierrot mon ami* (1942) kehrt noch burlesker in *Zazie dans le métro* (1959) wieder. Bei einem zweitägigen Besuch in Paris wird die zwölfjährige Zazie – rotzfrech, witzig und neunmal klüger als ihre erwachsene Umgebung – dem Onkel Gabriel anvertraut, während ihre Mutter sich amourös amüsiert. Zazie durchquert Paris, ihre Wahrnehmung geht aus den Fugen: Gabriels Hauswirt ist verrückt, Gabriel selbst Transvestit und Tänzer in einem Homosexuellenlokal auf Montmartre, die Witwe Mouaque nymphoman, der Polizist Trouscaillon käuflich, und im Morgengrauen kommt es zu einer riesigen Schlägerei, die erst die Polizei beendet. Am Ende findet sich Zazie in den Armen ihrer Mutter wieder. Übergangslos wechselt QUENEAU die sprachlichen Register: prätentiöse, mit raffinierten Anspielungen ausstaffierte Kunstsprache, Zitate, Phrasen, Poetisches, Argot („flicard"), Neologismen. Gesprochene Wörter und Sätze werden phonetisch, nicht orthographisch wiedergegeben: „dacor" statt „d'accord", „probab" statt „probable", „bloudjinnzes" statt „blue-jeans" und „Chsuis Zazie". QUENEAU wird mit dieser charmanten, hochkomischen Phantasie einem großen Publikum bekannt. 1960 verfilmt Louis Malle das Buch virtuos, für andere Filme schreibt QUENEAU Dialoge (*Loin de Rueil*, 1944).

Yourcenar

wird 1980 als erste Frau unter die Unsterblichen der „Académie française" aufgenommen. 1903 in Brüssel geboren, lebt sie seit den Sechzigerjahren zurückgezogen auf einer kleinen Insel vor der amerikanischen Küste. Als sie 1987 stirbt, ist sie längst ein „klassischer" Autor. *Mémoires d'Hadrien,* die Arbeit dreier Jahrzehnte, begrüßt die Kritik 1954 weltweit als literarisches Ereignis. Die brillante Graezistin verbindet den historischen Roman mit der apokryphen Autobiographie des römischen Kaisers Hadrian, dessen Gestalt sie aus fragmentarisch überlieferten Dokumenten rekonstruiert. Auf seinem Sterbebett in der Villa Adriana nahe Rom schreibt Hadrian (reg. 117–138) seinem Adoptivenkel und Thronnachfolger Marc Aurel. Für ihn wie für sich hält er Rückschau auf sein Leben und die widersprüchlichen Gestalten, in denen sein Ich auftrat, als Herrscher, Liebender, Rhetor, Freund, schöne Seele, Soldat und benennt das Gesetz, unter das er sein Dasein stellte: ein aus skeptischer Einsicht, wider die leidenschaftliche Gewalt des Eros gewonnenes stoisches Maß. Der musisch sensible Hadrian ist der erste Philosophenkaiser. Dem Eroberungsdrang seines Adoptivvaters Trajan stellt er die pazifizierende Kraft des Ausgleichs gegenüber. Er bereist die Provinzen des Römischen Reiches, das sich auf dem Höhepunkt seiner Macht vom Atlantik bis nach Kleinasien erstreckt. Auch im Bau des Pantheons, dem allen Göttern geweihten Zentralbau, wird sein Versöhnungswille sinnfällig. Was das zweite nachchristliche Jahrhundert so außerordentlich macht, ist seine metaphyische Signatur. In den Notizen zum Roman zitiert YOURCENAR aus einem Brief FLAUBERTS. *Les dieux n'étant plus, et le Christ n'étant pas encore, il y a eu, de Cicéron à Marc Aurèle, un moment unique où l'homme seul a été.* Die humanistische Tradition, in der MARGUERITE YOURCENAR steht, versteht sich in ihrem römischen Ursprung ganz tellurisch und gibt die an den Himmel verschleuderten Schätze an die Erde zurück. Glaube an die Welt, für deren Schönheit er sich verantwortlich fühlt, und in der Philosophen so gut wie Tänzer ihren Platz haben, ist das Credo Hadrians. *Je suis comme nos sculpteurs: l'humain me satisfait; j'y trouve tout, jusqu'à l'éternel.* *Patientia* ist das letzte Kapitel betitelt. Als man den qualvoll Sterbenden, der sein Leben nicht selber beenden will, an den Golf von Neapel bringt, vernimmt er noch einmal das zärtliche Murmeln des Wassers und die lange Röte des Abends. Mit offenen Augen, nimmt er sich vor, ins Schattenreich der Toten einzugehen. *L'oeuvre au noir* (1968) schreibt die intellektuelle Biographie eines imaginären Alchimisten des 16. Jahrhunderts, das Triptychon einer Familie, *Le labyrinthe du monde: Souvenirs pieux* (1974) *Archives du nord* (1977), *Quoi? L'éternité* (1988) entwirft eine im höchsten Maß luzide Autobiografie.

Leiris

LEIRIS erneuert das Genre der Autobiographie von Grund auf. Das Interesse des Ich an sich selbst mag zu allen Zeiten ungefähr gleich gewesen sein, die Gründe dafür sind es nicht. Um 400 verfasst Augustinus seine *Confessiones,* doch der Konstitutionsakt des historisch so folgenreichen Subjektivismus ordnet sich vollständig auf Gott hin, dessen Gnade erst dem individuellen Leben Aufmerksamkeit erweist. Dialogisch ist auch die Struktur in den *Pensées* von Pascal: nichts und elend ist der Mensch ohne Gott, seinem imaginären Gegenüber. Die *Essais* von MONTAIGNE, die *Confessions* von ROUSSEAU und CHATEAUBRIANDS *Mémoires d'Outre-Tombe* verlegen das Gespräch des Ich zunehmend in dieses selbst, das anfängt im eigenen Namen zu sprechen. Im Maße wie die Sorge um sich unendlich wird, wird die Autobiographie epidemisch, das

20. Jahrhundert belegt es. Zugleich verlagert und erweitert sich das Erkenntnisinteresse. *L'histoire de mes pensées* (1936) von Alain steht in der Nachfolge der philosophischen Autobiographie bei Descartes oder Spinoza. *Tristes tropiques* (1955) von Claude Lévi-Strauss verknüpft den ethnologischen Reisebericht mit des Autors eigener Geschichte. Was die autobiographischen Schriften von MICHEL LEIRIS (1901–1990) von denen GIDES, MALRAUX', MAURIACS, JOUHANDEAUS, MARCEL ARLANDS und JULIEN GREENS unterscheidet, ist die Verbindung von Psychoanalyse, Ethnologie, Soziologie und Surrealismus. Die Psychoanalyse analysiert die allgegenwärtige Sexualität, die Ethnologie liefert LEIRIS die Arbeitsmethoden, die Soziologie lehrt ihn die Bedeutung des Heilig-Mythischen, das LEIRIS als „sacré individuel" im eigenen Leben wiederfindet. 1938 gründet LEIRIS gemeinsam mit ROGER CAILLOIS und GEORGES BATAILLE das „Collège de Sociologie", um die Gegenwart des Heiligen im Alltag okzidentaler Gesellschaften zu erforschen. Der Surrealismus lenkt die Aufmerksamkeit auf die Sphäre des Worts, wo sich das sprachliche Wesen des Menschen enthüllt.

L'afrique fantôme (1934) ist das Reisetagebuch einer zweijährigen, zu ethnographischen und linguistischen Zwecken unternommenen Fahrt durch Afrika. Doch die eigentliche Expedition geht für MICHEL LEIRIS nach innen, das Ich ist der dunkle Erdteil. *L'âge d'homme* (1939) versucht diese Materie mit Mitteln der Psychoanalyse zu durchdringen. Das Imbroglio von Beobachtungen, Ereignissen, Empfindungen, Ideen und Träumen des ersten Buchs weicht einer insistenten Befragung der Kindheit, um in den frühen Traumata (die Obsessionen von Tod und Selbstmord) und erotischen Phantasmen die Konturen des werdenden Ich in ihrem Ursprung nachzuzeichnen. Fast exhibitionistisch gibt sich LEIRIS dabei alle Blößen. Pascals berühmter Satz *Le moi est toujours haïssable* durchblitzt auch sein eigenes Ecce homo: *j'ai horreur de me voir à l'improviste dans une glace car, faute de m'y être préparé, je me trouve à chaque fois d'une laideur humiliante.* Damit Literatur anderes als ein besserer Jux ist, setzt er in *De la littérature considérée comme une tauromachie* auseinander, muss sie wie der Stierkämpfer jedes Risiko gehen, also alles sagen und Gelächter und Spott der anderen nicht scheuen. *La règle du jeu,* autobiographisches Prosawerk in vier Teilen – *Biffures* (1948), *Fourbis* (1955), *Fibrilles* (1966), *Frêle bruit* (1976) – dokumentiert diesen Willen zur Wahrheit. Auf der Suche nach der Lebensregel, die Poesie und Moral, Individuum und Gesellschaft synthetisiert, befragt LEIRIS seine Vergangenheit, doch die Sexualität ist nicht mehr alleiniges Zentrum der Anamnesis. Den engagierten Linksintellektuellen treibt um, was keine Revolution abschaffen wird, die Sterblichkeit als Bedingung allen Sinns. Im endlosen Horizont der Selbsterfahrung und Selbstauslegung zerlegt sich das Ich im Prisma von Kontrasten und Differenzen, die keiner chronologischen Ordnung gehorchen. Hochvirtuos trägt LEIRIS dem stilistisch Rechnung, die vielverschlungenen Sätze komplizieren, krümmen und verzweigen sich endlos, um den endlosen Verzweigungen des kleinsten Details zu folgen. Doch dem Exzess möglicher Deutungen bleibt das Webmuster des eigenen Lebens verborgen. Anders als PROUST kennt LEIRIS keinen Punkt mehr, an dem Gegenwart und Vergangenheit in ihrem Zusammenhang einsichtig werden. Mittels der Schrift ist a posteriori keine Kohärenz im Leben zu finden, dafür gewinnt die Suche selbst imaginär-mythische Züge und durchbricht die Gattungsgrenzen zu Lyrik und Romaneskem. Die Unmöglichkeit, vom eigenen Ich ein definitives Bild zu bekommen, verweist die Autobiographie erneut auf den Akt des Schreibens, der nicht der Weg zum Vergangenen ist, sondern sein Ort.

Bataille

BATAILLE führt drei Begriffe in die Literatur und ihre Theorie ein, „dépense", „transgression" und „souveraineté". Philosophisch (*La part maudite*, 1949) erklärt GEORGES BATAILLE (1897–1962) das Konzept der Ökonomie zum Prinzip des Lebens überhaupt. Jeder Organismus hat mehr Energie, als zur Erhaltung seiner Existenz notwendig ist. Nicht Mangel, erläutert er im Anschluss an Nietzsche, sondern Überfluss ist das biologische Grundgesetz auch für den Menschen. Die unproduktive Verausgabung (dépense) seiner überschüssigen Kräfte erfolgt in den historischen Formen von Opfer, Fest, Kult und Luxus, wenn sie sich nicht durch den Krieg gegen den Menschen selbst richtet. Zu den Elementen des Heterogenen, die sich gesellschaftlicher Funktionalität widersetzen, gehört die Literatur. BATAILLE rückt sie in die Nähe jener erotischen Praktiken, deren Ziel nicht die Fortpflanzung ist: einzig in den ekstatischen Momenten der Selbstaufgabe, der Entgrenzung und Überschreitung (transgression) gelangt das Ich zu jener Souveränität, die jenseits von Produktivität und Moral ist. In vollständiger Diskontinuität zur Geschichte eröffnet die Ekstase den Zugang zu dem unnennbaren Bereich, der in der Religion vormals göttlich hieß (*L'érotisme*, 1957). Die atheologische Mystik BATAILLES will eine Literatur, die durch Zerstörung aller sprachlichen Bilder am inneren Ruin des Subjekts arbeitet, um es dem Unbekannten, dem Anderen der Vernunft auszusetzen (*L'expérience intérieure*, 1943; *La littérature et le mal*, 1957). Die geschichtsphilosophisch gleichermaßen faszinierende wie problematische Konstruktion, für die allein Intensitäten zählen, stellt auch die literarische Sprache in ihren Dienst, deren Bezug zum Leben BATAILLE wie ARTAUD und LEIRIS neu entdeckt. Die Romane *L'Abbé C.* (1950), *Le bleu du ciel* (1957) und die Erzählungen *Madame Edwarda – Le Mort – Histoire de l'oeil* (1956) bilden aphoristisch-rhapsodisch die Phänomenologie des „part maudite". In der Verschränkung von erotischer Gewalt und Theologie geht Pierre Klossowskis (geb. 1905) gnostisches Triptychon *Les lois de l'hospitalité – Roberte, ce soir; La révocation de l'édit de Nantes; Le souffleur* – noch über Bataille hinaus.

Cioran

Cioran ist Kläger und Belastungszeuge im endlosen Prozess zwischen Mensch und Gott. Sein essayistisch-aphoristisches Werk verfasst der 1911 als Sohn eines griechisch-orthodoxen Popen in Rumänien geborene und seit 1937 in Paris lebende Emile Cioran nach dem 2. Weltkrieg auf Französisch. Bereits im *Précis de décomposition* (1949) findet Cioran den Ton und die Themen des fortan unablässig changierenden „discours du pire". Die Zeit ist ein Gebrechen der Ewigkeit, das Leben ein Gebrechen der Materie und die kriminelle Genesis des Menschen ein Attentat Gottes gegen sich selbst. Im tief pessimistischen, gegen Theismus und Atheismus gleichermaßen skeptischen Denken Ciorans führt die Erfahrung der Absurdität zu einer manichäisch inspirierten (*Le mauvais démiurge*, 1969) dualistischen Konzeption von Geschichte. Innerhalb der verfehlten Schöpfung ist konkret politisches Handeln ebenso sinnlos wie die Revolte des Einzelnen. Mit ätzender Polemik wendet sich der Nietzscheaner Cioran gegen den utopischen Kinderglauben vom Sinn und Ziel der Geschichte (*Syllogismes de l'amertume*, 1952). Der im Skandal der Geburt (*De l'inconvénient d'être né*, 1973) beschlossenen fundamentalen Misere des Menschen gewinnt der brillante Stilist in frappanten Formeln und Paradoxien ihre ästhetischen Seiten ab, ein soignierter Quietismus, der mit der mystischen Gnostik und dem politischen Konservatismus Ciorans aufs Genaueste zusammenstimmt.

Jabès

Das Exil und der Holocaust bestimmen das Werk von Edmond Jabès (1912–1991). In Kairo geboren, muss er 1957 auf Grund seiner jüdischen Herkunft Ägypten verlassen und kommt als Staatenloser nach Paris. Die Gedichtsammlung *Je bâtis ma demeure* (1959) hält diese Bewegung des Heimatlosen fest. Nach Auschwitz haben die Juden jede Zugehörigkeit zur Welt verloren, die Wüste wird zur Metapher und zum Ort ihres Exils. Das Wort geht in die Fremde, sobald es den Mund verlässt. Um die verlorene Sprache und Identität wiederzufinden, befragt Jabès die Schrift. In der Trennung der Wörter voneinander, die Bedingung ihres Sinns ist, erkennt er die Distanz wieder, die Gott zwischen sich und sein Volk wirft. Paradox ist dieser Gott aber gerade durch Abwesenheit und Entzug, in der Wüste zwischen den Wörtern wirksam. Das Unaussprechliche und Undenkbare seines Namens ist die letzte Form seiner schriftbezeugten Präsenz. Vom *Livre des questions* (1964) über das *Livre des ressemblances* (1976–1980) bis hin zum *Livre du dialogue* (1984) schreibt Jabès in Dialogen, Aphorismen, Fragmenten, Zitaten und Gedichten weiter am endlosen

Buch über das Buch. Er steht damit in einer langen kabbalistischen Tradition.

Blanchot

Als Kritiker, Romancier und Essayist übt MAURICE BLANCHOT (geb. 1907) auf den Nouveau-Roman und die Nouvelle Critique großen Einfluss aus. Die Romane *Thomas l'obscur* (1941 und *Le très-haut* (1948) oszillieren zwischen Halluzination und Wirklichkeit in einer traumhaft verfremdeten Dingwelt, deren Zeichnung nah am Surrealismus und KAFKA ist. Abwesenheit, Leere, Schweigen, Einsamkeit, Präsenz der Todes: die literarischen Themen werden von BLANCHOTS essayistischem Werk durch insistente Reflexion auf die Sprache enggeführt. *L'espace littéraire* (1955) und *Le livre à venir* (1959) fragen nach dem ineins vertrauten wie mysteriösen Akt des Schreibens. Das Ereignis der Sprache, aber auch deren tödliche Kraft macht die Literatur zur privilegiertesten Form der Erfahrung, RILKE und VALÉRY dienen als Beispiel. In fragmentarischer Form umkreisen die späteren Schriften BLANCHOTS *(L'écriture du désastre*, 1980) das Geheimnis von Sprache und Werk.

Literatur

Barthes (1959), Derrida (1967), Habermas (1985), Picon (1956), Savigneau (1990), Sontag (1983).

4 Neue Formen der Lyrik

Sprachgitter

Das lyrische Panorama im Nachkriegsfrankreich könnte kaum reichhaltiger ausfallen. Adornos Verdikt, nach Auschwitz noch Gedichte zu schreiben sei barbarisch, trifft vollends jene Poesie, die am sakralen Charakter des Wortes festhält. Ob mit Kenntnis des Adorno-Satzes oder nicht, die nach der Katastrophe 1939–1945 gleichsam zynisch bestätigte christliche Lyrik hat mit der Aureole des Bekenntnisses auch den Glanz, der nicht mehr tröstet, verloren. Nach der triumphalen Naivität CLAUDELS wird ein neuer Ton der *enfants d'Hiroshima* (PIERRE EMMANUEL) vernehmbar. JEAN GROSJEAN (geb. 1912) erfährt die Präsenz des Heiligen als nie zu beruhigenden Zweifel und Stachel im Fleisch (*Hypostases*, 1950; *Fils de l'homme*, 1953), der göttliche Name bleibt unausgesprochen (*Apocalypse*, 1962; *Le Messie*, 1974). Von VALÉRY und JOUVE beeinflusst ist die spirituelle Lyrik JEAN-CLAUDE RENARDS (geb. 1922). Von der Allgegenwart des Göttlichen bleiben nur schwache, poetisch zu entziffernde Spuren in der Welt, so das Sommerlicht (*Métamorphose du monde*, 1951; *La braise et la lumière*, 1969). Bei EUGÈNE GUILLEVIC (geb. 1907) chiffrieren sich die alltäglichsten Dinge (*Carnac*, 1961). PIERRE OSTER, CLAUDE VIGÉE, ANDRÉ FRÉNAUD und LORAND GASPARD artikulieren den Stand der nachparadiesischen Welt metaphysisch, mystischer ist die Sprache bei MARIE NOËL (*Chants d'arrière-saison*, 1961) und PATRICE DE

LA Tour du Pin, dessen „théopoésie" nach dem Einen und Ganzen sucht (*Genèse*, 1945; *Le second jeu*, 1959). Ihren reinsten Ausdruck findet die theologische Mystik bei Pierre Emmanuel. Nach *Évangéliaire* (1948) und *Babel* (1952) nähert er sich zwischenzeitlich dem Marxismus, später nimmt er seinen Katholizismus wieder in die Weltlosigkeit zurück. *J'ai en dégoût ce qui n'est Toi/Ce qui n'est pas./Je ne vis que d'espérer/Ta nuit sans image.*

Prévert

Ob mystisches Damaskus oder himmlisches fait divers, Jacques Prévert ist beides verhasst. Die Gedichtsammlung *Paroles* (1946), in Jahresfrist bereits 25 000 Mal verkauft, wird das Evangelium einer ganzen jungen Generation. Der Vater im Himmel mag oben bleiben und wir auf der Erde, so das Gedicht *Pater noster*, denn die Wunder von Paris sind schöner als die der Trinität. Prévert (1900–1977), der zuvor Drehbuch und Dialoge für so spektakuläre Filme wie *Quai des brumes* (1938) und *Les enfants du paradis* (1945) schrieb und der noch zuvor aus der surrealistischen Gruppe ausgeschlossen wurde, zieht alle Register: Anarchie, Résistance, Revolte, Blasphemie, Zärtlichkeit, Witz. Der Troubadour-Chansonnier, neben Boris Vian die zweite Schlüsselfigur im existenzialistischen Saint-Germain-des-Prés, ist ein Mensch ohne Haut, das Aggressive mancher Zeilen ist nur die Rückseite dieser Sensibilität. Der Erfolg seiner Lyrik – 1946 kommen *Histoires*, 1951 *Spectacle*, 1966 *Fatras* und 1972 *Choses et Autres* hinzu, Prévert trommelt hier gegen den Vietnamkrieg – beruht auf der kunstvollen Schlichtheit des Tons, der umgangssprachlichen Lexik und dem wortspielerischen, volksliedhaften Refrain. Die ganz exoterische, interpunktionslose Poesie hält engen, kritischen Kontakt zur Wirklichkeit und widerlegt Sartre, der der Poesie jedes politische Engagement abspricht. Prévert ist darin nur weniger vordergründig. Die Ballade *Barbara* von der kriegszerstörten Stadt Brest geht ins Gedächtnis einer ganzen Nation ein. Ihre Schlagkraft und Singbarkeit kommen der Vertonung vieler Gedichte entgegen, die von Juliette Greco und Yves Montand zu Chansons verwandelten *Paroles* verhelfen der Sammlung zu noch größerer Popularität. Das Beispiel macht Schule. George Brassens, Préverts Bruder im antikonformistischen Geist, vertont Victor Hugo und Villon, Léo Ferré Aragon, Hélène Martin Jean Genet, für Jean Cocteau ist Charles Trenet der „parolier" schlechthin. Die politische Lyrik Préverts rebelliert gegen die Phrasen des Establishment, gegen Armut und jede Herrschaft, auch gegen die des Todes. Dem Klerus und dem Kapital erklärt sie den Krieg.

Der Liebeslyrik Préverts fehlt alles Intimistische, Kleine und Kleinliche. Sie benennt keine Interieurerfahrung, sondern führt den Protest im Namen des Glücks mit anderen Mitteln fort. Plein air: heiter, durchsichtig, klar, leidenschaftlich und unwiderstehlich sprechen die Verse (deren wechselnde Länge den heftigen Pulsschlag auch im Textbild realisiert) so unverbraucht vom großen Gefühl, als wär's das erste Mal. Die Luft ist nie stickig in diesen Gedichten. PRÉVERT entrückt nicht in ferne Welten, umgekehrt holt er ihre Weite in die kleinste Kammer hinein und verschafft ihr die Evidenz des Hier und Jetzt. *Une orange sur la table/Ta robe sur le tapis/Et toi dans mon lit/Doux présent du présent/Fraîcheur de la nuit/Chaleur de ma vie.* Die Merkkraft dieser Zeilen, die man nicht „kennen", höchstens auswendig wissen kann, liegt in einer Kraft zur Vergegenwärtigung, von der es unberechenbar ist, wohin sie führen kann.

Char

CHAR (1907–1988) ist einer der für die zweite Jahrhunderthälfte entscheidenden Dichter. BRETON und ÉLUARD ziehen den erst dreiundzwanzigjährigen zur Mitarbeit an *Ralentir travaux* (1930) heran, die Gedichte von *Le marteau sans maître* (1934), von Pierre Boulez zwei Jahrzehnte später vertont, sind RENÉ CHARS letzte Referenz an die Surrealisten, mit denen er bald endgültig bricht. Ersichtlich ist das ganz andere Verhältnis von Sprache und Sein: der Rückstand des Ich auf das Leben ist ontologisch und spannt das Bewusstsein zwischen Einheit und Vielheit, deren gegenstrebige, begrifflich nicht fixierbare Fügung allein in der dichterischen Sprache Ereignis wird. Anders als den Surrealisten geht es CHAR nicht um die Überführung von Kunst in Praxis, sondern um die Eröffnung des Unverfügbaren. Konkretes Engagement steht auf einem anderen Blatt. CHAR schließt sich auf republikanischer Seite dem Kampf im spanischen Bürgerkrieg ebenso an wie 1942 der Résistance gegen die Deutschen, 1965 macht er gegen die Stationierung von Nuklearwaffen mobil.

Feuillets d'Hypnos und *Seuls demeurent,* zwischen 1938 und 1944 entstandene Gedichte und lyrische Aphorismen, werden 1948 in die Sammlung *Fureur et mystère* aufgenommen. Poetik und Metaphysik zugleich, stehen die im klasssischen Alexandriner, als Prosagedicht oder aphoristisch verfassten Wortfolgen in der Tradition hermetischer Lyrik. Die durch Verschränkung widersprüchlicher Wort- und Bildfelder dunkle Metaphorik (bei CHAR wie bei PAUL CELAN) weist auf den Ursprung des Gedichts, ein flüchtig wahrnehmbares Funkeln zwischen Materie und Empfindung und damit auf das dynamisch verstandene Sein selbst zurück, das aus dem harmonischen Spiel gegensätzlicher Elemente entsteht. Maßgabe ist hier die Philosophie Heraklits, immer wieder handelt CHAR vom Wasser als Form ewigen Werdens. Der für den Menschen fundamentale Widerspruch, nur in der Sprache tun zu können, was zwischen den Menschen nicht gelingt, bestimmt die Aufgabe der Dichtung.

Die Gewalt des Konflikts zwischen dem Einen und Vielen, zwischen Dunkel und Licht (CHAR verehrt die „poétique de la fulgurance" RIMBAUDS) geht durch die Sprache hindurch, nicht erst seit den Gedichtbänden *Le poème pulvérisé* (1957) und *La bibliothèque est en feu* (1956) symbolisieren Explosionen und Blitze den poetischen Akt. *Si nous habitons un éclair, il est le coeur de l'éternel.* Vielleicht ist das ein letztes Echo auf HÖLDERLINS Wort über die Dichter, die mit entblößtem Haupt in Gottes Gewittern stehen, auch wenn CHAR diese Wetter von allem Zugeständnis an das Religiöse freihält. In der Balance zwischen Revolte und mediterranem Maß ist er ALBERT CAMUS, dem *Feuillets d'Hypnos* gewidmet ist, verwandt, im Preis der Seinsfülle SAINT-JOHN PERSE, auch wenn CHARS Sprache ohne epischen Atem, gedrängter, elliptischer ist. CHAR stammt aus der Provence, aus dem Gebiet der Vaucluse, wohin er immer wieder zurückkehrt. In sein Haus bei Le Thor lädt er Martin Heidegger ein, für den CHARS Gedichte „Gewaltmärsche ins Unsagbare sind", die das Wesen der Dichtung freilegen, die nicht anderes ist als „die Welt an ihrem besten Ort". Das Bisherige wird in seiner ausschließlichen Wirklichkeit durch die Verbindung und freie Anordnung der Dinge im Gedicht widerlegt, das Wirkliche im Wort zum Wirken gebracht, und selbst das Phantastisch-Imaginäre kann wie bei den Surrealisten in Gedicht und künftige Erfahrung rückübersetzt werden. Hoffnung mit doppeltem Richtungssinn: die harmonische Einheit der Natur verliert CHAR mit der Kindheit, die er nostalgisch zurückruft. Zum anderen hält Dichtung als Gegenpol zum Wirklichen die utopische Hoffnung aufrecht (*La parole en archipel*, 1962; *Éloge d'une soupçonnée* 1988).

Ponge

Seine Anstellung beim Transportunternehmen Hachette erlaubt es FRANCIS PONGE (1899–1988) lange Zeit nicht, mehr als zwanzig Minuten täglich auf das Schreiben zu verwenden. Nach den *Douze petits écrits* (1926) vergehen sechzehn Jahre, ehe der noch immer fast unbekannte PONGE, ermutigt von PAULHAN, SARTRE, BLANCHOT und CAMUS die lyrischen Prosaskizzen *Le parti pris des choses* veröffentlicht, die durch SARTRES Eloge „L'homme et les choses" (*Situations I*) bekannt und durch die Rezeption der *Tel-Quel*-Gruppe um PHILIPPE SOLLERS wieder aktuell werden. SARTRE erfasst die phänomenologische Intention der Schrift. Um die Aufmerksamkeit auf die vorfindlichen Dinge zu richten, soll der gewohnte Wirklichkeitsbezug außer Geltung gesetzt werden. Um das wirkliche Alphabet der äußeren Wahrnehmung zu lernen, muss alles, was man bisher über die Phänomene sagte, vergessen werden. Die Sprache der alltäglichen Dinge wiederzufinden, heißt für PONGE, sie an der Oberfläche zu entziffern. Orange, Brot, Auster (*A l'intérieur l'on trouve tout un monde, à boire et à manger: sous un firmament – à proprement parler – de nacre, les cieux en-des-*

sus s'affaissent sur les cieux d'en dessous), Kieselstein (1966 legt Roger Caillois unter dem Titel *Pierres* Vergleichbares vor): durch
präzise Beschreibung soll sich noch das geringfügigste Phänomen
auf die Unendlichkeit seiner Attribute und Eigenschaften hin öff-
nen. Die Parteinahme für die aus ihrer begrifflichen Zurichtung
gelösten Dinge ist keine Stilübung à la Queneau, durch das ge-
genseitige Durchdringen von Gegenstand und Sprache arbeitet
Ponge an einer sprachlichen Neuschöpfung der Welt. *Le grand re-
cueil*, die 1961 veröffentlichte dreibändige Sammlung von Vers-
und Prosatexten setzen diese Kosmogonie sprachlich geschmeidi-
ger fort.

Dies bedingt die Form seiner Texte wie die Moral seiner Ästhetik. Rein lyrisch ist Deskription nicht zu leisten, jedes Objekt erfordert seine je spezifische Form des Ausdrucks, so dass sich der
poetische Modus zur Rhetorik hin verschiebt. Die Rhetorik, Figu-
ration und Mimesis zugleich, zeichnet das Lineament des Dings
am genauesten da, wo es gleichsam aus seiner eigenen Perspektive heraus beschrieben wird. Im Anschluss an *Le parti pris des choses* nennt Ponge deshalb die folgende Textsammlung *Proêmes*
(1948). Noch weniger als zuvor betrachtet er sich als Dichter, er
will mit der Sprache – wie musterhaft bei Malherbe *(Pour un Malherbe,* 1965) – zu jener Transparenz vordringen, die an die Stelle
der definitorischen wie etymologischen Vollmacht des Wörter-
buchs tritt und den *Littré* ersetzt. Grenzbegriff aller Definitions-
versuche ist der Name, der das Objekt in der unendlichen Fülle
seiner Bedeutungen enthält. Alle Anstrengungen der Sprache
bleiben dahinter zurück.

Trotz des Axioms von der Bedeutungsfreiheit der Welt wäre es
falsch, Ponge in die Nähe des Nouveau-Roman zu rücken. Die Kritik Robbe-Grillets am anthropomorphen Status von Ponges Beobachtungen verkennt deren Ziel. 2000 Jahre nach Lukrez
schreibt Ponge das kosmologische Lehrgedicht *De rerum natura*
weiter. Das Erkanntwerden (Benanntwerden) eines Dings ist zugleich Selbsterkenntnis (Selbstbenennung) des Menschen. Der Ak-
zent verlagert sich auf die Zukunft. Beide, Menschen wie Dinge,
sind unfertig, die „non-signification" der Welt ist ein Noch-Nicht.
Durch experimentelle Nomenklatur verwandelt sich jedes Objekt
in ein „Objeu", dem seitens des Subjekts – weil die Moral am meisten nützt, wenn sie gefällt – eine „objoie" entspricht. Ponge bringt
Poetik und Politik zusammen. Für ihn spricht das Individuum nie
im eigenen Namen, was in ihm urteilt und wertet, ist die Majorität
des gesunden Menschenverstands als Repräsentant der herrschenden Ordnung. Weshalb als einziger Ausweg bleibt: *parler contre les
paroles... Donnez tout au moins la parole à la minorité de vous-même.
Soyez poètes.* Schreiben ist mehr als Erkennen, die Sprache erschafft
Welt und Ich in jedem Sinne des Wortes neu.

Michaux

Ein beträchtlicher Teil des Werks von HENRI MICHAUX (1899–1984), geboren im belgischen Namur, fällt in die erste Jahrhunderthälfte. *Ecuador* (1929) und *Un barbare en Asie* (1935) sind Berichte von Reisen. Das Unerschaute dabei sind nicht so sehr die fremden Länder und Kontinente, sondern die Routen durchs eigene Ich. MICHAUX' Weg führt in der Folge nach innen, in vierzehn kurzen Texten konfrontiert er eine imaginäre Figur, *Un certain Plume*, (1930) mit allen Schrecken dieser Fremde. *Voyage en Grande Garabagne* (1936) durchquert denselben Raum erneut und beschreibt seine Wunderlichkeiten und Monstrositäten wie vollkommen natürliche Phänomene. Durch den neutralen Ton seiner „écriture blanche" hält MICHAUX eine Erfahrung auf Distanz, die ihn zu überwältigen droht. Körper und Geist koinzidieren nie, zahllose Risse durchlaufen den inneren Raum, Alpträume, Ängste und Halluzinationen sind seine Koordinaten. Für MICHAUX ist die Diffusion des Ich identisch mit der qualvollen Erfahrung des Lebens selbst, das unendlicher Mangel ist. Fragmentarisch, elliptisch, rhythmisch, rapid, Versgedicht, Fabel oder Aphorismus: in der Diversität ihrer Formen und Tempi sind alle Werke MICHAUX' Versuche, dem abgründigen Substrat am Grund des Bewusstseins poetisch nachzusprechen (*La vie dans les plis*, 1949). Längst hat die Dichtung nichts Kontemplatives mehr, sie ist eine Folge von Exorzismen, Kämpfen und Attentaten (*Epreuves, Exorcismes,* 1945), die die Gattungsgrenzen sprengt.

Zur Erforschung der physisch-psychischen Sphäre erscheinen Graphik und Malerei als adäquatere Medien. Mit Beginn der Fünfzigerjahre, zuvor hatte MICHAUX Paul Klee entdeckt, entstehen zahlreiche Zeichungen und Bilder, die das den Worten entlaufene Unbewusste festhalten. In *Émergences-Résurgences* (1972) beschreibt der Schriftsteller MICHAUX die Arbeit des Malers MICHAUX und die bisherige Kooperation beider, so in *Vents et poussières* (1962). Die dritte Optik liefert die Droge. Seit 1956 nimmt MICHAUX Meskalin, LSD und Haschisch, zumeist unter medizinischer Aufsicht. *Misérable Miracle* (1956), *L'infini turbulent* (1957), *Connaissance par les gouffres* (1961) und *Les grandes épreuves de l'esprit* (1966) sind der essayistische, zeichnerische wie poetische Ertrag dieser Experimente. Bei den Halluzinationen geht es ihm ähnlich wie BAUDELAIRE und THOMAS DE QUINCEY nicht primär um den Rauscheffekt, sondern um Erkenntnis der Bewusstseinsfunktionen. Subjekt und Gegenstand der Untersuchung zugleich, zeigt das entregelte Ich den Zustand der Normalität gleichsam von außen. *Ne faites pas le fier. Respirer c'est déjà être consentant.* In faszinierenden Grenzüberschreitungen gelingen MICHAUX Protokolle von zerrütteter Schönheit.

Bonnefoy

BONNEFOY (geb. 1923) hat seit 1982 den Lehrstuhl für vergleichende Poetik am „Collège de France" inne. Der Übersetzer von SHAKESPEARE und YEATS schreibt Studien zu BAUDELAIRE, VALÉRY und RIMBAUD, sein lyrisches Werk steht im Zeichen des Neosymbolismus, füllt den überlieferten Formkanon aber mit neuen Inhalten. Die 1953 erschienene Gedichtsammlung *Du mouvement et de l'immobilité de Douve* wird sofort zum Erfolg. So durchsichtig die metrische Struktur dieser Lyrik, so vieldeutig der Titel Douve. Als Wort bezeichnet es einen Wassergraben, als Name die Muse und die tote Geliebte. In beiden spiegelt und reflektiert sich die Welt, Douve leitet zu den Geheimnissen der Poesie. Sprache und Schweigen, Absenz und Gegenwart bilden die Pole, zwischen denen die Gedichte YVES BONNEFOYS gravitieren. In *Hier régnant désert* (1958) spricht Douve mit der Stimme der früh verstorbenen Sängerin Kathleen Ferrier. Von *Pierre écrite* (1959) über *L'arrière-pays* (1972) bis *Dans le leurre du seuil* (1975) und *La présence et l'image* (1983), in allen Gedichtbänden fragt BONNEFOY nach dem Verhältnis der Welt zum Absoluten. Was religiös als negative Theologie erscheint, artikuliert sich poetisch als Immanenz des Göttlichen im Schönen. Die sinnliche Realität – Nacht, Zweig, Schnee und Mandel – wird vom lyrischen Wort in ihrer Unmittelbarkeit restituiert, um die Erde als wirklichen Ort aller Wunder bewohnbar zu machen.

Namen	Begriffe	Themen
Grosjean, de la Tour du Pin, Emmanuel, Noël	christliche Lyrik	Immanenz und Transzendenz
Prévert	*poésie populaire*	Liebe, Revolte
Char	Hermetik, Eröffnung des Seins durch die Sprache	Sein und Werden
Ponge	Entzifferung der Dinge, lyrische Nennkraft	Reziprozität von Ding- und Selbsterkenntnis
Michaux	Auflösung des Ich, Riss zwischen Körper und Geist	Bewusstseinserweiterung, Einsamkeit
Bonnefoy	Neosymbolismus	Schönheit und Absolutes

Literatur

Bowie (1986), Butters (1976), Engler (1964), Sadeler (1975), Thélot (1983) Veyne (1990).

KAPITEL Fluchtlinien zur Gegenwart

Nach der Einführung des Nouveau Franc (1959) suchen de Gaulle und seine Regierungen die sozialökonomische Entwicklung Frankreichs durch „participation" und „planification" zu fördern. Die linke Opposition sammelt sich seit 1965 um François Mitterand. Im Mai 1968 stellen Studentenunruhen in Verbindung mit einer Streikbewegung den Bestand der Fünften Republik in Frage. Außenpolitisch hat die Wahrung der französischen Souveränität für de Gaulle höchste Priorität. Durch die Entwicklung eines Nuklearwaffenpotentials löst er das Land aus den Bündnisverpflichtungen gegenüber der NATO, aus der Frankreich 1966 austritt. Die europäische Integrationspolitik wird auf ihre wirtschaftlichen Ziele reduziert, im Vietnamkrieg und Nahostkonflikt bemüht sich Frankreich um eine eigenständige Position. 1969 tritt de Gaulle zurück, unter den Präsidentschaften Georges Pompidous und Giscard d'Estaings wird auch Frankreich von den Auswirkungen der ökonomischen Rezession und der Ölkrise getroffen. Die Zahl der Arbeitslosen überschreitet 1981 die Zweimillionengrenze. Im selben Jahr wird der von den Kommunisten unterstützte Mitterand Staatspräsident und leitet weitreichende Reformen ein: Abschaffung der Todesstrafe, Verstaatlichung von Großbanken und Großindustrien, Reduzierung der wöchentlichen Arbeitszeit auf 39 Stunden, 5 Wochen bezahlter Jahresurlaub, die zum Teil später zurückgenommen werden. Seit 1986, als die Konservativen die Wahlen gewinnen, regiert Mitterand in „cohabitation". Nach seinem Tod wird der Gaullist Jacques Chirac Staatspräsident, der für die Fortsetzung der französischen Atomtests verantwortlich zeichnet. Seit dem erdrutschartigen Sieg des Linksbündnisses 1997 muss er sich mit dem sozialistischen Premier Lionel Jospin arrangieren. Die neofaschistische „Front national" von Jean-Marie Le Pen erhält Zulauf. Frankreichs Ja zu den Maastrichter Verträgen stehen gravierende soziale Probleme (Rassismus, Arbeitslosigkeit, Immigration, Ghettobildung in den Städten) im Landesinnern gegenüber. Der Zusammenbruch der kommunistischen Systeme im Osten verändert die ideologische Front zwischen Regierung und Opposition, deren Programme sich einander nähern. Angesichts des gesellschaftlichen Primats ökonomischer Sachzwänge verliert die Politik an Bedeutung.

1 Roman

Schöne
neue Welt

Der Nouveau Roman hatte den Dingen jene Aufmerksamkeit zugewandt, die bis dahin dem Individuum galt. In den Sechzigerjahren wird der gesellschaftliche Gehalt dieser „littérature objectale" sichtbar. Die ökonomische Prosperität der Dekade hebt den materiellen Besitzstand auf ein bisher unbekanntes Niveau, die „société de consommation" formiert sich. Der „baby-boom" der Fünfzigerjahre verjüngt die französische Bevölkerung erheblich. 1960 ist ein Drittel aller Franzosen jünger als zwanzig. GEORGES PEREC (1936–1982) schreibt mit *Les choses* (1965) den Roman dieser Jahre, die Geschichte von Jérôme und Sylvaine, einem jungen Pariser Paar, deren Traum vom schönen Leben in den Dingen Gestalt gewinnt, die für Geld zu kaufen sind. Die Verwandlung von Ware in Wunschmaterie beschreibt PEREC nüchtern und objektiv, nie anklägerisch. Sein Stil ist ebenso nah an der „impassibilité" FLAUBERTS wie an der Fahrt einer Kamera, die es dem Leser überlässt, Einstellung und frontale Aufnahmen zu dekodieren. Schärfer in der Kritik dieses sozialen Milieus ist *Les petits enfants du siècle* (1961) von CHRISTIANE ROCHEFORT (geb. 1917). Im Portrait der Erzählerin Josyane, die als älteste Tochter der Großfamilie Rouvier in einem Sozialwohnungsneubau („H.L.M.") am Pariser Stadtrand lebt, solidarisiert sich die Autorin mit allen von der gesellschaftlichen Entwicklung Marginalisierten. Mit brio setzt ROCHEFORT die soziale Analyse der kapitalistischen Welt in *Les stances à Sophie* (1963) und *Encore heureux qu'on va vers l'été* (1975) fort.

Text und
Kritik

Bündig bringt Jean Ricardou die neue literarische Entwicklung auf die Formel, daß die „aventure d'un écrit" die „écriture d'une aventure" verdrängt. Weil das Sein des Texts sein Werden unterschlägt, wird der fertige Text durch die Analyse seiner Entstehung verflüssigt. Die Reflexion auf das Verhältnis von Sprache und Denken vollziehen die Geisteswissenschaften insgesamt. In *Les mots et les choses* (1966) analysiert Michel Foucault die geschichtlichen Ordnungsstrukturen, in denen sich die Inventarisierung, Klassifikation und Repräsentation der Dinge relational zur Sprache vollzieht. Auch Psychoanalyse und *Nouvelle Critique*, die gegen die Annahme einer zeitunabhängigen Inhärenz des Sinns die Untrennbarkeit von Text und Interpretation herausarbeitet, stehen vor einer kopernikanischen Wende. Marxismus, Linguistik und Strukturalimus liefern die Basistheoreme für ein Denken, das auf allen Ebenen ein transindividuelles Dispositiv entdeckt. Jacques Lacan (*L'instance de la lettre dans l'inconscient ou la raison depuis Freud,* 1957) entziffert die symbolische Ordnung des Unbewussten als die der Sprache, das „Ich denke, Ich spreche" bestimmt sich in Differenz zu einem „Es spricht". Den Bruch zwischen Signifikant und Signifikat bezeichnet auch Derridas Begriff der „différance", der das Wechselspiel von Sinnstiftung und Sinnverfehlung an die Differenzierungskraft der Schrift hervorhebt (*L'écriture et la différence*, 1967). Roland Barthes (*Sur Racine*, 1963) demonstriert, dass die Tragödien Racines eine einzige Grundstruktur variieren. Unter Ausschluss der Biographie versucht die Psychokritik von Charles Mauron, das Unbewusste des Schriftstellers aus seine Schriften selbst herzuleiten (*Des métaphores obsédantes au mythe personnel*, 1963). Lucien Goldmann intendiert mit seiner Soziokritik, die Korrespondenz zwischen der literarischen Struktur eines Werks und der sozialökonomischen Herkunft des Autors zu erhellen *(Pour une sociologie du roman,* 1964). Überhaupt Freud und Marx: sobald die Literatur als Produktion von Zeichen, deren manifester Sinn von ihrem wirklichen differiert, begriffen wird, definiert sich das Verhältnis von Werk und Autor als eines von Text und Produzent. Daraus ergibt sich das Konzept der *„écriture"*. Autonomie der Sprache, Struktur statt Subjekt, Synchronie statt Diachronie – die Parallelaktion dieser Begriffe schafft das Profil von zwei literarischen Bewegungen.

OuLiPo

L'ouvroir de littérature potentielle wird 1960 von QUENEAU und FRANÇOIS LE LIONNAIS gegründet. PEREC, JACQUES ROUBAUD, ITALO CALVINO, HARRY MATHEWS, ROSS CHAMBERS schließen sich später der Gruppe an, deren Prinzipien QUENEAU 1965 in *Bâtons, chiffres et lettres* umreißt. In spielerisch-parodistischer Absicht unterwerfen die Oulipiens die Literatur einem Regelsystem, das statistische Kriterien der Wortselektion ausarbeitet. Programmgesteuerte elektronische Großrechenanlagen stehen Modell. Die nach mathematischem Kalkül und Gesetz formalisierte Textproduktion löst die poetische Inspiration und die Phantasien des Unbewussten ab. PERECS Roman *La disparition* (1969) kommt auf über dreihundert Seiten ohne den Buchstaben e aus, *La vie mode d'emploi* (1978) fügt die hundert Zimmer eines von seiner Fassade befreiten Hauses in hundert Kapiteln aneinander, die vom Leser wie Puzzleteile zu kombinieren sind. ROUBAUD verwendet in Gedichten und Prosa (*Trente et un au cube,* 1973; *Graal fiction,* 1978; die *Hortense*-Trilogie, 1985–1987) wort- und silbenkombinatorische Verfahren des japanischen „tanka". Mit *Un conte à votre façon* (1967) treibt QUENAU die Potentialität eines Textes in der Unendlichkeit seiner Lesarten auf die Spitze. Über die Folge der wie im Kreuzworträtsel angeordneten Textstücke kann der Leser selbst entscheiden, Ablauf und Ausgang der Intrige, zu der der Autor nur Varianten liefert, liegen bei ihm.

Tel Quel

Eine um PHILIPPE SOLLERS (geb. 1936) versammelte Gruppe von Literaten gibt 1960 die erste, FRANCIS PONGE gewidmete Nummer der Zeitschrift *Tel Quel* heraus, die das „écriture"-Konzept strukturalistisch und poststrukturalistisch diskutiert. Funktional werden Literaturtheorie und literarische Praxis aufeinander bezogen, die ihrerseits in Relation zur sozialen, politischen oder philosophischen Praxis stehen. MARCELIN PLEYNET und DENIS ROCHE destruieren und rekonstruieren die lyrische Sprache, SOLLERS attackiert mit psychoanalytischer und dialektisch-materialistischer Begrifflichkeit die bürgerliche Literatur. Ihr Glaube an die Identität von Sache und Wort ist schimärisch. Dem neuen Konzept der „intertextualité" liegt das Bewusstsein von der Irrealität der Sprache zugrunde. Texte bezeichnen keine außersprachliche Wirklichkeit, sie stiften keinen Sinn, sondern beziehen sich referentiell stets nur auf andere Texte. Das unendliche Gespräch aller Bücher untereinander konstelliert die große Fuge aller Zeichen zu einer einzigen, durch die Jahrhunderte laufenden Schrift. Das Prestige MALLARMÉS bei *Tel Quel* wird verständlich. Konsequent nimmt SOLLERS die Repräsentationsfunktion seiner Schriften immer weiter zurück. *Le parc* (1961) ist die Beschreibung einer Beschreibung und teilt sich in 54 Textfelder auf. Verifizierbar ist einzig der Fluss der Sätze, die ein mikroskopisches Lesen verlangen. *Drame* (1965), *Nombres* (1968) und *Logiques* (1968) realisieren den Intertextualitätsbegriff, als „théorie d'ensemble" sind „écriture" und „lecture" durch eine „pratique significante" verbunden. In seinen späteren Romanen (*Paradis,* 1981; *Femmes,* 1983) gibt SOLLERS seine anti-narrative Einstellung auf, wenn auch das bloße „Geschichten-Erzählen" für ihn obsolet bleibt.

Oulipo, wo formalistisch, *Tel Quel,* wo theoretisch exzessiv, provozieren Reaktionen. Hier wie dort ist der Ton polemisch und aggressiv. JULIEN GRACQ verurteilt die neuen Formen als *„laboratoire"* ohne Kraft zur Kohäsion, der szientifische Gestus verfehle das Wesen der Literatur von Anfang an. Als Fürsprech der traditionellen Kritik kritisiert Raymond Picard das Manifest *Le dégré zéro de la littérature* (1953) von Roland Barthes, das der strukturalistischen Literatur den Weg bahnt. Der Vorwurf terminologischer „Imposture" gilt auch *Tel Quel.* Die intellektuelle Avantgarde ist inzestuös, einer schreibt für den anderen und für die eigenen Kritiker, bemerkt süffisant Denis Saint-Jacques. Auch SOLLERS sieht das progressive Potential schnell erschöpft, sobald die Avantgarde institutionell wird und den brennendsten Problemen der Zeit gegenüber verstummt. In der Literaturkritik verteidigen Jean Starobinski, Jean Rousset, Jean-Pierre Richard und Georges Poulet die Autonomie des ästhetischen Werks, die „Narratologie" Gérard Genettes untersucht die interne Organisation von Texten.

Feminismus

Ohne Präzedenz ist der explosionsartige Durchbruch der „écriture féminine" in der ganzen Diversität ihrer Formen. Das Recht auf eigene Sprache war alles andere als selbstverständlich. Die früh verstorbene ALBERTINE SARRAZIN (1937–1967) wirkt hier modellhaft. Ihre vom Stoffmuster mit GENET vergleichbaren Romane – *La cavale, L'astragale, La traversière*, 1965–1966 – sind autobiographische Berichte ihrer Straftaten, Inhaftierungen und Ausbrüche, wobei sie den Argot des Knasts genauso souverän handhabt wie die konzise psychologische Analyse. Mit Verve schildert sie die zärtliche Liebe zu ihrem Mann. Als SARRAZIN nach wiederholten Rückfällen endgültig auf freien Fuß gesetzt wird, stirbt die eben berühmt gewordene Schriftstellerin an den Folgen einer Operation. Aus der eigenen Lebensgeschichte schöpft auch VIOLETTE LEDUC (1907–1972). Kaum mehr als notdürftig stilisiert, verwandeln ihre Bekenntnisromane die Erfahrung unmittelbar in Schrift. *La bâtarde* (1964) erzählt unbefangen von Momenten leidenschaftlicher Liebe zu beiden Geschlechtern und erhebt, während sie ihre Berufung als Schriftstellerin entdeckt, Anklage gegen die Misogynie der Gesellschaft.

Mit der Protestbewegung 1968 wird auch die Frauenbewegung explizit politisch. Wie bei allen revoltierenden Minderheiten konstituiert sich ihr Selbstbewusstsein durch Identifikation ihres Feindes, des in allen Poren der Gesellschaft wirksamen Patriarchats. Angesichts seiner Herrschaft erscheinen Eigentums- und Klassenfragen als bloße Folgephänomene. In Solidarität mit allen Ausgebeuteten entsteht der Begriff „féminitude"· nach Muster der „négritude". In Opposition zum Feminismus der Fünfzigerjahre à la BEAUVOIR wird jetzt nicht die abstrakte Gleichheit von Mann und Frau aufs Programm gesetzt, sondern der Anspruch auf eine „identité féminine". In Zeitungen, Zeitschriften, Literatur, Essays und Traktaten orchestriert sich die polyphone „parole de femme". Psychoanalyse, Linguistik und Gesellschaftstheorie perspektivieren sich neu. Julia Kristeva (geb. 1936) geht von der triebbewegten Materialität des Zeichens aus. Die symbolische Ordnung von Identität und Wahrheit wird vom Semiotischen durchkreuzt, das die nicht repräsentierbaren Polysemien des Wunsches mit gesellschaftsveränderndem Richtungssinn in die Textpraxis einschleust (*La révolution du langage poétique*, 1974). „Éclatement individuel" und „éclatement capitaliste" bedingen einander. Im Anschluss an Lacan setzt die Psychoanalytikerin und Philosophin Luce Irigaray voraus, dass sich der gesamte sprachliche Diskurs des Abendlandes durch den Ausschluß der Frau konstituiert. Irigaray will den doppelten Ort der Frau jenseits und in der Sprache durchbrechen, um das Denken der sexuellen Differenz in der Sprache zu ermöglichen. (*Speculum de l'autre femme*, 1974). HÉLÈNE CIXOUS hinterfragt tiefenpsychologisch die Sprechsituationen der Normalität (*Prénoms de personne*, 1974), die Suche nach der weiblichen Identität fällt mit dem Bewusstsein von Entfremdung auch dem eigenen Körper gegenüber zusammen *(La venue à l'écriture*, 1977).

Literarisch redet die Journalistin BENOÎTE GROULT in *Ainsi-soit-elle* (1975) Fraktur und geißelt männliche, aber auch weibliche Vorurteile dem Feminismus gegenüber. ANNIE LECLERCS *Parole de femme* (1974) verschafft einem Ich Gehör, das die weibliche Biologie mit Schwangerschaft und Geburt gegen die Domänen von Macht und Krieg revalorisiert. JEANNE HYVRARDS *Les prunes de Cythère* (1975) ist ein furioser Monolog über alle Bilder, Mythen und Kostüme, mit denen die Frau seit Jahrtausenden verschmolzen ist. Psychoanalytisch informiert sind die Romane von MARIE CARDINAL *(Les mots pour le dire,* 1976). Mit dem ödipalen Dreieck verewigt sich die familiäre Form der Unterwerfung, die sich von der Mutter auf die Tochter überträgt *(La création étouffée,* 1973). Von MONIQUE WITTIG wird in *Les guerillères* (1969) ein Schauprozess gegen das männliche Geschlecht überhaupt angestrengt. Selbstredend ist der Titel von FRANÇOISE PARTURIERS *Lettre ouverte aux hommes* (1968). CHANTAL CHAWAF unternimmt es in *Le soleil et la terre* (1977), Sinnlichkeit, Haut und Körper gegen Krieg und Mann und Maus auszuspielen.

Ersichtlich ist das Bemühen vieler Autorinnen, eine den neuen Inhalten angemessene Sprache und Darstellungsform zu schaffen. Das erklärt die literarisch höchst unterschiedliche Qualität vieler Schriften. Gesellschaftlich stößt das Programm der Emanzipation auf ein fundamentales Problem. Die sozialen Gegensätze sind auch in der Frauenbewegung vorhanden. So ergibt sich der Widersinn einer Situation, die die Frauen zwingt, zum einen für ihre volle Integration in der bürgerlichen Gesellschaft zu arbeiten, zum anderen aber auch für die Überwindung dieser Gesellschaft einzutreten, in die integriert zu sein nicht einem der entscheidenden Übel abhilft. Wo das nicht gesehen wird, schrumpft die Herrschaftsanalyse des Feminismus zur Benachteiligungsanalyse. Unter den gegebenen Bedingungen realisiert sich die volle rechtliche, politische und ökonomische Gleichstellung von Mann und Frau unter fortschreitender Aufopferung der Geschlechtsdifferenz statt ihrer Entfaltung – und ist doch der einzige Weg dorthin. Die Integrationskraft des Kapitals macht nicht nur im Wirtschafts- und Geistesleben, sondern auch im Gefühls- und Geschlechtsleben Fortschritte.

Spektren

Die vom Pariser Mai inspirierte Prosa bringt bis tief in die siebziger Jahre gesellschaftliche Themen aufs Trapez. Krieg, Rassismus und Ökologie sind die wesentlichen Einsätze im Werk von ROMAIN GARY (Émile Ajar). *La vie devant soi* (1975) führt in die heruntergekommenen Unterkünfte von Juden und Arabern im Pariser Viertel Belleville. RENÉ-VICTOR PILHES nimmt in *L'imprécateur* (1974) die Machenschaften eines multinationalen Konzerns ins Visier. ANDRÉ STIL versucht sich mit *Romansonge* (1976) an einer

literarischen Transposition der „parole ouvrière". ANNIE ERNAUX'
Erinnerungen an ihren Vater *(La place,* 1983) schließen die Darstellung seiner materiell dürftigen Lebensumstände mit ein.

Sobald dem lange Zeit gültigen Begriff von Literatur die Voraussetzungen entzogen werden, verliert auch die hierarchische Klas-
sifizierung der literarischen Gattungen an Normativität, nicht
unbedingt zu ihrem Nutzen. Das Autorenkino hatte mit dem
Nouveau-Roman Literatur und Film fusioniert, nun emanzipieren sich die „littératures des marges": Krimi, Spionageroman,
Science-fiction (JACQUES STERNBERG, GÉRARD KLEIN, SERGE BRUSSO-
LO) und Comics sind Teil einer breiten Gegenkultur. Mit Einführung des Taschenbuchs demokratisiert sich der Zugang zur Literatur. Die unter dem Pseudonym „San Antonio" erscheinenden
Kriminalromane von FRÉDÉRIC DARD (*Bacchanale chez la mère
Tatzi,* 1985), denen LÉO MALETS *Nouveaux mystères de Paris*
(1954–1959) vorangehen, erreichen Millionenauflage, übertrof-
fen nur noch von den „Commissaire Maigret" Romanen des Bel-
giers GEORGES SIMENON (1903–1989). Daneben erlebt der Chanson
eine neue Blüte: Edith Piaf, Brassens, Barbara, Charles Aznavour,
Serge Gainsbourg, Jacques Brel, Gilbert Bécaud, Michel Sardou,
Maxime le Forestier, Renaud und nicht zuletzt der umtriebige
Johnny Hallyday, Frankreichs Antwort auf Peter Maffay.

Mythen

Unbeeindruckt von der Theoriedebatte der Sechziger- und Siebzigerjahre, in der die herkömmlichen Erzählverfahren unter Ideo-
logieverdacht geraten, hält eine Reihe von Autoren am traditionellen Roman fest. Nicht ohne Grund, wie sich zeigt. Fern aller
literarischer Moden präsentiert Altmeister ALBERT COHEN 1968
mit *Belle du Seigneur* die tragikomische Geschichte des in Liebe zu
Ariane entbrennenden Solal, ein buffonesker Held, dessen wech-
selvolles Leben inmitten der kleinen jüdischen Gemeinschaft des
mittelmeerischen Kephaloniens der Autor zuvor in *Mangeclous*
(1938) gezeichnet hatte. Gegenläufig zur gesellschaftlichen Auf-
bruchstimmung seit 1968 wendet sich das Werk PATRICK MODIA-
NOS der kollektiven und individuellen Vergangenheit zu. Jahr-
gang 1945, gehört MODIANO zu den Spätgeborenen, deren
Kenntnis der Okkupationszeit nicht mehr auf eigener Anschau-
ung beruht. Nach *La place de l'Étoile* (1968) thematisiert auch *La
ronde de nuit* (1969) den Mythos der Résistance. Der Titel benennt
den Judenstern sowie den Pariser Platz am Arc de Triomphe. Eine
von der Gestapo gedungene Gangsterbande überredet den Ich-Erzähler, im Dienst der Deutschen eine Gruppe von Widerstands-
kämpfern auszuspionieren. Die wiederum beauftragt ihn ihrerseits, als Agent die Pläne der Gegenseite zu bespitzeln. Die
Kollaborateure an die Résistants und die Résistants an die Kollaborateure zu verraten, das ist die Not des unheroischen Helden,

der für die eine Seite Lamballe und für die andere Swing Trouba-
dour heißt. Modiano bricht mit der offiziellen Version jener Jahre ein Tabu, unter dem die jüngere Geschichte Frankreichs bis
heute steht. Seit *Livret de famille* (1977) recherchiert Modiano die
ständig die Gegenwart überlagernde eigene Vergangenheit, Am-
nesie und Anamnesis schwingen ineinander (*Rue des boutiques ob-
scures*, 1978; *Vestiaire de l'enfance*, 1989).

Tournier

Tournier gibt in *Le vent Paraclet* (1977) Rechenschaft vom metaphysischen Fundament seines Werks. Der Übergang von der Philosophie zur Literatur wird durch den Mythos vollzogen, der
nichts anderes als eine elementare, von allen gekannte Geschichte bezeichnet, die jedes Mal, wenn sie erzählt wird, ihren
Sinn verschiebt. *Vendredi ou les limbes du Pacifique* (1967) greift
den literarischen Mythos von Robinson Crusoe auf, den Daniel
Defoe 1719 schuf. Schifffahrt, Schiffbruch, ein einziger überlebt
auf der fernen Insel namens Speranza und führt, vom Erzähler regelmäßig unterbrochen, Tagebuch. Nur bis hierhin folgt Michel
Tournier der klassischen Vorlage, denn das Verhältnis von Robinson und Freitag kehrt sich um. Das Leben, das sich der Engländer gemäß europäischen Zivilsationsmustern einrichtet (Akku-
mulation von Reichtümern, Organisation der Arbeit), wird von
Freitag, der nicht nur geographisch die neue Welt repräsentiert, in
seinen grundlegenden Voraussetzungen erschüttert und zum Ein-
sturz gebracht. Als Freitag ihn wieder verlässt, entschließt sich Robinson, für immer auf der Insel zu bleiben. Der gedankliche
Reichtum, die Fülle von Reflexionen und brillanten Sentenzen
dieser Seiten können hier nur angedeutet werden. Tournier, das
ist der philosophische Gehalt, zeigt, wie sich alle Erfahrungen des
Menschen phantastisch verwandeln, sobald jeder Andere fehlt
(die Situation Robinsons, bevor Freitag kommt). Die Wahrnehmung der Außenwelt und des eigenen Ichs, die Vorstellungen von
Zeit und Raum, die Sexualität, der Sinn für Wirklichkeit und Möglichkeit: die habituellen Ordnungsformen haben nicht die Dualität von Subjekt-Objekt, sondern die Dualität Ich-Anderer zur Bedingung. In *Le roi des Aulnes* (1970) greift Tournier auf den
Christophorus-Mythos zurück.

Le Clézio

Bei Jean-Marie Gustave Le Clézio (geb. 1940) ist das Mythische
jene durch die Herrschaftsimperative der Moderne verschüttete
Dimension der Natur. Mit Hinsicht auf ihre Vorhandenheit, nicht
auf ihre Funktion, enthüllen sich die Dinge als nicht vom Menschen gemacht, sowenig wie er sich selber geschaffen hat. Le Clé-
zios Romanfiguren sind fremd in einer Welt, die sie auf der Suche
nach etwas durchqueren, das dem Vollzug instrumenteller Vernunft noch nicht erlag. Fern aller offiziellen Religion ist die Ver-
schmelzung mit der Materie auch eine „voyage religieux" in die

Herzen des Seins: die Beschreibung der *L'extase matérielle* (1967) will einen anderen Bezug zwischen innerem und äußerem Leben herstellen. Diese Erfahrung ist elementar physisch, weshalb die sinnliche Welt des Schönen absolute Priorität vor dem Verstand besitzt. *Désert* (1980) verknüpft zwei Räume, Wüste und Stadt, und zwei in verschiedenen Typographien präsentierte Geschichten miteinander, die von Lalla und die von Nour. Lalla ist ein junges, rätselhaft schönes Mädchen, das aus der Sahara und über das Meer nach Marseille kommt, eine feindliche Stadt, die sie verlässt, um in die Wüste zurückzukehren, wo sie ihr Kind zur Welt bringt. Nour ist ein junger Nomade, der Zeuge des Aufstandes der *hommes bleus du désert* gegen die französische Kolonialmacht in Marokko wird, die 1912 in der Schlacht bei Agadir das Wüstenvolk massakrieren. Aber Nour, der als Überlebender zum Gedächtnis seines Volkes wird, hat die Lehre der blauen Menschen verstanden: Armut, Freiheit und Glaube, alles Übrige ist entbehrlich. Die wie auf einen Bildgrund nur äußerlich aufgetragene Handlung bleibt von einem anderen, kosmischen Rhythmus durchkreuzt und kehrt sich am Ende ihm zu. Auch in *Le chercheur d'or* (1985) und *Voyage à Rodrigues* (1986) verwandelt sich der Sinn des Gesuchten. Nicht das Gold ist der Schatz, sondern die Schönheit der Erde.

Umbruch

In den Achtzigerjahren vollzieht sich in der französischen Literatur erneut ein Umbruch. Verabschiedet werden sowohl das „engagement" wie das selbstbezügliche „écriture" Konzept. Dem „terreur théorique" der semiotisch, strukturalistisch, literatursoziologisch oder psychoanalytisch orientierten Nach-68er-Zeit, die Schreiben intransitiv versteht, setzt DANIÈLE SALLENAVE ein transitives Konzept von „Schreiben" entgegen. Die außerliterarische Welt wird wieder beziehungsweise neu entdeckt, ohne das die Rückkehr zum Erzählen gleichbedeutend mit der Rückkehr zu prämodernem Realismus und Naturalismus wäre. YANN QUEFFÉLEC (*Les noces barbares*, 1985), RAYMOND JEAN (*La lectrice*, 1986), der Neobarock PATRICK GRAINVILLES (*Les forteresses noires*), ERIC ORSENNA (*L'exposition coloniale*, 1988), der Neoklassizismus von PIERRE BERGOUNIOUX (*L'arbre sur la rivière*, 1989) und PIERRE MICHON (*L'empereur d'occident*, 1989) oder die Belgierin JACQUELINE HARPMAN (*Orlanda*, 1996) sind hier zu nennen.

Postmoderne

Der Siegeszug der neuen Medien und Technologien führt nicht wie vielfach prognostiziert, zum Untergang der Schriftkultur, die Umgruppierung der Wahrnehmungsformen reicht aber tief in das Buch hinein. Durch die Erweiterung des Kulturbegriffs – Jahrzehnte zuvor sprach Adorno von „repressiver Entsublimierung" –, der von rechts wegen auch eine „Unternehmenskultur" kennt, entdifferenzieren sich die Erfahrungsfelder. Der Eigensinn des

Ästhetischen schwindet im selben Maße wie Literatur, deren Anteil an der Gesamtauflage aller Bücher in den Achtzigerjahren auf 30 Prozent sinkt, zur Ware wie jede andere wird. „Le tout-culturel" integriert alles Heterogene in die Kommunikationsgesellschaft. Das Schicksal eines Buches, für dessen Vermarktung die Medien von großer Bedeutung sind, entscheidet sich heute in den ersten Wochen nach seiner Veröffentlichung. In immer kürzeren Abständen liegen die Neuerscheinungen in den Buchhandlungen aus und verschwinden genauso schnell wieder aus ihnen. Das Pariser Verlagskartell „Galligrasseuil" beherrscht den literarischen Markt.

Lyotard

Die Postmoderne erklärt die Aufklärung für historisch. Jean François Lyotards *La condition postmoderne* (1979) findet weltweite Resonanz. Der vormals militante Marxist nimmt hier von den „großen Erzählungen" der Moderne Abschied. Die Moderne wird nicht mehr von ihrem ökonomischen Bewegungsgesetz her begriffen, sondern als Projekt, litterarische Gattung oder Denkform. Das diagnostizierte Ende aller großen Neuerungen in Philosophie, Wissenschaft und Kunst gilt auch für die Kunst. Die großen Gedankensysteme sind ebenso durchgespielt wie nach dem Ende der Avantgardbewegungen die schöpferischen Möglichkeiten der Kunst. Mit dem Mythos des Fortschritts verliert auch die Idee des Neuen ihr Pathos. Es gibt nichts mehr, was zu überschreiten, zu überbieten oder einzulösen wäre. Aus der Utopie weicht der ästhetische Möglichkeitssinn in die Vergangenheit zurück, postmoderne Literatur dekonstruiert und rekonstruiert die in eine endlose Reihe möglicher Geschichten zerfallene Geschichte. Mit Zitaten, Plagiaten, Stilmontagen durchprobt sie eklektisch, spielerisch und experimentell alle ästhetischen Mittel. Genau an dieser Stelle setzt die Kritik an postmoderner Beliebigkeit ein: das „anything goes" ist reaktiv und gehört zu einer Periode des Stillstandes, die, je gründlicher die ultrastabilen Verhältnisse jede Aussicht auf wahrhaft Neues verstellen, sich um so besser auf Resteverwertung versteht.

Gegenwart

Die Postavantgarde schließt nicht polemisch mit der Avantgarde ab, sondern integriert sie. Geschichte und Gegenwart sind nicht mehr antithetisch, alle ästhetischen Formen und Stile stehen in spannungsloser Koexistenz nebeneinander. Die Vertreter des sogenannten „Minimalismus", CHRISTIAN OSTER (*Volley-Ball*, 1989), CHRISTIAN GAILLY (*Dit-il*, 1987; *L'air*, 1991), PATRICK DEVILLE (*Longue vue*, 1987) und JEAN-PHILIPPE TOUSSAINT stehen für dieses spielerisch-oberflächliche Schreiben. Bereits die Titel von TOUSSAINTS Romanen, *La salle de bain* (1987) und *L'appareil-photo* (1991) verweisen auf die Lebensform der Romanprotagonisten, die alles, was die private Sphäre übersteigt, draußen halten möchten. Das

Werk ist deshalb aber nicht einfach Apologie von Rückzug und Innerlichkeit, durch zahlreiche Risse und Brüche dringt die Realität der Gesellschaft in den Text (*Monsieur*, 1986).

Von den Minimalisten sind JEAN ECHENOZ *(Le méridien de Greenwich*, 1979; *Cherokee*, 1983; *L'Equipee malaise*, 1986) MARIE REDONNET und FRANÇOIS BON trotz ihres gleichfalls spielerischen Umgangs mit der außerliterarischen Realität zu unterscheiden. Die Kritik hat die gemeinsame Tiefendimension ihrer Werke als „Trauerarbeit an der Moderne" bezeichnet, unabhängig vom Pastiche moderner Romanformen und dem parodistischen Zitat historischer Persönlichkeiten. Die Existenz von ECHENOZ' marginalen Helden ist die nach dem Ende der Utopien. Die opak gewordene Realität verweigert sich der Durchdringung, von der kurzen Hoffnung auf Revolution ist die nostalgische Reminiszenz geblieben, erzählerisch gibt es, zumal mit Hinsicht auf ein sozialkritisches Panorama, keinen Ort mehr, um mehr als Details darzustellen. MARIE REDONNETS Romane (*Splendid Hotel*, 1986; *Forever Valley*, 1987) kreieren in äußerst vereinfachter Sprache und Syntax ein Universum irreparabler Verluste. FRANÇOIS BON debütiert mit *Sortie d'usine* (1982) wie ein verspäteter sozialkritischer Realist, doch die in *Limite* (1984) und *Décor ciment* (1984) weiter ausgebaute Welt des vierten Standes jenseits der Pariser Périphérique ist in ihrer dumpfen Wut und absoluten Hoffnungslosigkeit eher jene CÉLINES als die der Barrikade.

ALAIN NADAUD und MICHEL RIO rechnen sich ebenfalls zu den postavantgardistischen Romanciers, jedoch soll die „bricolage", die Gattungs- und Epocheneinheiten unterlaufende Entgrenzung des Erzählens das Imaginäre kritisch rehabilitieren, um auf die wachsende Bilderflut der medial vernetzten Wirklichkeit mit einem nicht quantifizierbaren Bildtypus zu antworten. NADAUDS „roman d'aventure métaphysique" wählt dazu den Umweg über die Geschichte, um in historischer Einkleidung ein Portrait der Gegenwart zu entwickeln (*L'archéologie du zéro*, 1984; *L'iconoclaste*, 1989). Bei RIO nimmt der neohistorische Roman die Gestalt eines in der Gegenwart spielenden Abenteuerromans an, der von einer mythologischen Bedeutungsschicht, auf die zahlreiche intertextuelle Anspielungen verweisen, grundiert wird (*Alizés*, 1984; *Merlin*, 1989).

Als Exponenten weiblichen Schreibens repräsentieren LESLIE KAPLAN und MARIE N'DIAYE den Übergang von den theoretischen Debatten der Siebzigerjahre zum experimentellen Schreiben des folgenden Jahrzehnts. Nur zwei ihrer sechs in den Achtzigerjahren publizierten Texte bezeichnet KAPLAN als Roman. *L'excès-l'usine* (1982) und *Livre des ciels* (1983), das die Entwirklichung des Arbeitenden durch die Arbeit zum Thema hat, changieren zwischen Prosagedicht und Erzählung, *Le silence du diable* (1989) ist trotz seiner romanesken Strukturen keiner Gattung subsummierbar. Geprägt von Kristeva und

BLANCHOT verhindert der „Tod des Subjekts" (KAPLANS Protagonistin in *L'excès-l'usine*, die mit der geschlechtsneutralen Pronominalform „on" bezeichnet wird, ist allein aufgrund der Passiv-Endungen als weibliches Ich identifizierbar) ein Schreiben, das sich mittels äußerer Objekte konstituiert. Die von „blancs" durchsetzten Texte verzichten selbst auf den Anschein von Wissen und Totalität, unverfälschte Erfahrungen gelingen nur augenblickshaft. MARIE N'DIAYE, das Wunderkind der Achtzigerjahre, veröffentlicht siebzehnjährig *Quant au riche avenir* (1985), das Tagebuch einer „Z" genannten Figur, die über Schule, Zeit und Leben, schließlich über den Abstand zwischen Bewusstsein und Schreiben nachdenkt. In *La femme changée en bûche* (1989) reflektiert die Autorin die eigene afrikanische Herkunft. Ganz im Geist der „génération Mitterand" stehen die Erfolgsromane von PHILIPPE DJIAN *(Bleu comme l'enfer*, 1982; *37,2 le matin*, 1985) der die „beat-generation" mit der entpolitisierten Alltagssprache kompatibel macht und die alternative Geborgenheit privater Freiräume zu gesellschaftlichen Randzonen stilisiert. Zu den „inclassables" gehört HERVÉ GUIBERT, der sein kurzes Leben lang von seinem Kampf gegen Aids erzählt, ein obszönes, wütendes, anarchistisches Aufbegehren, ehe er 1991 der Krankheit unterliegt. Der letzte Satz von *A l'ami qui ne m'a pas sauvé la vie* (1990) gewinnt dem Anblick des bis auf die Knochen abgemagerten Körpers ein letztes Bild ab. *Mes muscles ont fondu. J'ai enfin retrouvé mes jambes et mes bras d'enfant.*

Namen	Begriffe	Themen
Foucault, Derrida, Barthes, Lacan	Strukturalismus	Geschichtliche-, epistemologische-, psychoanalytische- und sprachliche Tiefendimensionen
Perec, Sollers,	*OuLiPo, Tel Quel*	*Écriture, intertextualité,* literarische und gesellschaftliche Praxis
Sarrazin, Leduc, Kristeva, Irigaray, Cixous, Groult	Feminismus	Autobiographie, Kritik des Logos, weibliche Physis
Modiano, Tournier, Le Clézio	Mythen	Vergangenheitsbewältigung, naturhafter Grund zivilisatorischer Ordnungen, *extase matérielle*
Sallenave, Quéffelec, Orsenna Lyotard, Toussaint, Echenoz, Nadaud, Rio, N'Diaye, Djian	Transitives Schreiben Postmoderne, Zitat der Vergangenheit, Beliebigkeit	Wiederentdeckung der außersprachlichen Wirklichkeit, Ende der Utopien, Neohistorismus, Privates, polymorphes Bewusstsein

| Literatur | Asholt (1994), Borgnier (1986), Bouloumié (1988), Burgelin (1988), Flügge (1992), Mercier (1976). |

2 Lyrik

| Aktualität | Absurdes Theater, Nouveau-Roman, Nouvelle Critique: eine „Nouvelle poésie" gibt es nicht. Von allen literarischen Gattungen ist es die Lyrik, die sich permanent erneuern muss. Indem sie die klanglichen, rhythmischen und musikalischen Valeurs der Worte semantisiert, zeichnet sie die Veränderungen der Sprache mit seismographischer Genauigkeit auf. Es scheint nicht sinnvoll, die lyrischen Entwicklungen der letzten Jahrzehnte unter Leitbegriffen zu ordnen. Sieht man vom kurzlebigen „lettrisme" (der das musikalisch verstandene Wort bis in seine klanglichen Elemente hinein zersetzt) eines ISIDOR ISOU oder von PIERRE GARNIERS „spatialisme" ab, so scheint die Zeit der Manifeste und poetischen Bewegungen erst eimal vorüber zu sein. Daß sich „telqueliens" wie MARCELIN PLEYNET (*Stanze*, 1973) und DENIS ROCHE seit den Siebzigerjahren verstärkt der Poesie zuwenden, dient nicht nur dem Angriff auf die „écriture supérieure". Die Faszination der poetischen Sprengkraft verhindert bei ROCHE seinen je aufs Neue deklarierten Abschied von der Poesie (*Éros énergumène*, 1968; *3 pourissements poétiques*, 1972). Auch wenn sich stofflich wie formal gemeinsame Tendenzen finden (Reduktion des Umfangs, Verzicht auf die Geschichte, Askese bezüglich der großen Antworten), die Heterogenität ästhetischer Erfahrungen und Formen überwiegt. Das Spektrum reicht vom humanistischen Timbre ALAIN BOSQUETS (*Livre du doute et de la grâce*, 1977; *Un jour après la vie*, 1984) bis hin zur sarkastischen „désinvolture" eines GEORGE PERROS (*Une vie ordinaire*, 1967). |

| Mai 1968 | Mit der Studentenrevolte bricht die Lyrik aus dem Zirkel byzantinischer Gelehrsamkeit aus. Bereits im Jahr zuvor sorgt die engagierte Lyrik *Chants pour le Vietnam* für Aufsehen, JEAN PERRETS Gedicht „A propos de mauvaise foi" hat den Algerienkrieg polemisch zum Inhalt. Auch wenn Vers und Reim nicht die Hauptsorgen einer Bewegung sind, die Frankreich an den Rand eines Generalstreiks bringt: sprichwörtliche Slogans wie „L'imagination au pouvoir", „Sous le pavé la plage", „Il est interdit d'interdire" und „Debout les damnés de Nanterre" (Universität in Paris, wo es im März 68 zu Unruhen kommt, von denen ROBERT MERLES *Derrière la vitre* berichtet) tragen in Graffiti, Flugblättern und Plakaten Politisches auf die Straße. Zu den anonymen Autoren solcher Parolen gesellen sich prominente Namen: MICHAUX, BUTOR, PRÉVERT, GUILLEVIC, die ebenso leidenschaftlich Partei für die Re- |

volte ergreifen wie RAYMOND ARON und JULIEN GREEN dagegen. CLAUDE DEJACQUES kommentiert im Band *A toi l'angoisse, à moi la rage. Mai 1968* die „Fresken von Nanterre" lyrisch. Kommunismus und Anarchie, Parodie und Revolte: den Forderungen des Tages verleiht die Poesie literarischen Ausdruck, wie von den Surrealisten einmal gefordert soll der Aufstand der Schrift an der Umwälzung der gesellschaftlichen Wirklichkeit mitwirken. In einer Sonderausgabe über die Maitage zitiert das Magazin „France-Soir" sogar den Vers von PAUL VALÉRY: *Beau ciel, vrai ciel, regarde moi qui change.* Ohnehin nicht auf Dauer und Haltbarkeit angelegt, überlebt das Gros der Chansons und Gedichte den politisch erregten Augenblick ihrer Entstehung nicht. Ihren ästhetisch adäquatesten Ausdruck findet die Forderung nach Bewusstseinswandel und Solidarität mit allen Deklassierten bei DANIEL BIGA (*Oiseaux mohicans*, 1970; *Kilroy was here*, 1972).

Deleuze/ Guattari

Gesellschaftlich folgenreicher als der Gestus der großen Verweigerung ist die Emanzipation der oft sprachlosen Minderheiten. Das Konzept der Minorität ist literatur- und gesellschaftstheoretisch bei Deleuze und Felix Guattari zentral. *L'Anti-Oedipe* (1972) definiert den Wunsch nicht als Mangel, sondern als dynamische Pluralität libidinöser Potentiale, deren Ströme beliebige Realitätspartikel miteinander verbinden. Derselbe anarchische Impuls, der das Begehren aus seiner familiären Ökonomie und ödipalen Matrix befreit, trägt die Konzeption der Buches als Zirkulation heterogener Sinnesfelder. Als Ausdruck der minoritären Kräfte, die individuell wie sozial die herrschenden Formationen desintegrieren, ist die „littérature mineure" subversiv, in ihr artikulieren sich Minderheiten. Regionalliteraturen, außereuropäische Frankophonien und Homosexuelle, „écologistes" und „tiers-mondistes" ertrotzen sich Stimmrecht. Auch die neue Frauenbewegung, mit der sich SIMONE DE BEAUVOIR enthusiastisch solidarisiert, konkretisiert die Ideen von Autonomie und Befreiung. 1970 wird der M.L.F. (Mouvement de libération des femmes) gegründet, die 1972 gemeinsam mit dem F.H.A.R. (Front homosexuel d'action révolutionnaire) in den Pariser Straßen demonstrieren. 1975 wird eine Anzahl von Kirchen von Prostituierten besetzt. 1976 stellt MARTHE-CLAIRE FLEURY ihre Anthologie 147 *femmes-poètes de notre temps* vor.

Panorama

Dem Schweizer PHILIPPE JACOTTET liegt Intellektualismus fern. Mit jedem Gedichtband nähert er sich seinem Ideal des einfachen Stils – auch CLAUDE ROYS *A la lisière du temps* (1984) ist dieser „poésie simple" verpflichtet –, eine bewusste Naivität, die weder Humor noch Todesgedanken ausschließt (*L'ignorant*, 1958; *Airs*, 1967). Nur durch geduldiges Befragen geben die Erscheinungen ihr Verborgenes frei. Mit *Pensées sous les nuages* (1983) verzichtet

JACOTTET auf jeden Eingriff in diese Sphäre. Das flüchtige, prekäre Leben verlangt ein Maß, um zu bestehen. *Tant d'années/et vraiment si maigre savoir/coeur si défaillant?* JACQUES RÉDA handhabt Metrik und Vers grandios. Gegenüber dem ungreifbar Scheinhaften einer anonymen Wirklichkeit ist es die Dichtung allein, die dem Zweifel entgeht (*Amen*, 1968). *Retour au calme* (1989) findet die Versöhnung in der Natur, die RÉDA in Alexandrinern besingt. Dichtung über Dichtung ist die von BERNARD NOËL, dessen vorwiegend optisch motivierte Kunst die Verse zu experimentellen Formen des Sehens macht (*Poèmes* I, 1983). Nachdem seine *Poèmes de la presqu'île* (1961) die sinnlichen Phänomene ins Wort zu rufen suchten, erscheint 1973 die erste Anthologie von MICHEL DEGUY. Sprunghafte Rhythmen und sprachliche Neubildungen gleichen sich dem „tempo du monde" an. Die Reflexion auf den schöpferischen Akt der Sprache ist eine weitere Konstante im Werk DEGUYS (*Actes*, 1966; *Gisants*, 1985). Lyrik von LIONEL ROY umfasst Destruktion und Konstruktion in einem. Als er 1971 seinen Geburtsnamen Robert Lorho ablegt, verändert sich auch sein Schreiben radikal, das klassisch war und avantgardistisch wird. Der Katarakt von Worten, Satzfetzen, grammatischen Sprüngen und zu Versen zerschlagener Prosa bezweckt eine „désarticulation", ohne deshalb Willkür und Zufall viel Raum zu lassen (*Les métamorphoses du biographe*, 1971). *Partout ici même* (1978) schwächen die rhythmischen Stöße ab, mit *Approches du lieu* (1986) sowie dem in klassischem Versmaß gehaltenen *Le nom perdu* (1987) kehrt ROY zur Konstruktion lesbarer Formen zurück.

Namen	Begriffe	Themen
Roche, Pleynet	Tel Quel	Dekonstruktion und Rekonstruktion der Lyrik
Anonyme Verfasser, Biga, Deleuze, Guattari	Mai 1968	Anarchie, Engagement, Antikapitalismus, Minoritäten
Jacottet	Einfacher Stil	Natur, Leben und Sterben

Literatur Deguy (1987), Ferry/Renaut (1988), Thomas (1989).

3 Drama

Politisierung

ADAMOV, GENET und FERNANDO ARRABAL hatten das absurde Theater, das bei IONESCO und BECKETT Abstinenz gegen jede ästhetische Unmittelbarkeit übt, als politisches kenntlich gemacht. Der gesellschaftliche Umbruch der Sechzigerjahre wirkt tief in Inhalt und Form der zeitgenössischen Dramenproduktion hinein. MICHEL VINAVER (geb. 1927) verzichtet auf eine direkte Darstellung der Politik, die nur in ihren Wirkungen auf den Alltag der Protagonisten vorstellig wird, so der Koreakrieg in *Les coréens* (1956), so der algerische Staatsstreich vom 13. Mai 1958 in *Iphigénie Hôtel* (1960). *Par-dessus bord* (1972) und *La demande d'emploi* (1973) sind ein Querschnitt der Arbeitswelt, der erbitterte Kampf zwischen zwei rivalisierenden Konzernen wird bühnentechnisch innovativ (Simualtandialoge, Tanzeinlagen) in Szene gesetzt. CHARLES PROST versucht sich in *La crise des esprits supérieurs* (1962) am Phänomen de Gaulle und quartiert den Potentaten im fernen China ein, wo er sich als mittelalterlicher Reformkaiser installiert, doch nur Fahnen Uniformen und Pagodenfassaden polieren lässt.

Gatti

ARMAND GATTI (geb. 1924) wird zum führenden Vertreter des politisch engagierten Theaters in Frankreich. Seine Stücke entstehen aus seinen Erfahrungen, Résistance und KZ. *La vie imaginaire de l'éboueur Auguste Geai* (1962) stellt das proletarische Milieu seiner Jugend dar, in dem GATTI als Sohn eines emigrierten Arbeiters aufwuchs. Die als Rückblende, nicht als Handlung vorgetragenen Bühnenereignisse (der tödlich getroffene Geai erinnert sein Leben im Augenblick der Agonie noch einmal, verschiedene Zeiten und Räume gehen wie Traum und Wirklichkeit ineinander über) spielen in einem Armenviertel Marseilles und verarbeiten den Tod seines Vaters, der bei einem Streik der Müllarbeiter durch polizeiliche Gewalt ums Leben kommt. Wie der Streik misslingt auch die Liebe zwischen Laurence und Auguste, der Zusammenhang zwischen sozialer und sexueller Deformation ist deutlich. GATTIS Realismus verzichtet in Zukunft auf jede Konzilianz, durch Identifikationsfiguren nimmt das Publikum selber an den Konflikten der Theaterfiguren teil. *La deuxième existence du camp de Tatenberg* (1962) schreit seinen Hass gegen den Faschismus heraus, *Chant public devant deux chaises électriques* (1966) aktualisiert in Gestalt zweier Arbeiter das Schicksal von Niccolo Sacco und Bartolomeo Vanzetti, italienische Emigranten in den USA, die als mutmaßliche Sozialisten oder Anarchisten 1927 einem Justizirrtum zum Opfer fallen. Aufgewühlt und von äußerster Heftigkeit ist auch die Bühnensprache von *La passion du général Franco* (1968), dessen Aufführung an Jean Vilars *Théâtre National Populaire* verboten wird. Für das Vietnamstück *V comme Viêt-nam* (1967) muss GATTI

nach Strasbourg und Toulouse ausweichen. Handlung wird bei ihm überall reflexiv gebrochen, BRECHT steht Modell, Verfremdungseffekte werden durch den Einsatz von Radio-, Film- und Fernsehtechniken erzielt.

Kollektiv

Für GATTI ist Theaterarbeit Arbeit einer Gruppe, hinter der jeder Einzelne zurücktritt. Die Agitation von Studenten, Arbeitern und Immigranten, die den professionellen Schauspieler ablösen, ruft die Zuschauer zur Teilnahme auf. Das Jahr 1968 sieht die Geburt des kollektiven Theaters, das die Hierarchien zwischen Schriftsteller, Schauspieler und Spielleiter abschafft. ARIANE MNOUCHKINE geht in diesem Experiment am weitesten. 1964 noch eine lose zusammengeschlossene Truppe, existiert ihr *Théâtre du Soleil* seit 1970 in seiner heutigen Form. In den immensen theatralischen Fresken von *1789, 1793, L'Age d'or* (der Revolutionsstoff ist didaktisch gut gewählt) mischt sich das Publikum unter die Schauspieler. MNOUCHKINES totales Theater entfesselt mit Pantomime, Maskerade und Tanz die Lust am Spiel. Allgemein erhält die Aufführungspraxis des „metteur en scène" Priorität vor dem Autor. Plakate kündigen nicht mehr den *Tartuffe* von BEAUMARCHAIS, sondern die Inszenierung von Roger Planchon (ein Schüler von BRECHT und Vilar), *La dispute* von Patrice Chéreau, *Faust* von Antoine Vitez an. Vermittels des *Théâtre des nations* gelangen ausländische Regiearbeiten nach Paris: die Happenings des „Living Theater" von Julian Beck, Luca Ronconis *Orlando furioso*, Peter Brooks SHAKESPEARE-Inszenierungen, Giorgio Strehlers Adaptionen italienischer Klassiker. Der Text, klassisch oder modern, geschrieben oder improvisiert, wird zum „prétexte", KAFKAS *Verwandlung*, RILKES *Malte Laurids Brigge* erhalten ebenso Bühnenrecht wie Romane von DICKENS oder BALZACS *Illusions perdues*, die im *Théâtre du Campagnol* Spektakel werden. Die Dezentralisierung der französischen Theaterlandschaft begünstigt diese Tendenzen, abseits staatlicher Reglementierung erwacht in den Pariser Vororten und in den Provinzen ein reges Theaterleben. Die Entwicklung der von MALRAUX eingerichteten „maisons de la culture" öffnet das mit Rekurs auf BRECHT, JARRY, ARTAUD oder Freud reinterpretierte Repertoire einem großen Publikum.

Positionen

Spätestens mit Ende der Siebzigerjahre setzt die Gegenbewegung zurück zum Autor ein. Intimismus, kritischer Realitätssinn und metaphysische Angst sind Charakteristika der jüngsten Phase. MARGUERITE DURAS' *L'Eden-Cinéma* (1977) spielt im Titel auf das Stummfilmkino an, wo ihre Mutter zehn Jahre lang Klavier spielte, um sich und den Kindern den Lebensunterhalt zu sichern. Eher eine Kantate zu mehreren Stimmen als ein Stück, vereinen sich Wort und Musik, Licht und Schatten zu faszinosen Bildern. Nach einer Karriere als Schauspielerin findet LOLEH BELLON (geb. 1925) erst spät zum Schreiben. Ihr intimistisches Theater kennt vornehmlich zwei sujets, die Ränke hinter den Kulissen (*Changement à vue,* 1978) und die zärtlich-melancholischen Beziehungen zwischen Frauen derselben Generation oder zwischen Mutter und Tochter (*Les dames du jeudi,* 1976; *De si tendres liens,* 1984). *L'histoire terrible mais inachevée de Norodom Sihanouk roi du Cambodge* (1985), das HÉLÈNE CIXOUS für MNOUCHKINES *Théâtre du soleil* schreibt und dessen Aufführung zwei Abende füllt, nimmt SHAKESPEARES Königdramen zur Folie, um sich der rätselhaften und verführerischen Gestalt des kambodschanischen Politikers Sihanouks zu nähern. JEAN-CLAUDE BRISVILLE, der frühere Sekretär von ALBERT CAMUS, setzt in *L'entretien de M. Descartes avec M. Pascal le jeune* (1986) den großen Rationalisten und den großen Theologen an einen Tisch, für den Vernunft und Wisenschaft die Angst vor den unendlichen Räumen des Alls nicht zu beschwichtigen vermögen. Das letzte Stück des in Buenos Aires geborenen COPI *Une visite inopportune* (1988), das ein Jahr nach seinem Tod uraufgeführt wird, zieht die testamentarische Summe seines gesamten Bühnenwerks (*Eva* Péron, 1969; *L'homosexuel ou la difficulté de s'exprimer,* 1971). COPI zeigt mit Cyrill, einen alternden Dramaturgen, der von Aids befallen im Krankenhauszimmer liegt, sich selber. Um ihn herum kommen und gehen Freunde, Schauspieler und Krankenschwestern. Als alle gegangen sind, stirbt Cyrille in Begleitung von Regina. BERNARD-MARIE KOLTÈS (1948–1989) schildert in *Combat de nègre et de chiens* (1983) den gewalttätigen Neokolonialismus in Nordafrika. Auch *Retour au désert* (1988) ist von den traumatischen Erinnerungen an den Algerienkrieg besessen. KOLTÈS Stücke, deren Sprache von merkwürdiger Schönheit ist, zeigen Randexistenzen, immer wieder sind sie von menschenfernen, wüstenähnlichen Orten angezogen.

Namen	Begriffe	Themen
Vinaver, Gatti	Politisches Theater	Arbeitswelt, Ausbeutung, staatliche Gewalt
Mnouchkine, Planchon, Chereau	Kollektives Theater, Regietheater	Totales Spiel, Transformation klassischer Stoffe
Duras, Cixous, Copi, Koltès	Zurück zum Autor	Kritischer Realismus, Intimismus, metaphysische Angst

Literatur Floeck (1989), Godard (1980), Temkine (1987).

5

KAPITEL Frankophone Literaturen

1 Maghreb

Geschichte

Das arabische Wort für „Westen" bezeichnet den westlichen Teil der arabisch-muslimischen Welt. Zum Großen Maghreb gehören Lybien und Mauretanien, der sogenannte Kleine Maghreb umfasst Algerien, Tunesien und Marokko. Die französischsprachige Literatur dieser Länder setzt bedingt durch die Besonderheiten ihrer kolonialen Vergangenheit nicht gleichzeitig ein. Algerien wird 1830 französische Kolonie, erst nach achtjährigem Krieg erlangt es 1962 seine staatliche Unabhängigkeit. Marokko und Tunesien, französische Protektorate seit 1912 beziehungsweise 1882, werden 1956 selbständig. Signifikant ist die Vielsprachigkeit des Maghrebs, wo das Hocharabische Staats- und Literatursprache ist, berberische und arabische Dialekte weitverbreitet sind. Durch jüdische, katholische und islamische Traditionen entsteht im Laufe von Jahrhunderten eine Vielzahl von Kulturen im selben geographischen Raum. Die Sprache der Kolonisatoren wird von den „Beurs", in Frankreich geborenen oder aufgewachsenen Maghrebinern, angenommen und zu einer autochtonen französischsprachigen Literatur umgeformt. Dagegen setzt sich die „Ecole d'Alger" aus Franko-Algeriern zusammen: ALBERT CAMUS, JULES ROY, EMMANUEL ROBLES, GABRIEL AUDISIO. Die Einheit des Maghrebs wird von der arabischen Sprache und der islamischen Zivilisation begründet. In sie bricht der Kolonialismus zerstörerisch ein. Die Geschichte der maghrebinischen Literatur „d'expression française" ist von dieser leidvollen Erfahrung, die sie in allen Phasen bis zur postkolonialen Ära spiegelt, nicht zu trennen.

Tunesien

Die frankophone tunesische Literatur setzt mit *La statue de sel* (1953) des jüdischen Schriftstellers ALBERT MEMMI ein. Der autobiographisch angelegte Roman schildert die Situation eines tunesischen Juden, dem seine zweifache Herkunft das Leben zum Exil im eigenen Lande macht. MEMMIS 1954 verfasster Essay *Portrait du colonisé précédé du portrait du colonisateur* setzt beider Verhältnis dialektisch auseinander und weist dem Kolonisierten als einzigen Ausweg die Revolte. Auch die spätere Essayistik MEMMIS zeigt Flagge (*L'homme dominé*, 1968; *Le racisme*, 1982). Die weitere Entwicklung der tunesischen Literatur verläuft wesentlich in den Bahnen der arabischen Sprache.

Algerien	Der Araber KATEB YACINE (1929–1989) und der katholische Berber JEAN AMROUCHE eröffnen die algerische Literatur in französischer Sprache. Die Sprachfindung ist identisch mit dem Erwachen eines politischen Bewusstseins, das sich, paradox genug, in der Sprache der Invasoren artikuliert, um deren Hegemonie zu denunzieren. YACINES Roman *Nedjma* (1956) markiert durch die Originalität seiner Konstruktion einen Wendepunkt in der Geschichte des maghrebinischen Romans. Die Darstellung geschieht ohne Rücksicht auf die Chronologie, Traum und Wirklichkeit versinken in einer Flut von Bildern, die Sätze sind erratisch, die Symbole voller Gewalt. Die Geschichte der Heldin wird überblendet von Episoden algerischer Geschichte bis zur Gegenwart des Befreiungskampfes.

Von derselben revolutionären Verve ist KATEB YACINES Theaterschaffen. *Le cercle des représailles* ist 1959 das erste, *L'homme au sandales de caoutchouc* 1970 das letzte Stück auf französisch, danach schreibt YACINE wieder arabisch (*Mohammed, prends ta valise*, 1971). AMROUCHES Gedichtsammlungen *Cendres* (1934) und *Etoiles secrètes* (1937) sprechen für die, die keine Stimme haben und verbinden die Überwindung des Status quo mit christlicher Erlösungshoffnung. Auf der Suche nach einem „héros méditerranéen" wählt AMROUCHES Essay *L'éternel Jugurtha* (1946) die antike Figur des Numiderfürsten, der sich aus der Sklaverei erhebt und einen Aufstand gegen die römischen Okkupanten wagt. Für seine erhoffte Zukunft wird das algerischen Volk in seiner Vergangenheit fündig. Realistisch ist das Erzählmuster bei MOULOUD MAMMERI (*La colline bleue*, 1952) und MOHAMMED DIB (*La grande maison*, 1952). Sie schildern den Zusammenstoß der europäisch-urbanen Lebensform mit der agrarisch traditionellen, die unterliegt. Mit dokumentarischer Nüchternheit berichtet MOULOUD FERAOUN in *Le fils du pauvre* (1950) autobiographisch von seiner Kindheit im Milieu der Ärmsten. Materielles Elend, Ungleichheit und Intoleranz sind die Themen von *La terre et le sang* (1959), *Les chemins qui montent* (1957). 1962 kommt FERAOUN bei einem von der französischen O.A.S. angerichteten Massaker ums Leben. Maghrebinische Frauen, die in französischer Sprache schreiben, sind ASSIA DJEBAR, die 1957 mit dem Liebesroman *La soif* hervortritt und MARIE LOUISE AMROUCHE, die Schwester des Lyrikers. Da auch nach der Befreiung Algeriens im wesentlichen an der überlieferten islamischen Gesellschaftsform festgehalten wird, bleiben die Frauen in vielen Bereichen diskriminiert.

Marokko	Als DRISS CHRAÏBI (geb. 1926), achtundzwanzigjährig, seinen ersten Roman *Le passé simple* veröffentlicht, ist der Skandal perfekt. Leicht als Autobiographie kenntlich, erzählt der ehemalige Koranschüler CHRAÏBI von der Revolte des Driss Ferdi gegen einen ritualistisch erstarrten Islam, verkörpert in der Autorität des Vaters.

Der Held, der sich von allem lossagt und nach Frankreich aufbricht, repräsentiert darin den Zwiespalt einer ganzen Generation, denn auch nach der Emigration nehmen die Schwierigkeiten kein Ende. Die folgenden Romane *Les boucs* (1955) und *L'âne* (1956) geben der Enttäuschung über das gelobte Land Frankreich Ausdruck. Dessen ungeachtet lässt sich CHRAÏBI 1959 dort nieder. *La civilisation, ma mère !...* (1972) bringt eine witzige Chronik des marokkanischen Alltagslebens, aus dem sich die Gestalt der Mutter herauslöst, deren Aufbegehren gegen die Bedingungen ihres Lebens sich an die Frauen der maghrebinischen Gesellschaften insgesamt richtet.

Postkolonialismus

Nach dem Ende des Krieges und dem Erreichen der staatlichen Unabhängigkeit hat die militante Literatur ihren Gegenstand und ihr Publikum verloren. Während in den Maghrebstaaten ein Prozess der Arabisierung einsetzt, stellt sich vielen maghrebinischen Schriftstellern französischer Sprache das Problem der Bilingualität: in welcher Sprache schreiben? (MALEK HADDAD). Literarisch weist Frankreich weiter die Richtung. Tel Quel, Poststrukturalismus, Nouveau-Roman werden rezipiert, die literarische Neubestimmung schließt im Maghreb aber enger an marxistische Programme an und definiert die Literatur gesellschaftsbezogen. Die „bâtardise culturelle" – *Mémoire tatouée* nennt ABDELKEBIR KATHIBI seinen 1971 erschienenen Roman, die konfliktreiche „amour bilingue" zwischen Angehörigen verschiedener Kulturen stellt MEMMIS *Agar* (1955) dar –, das sprachliche und räumliche Exil der in Frankreich lebenden maghrebinischen Autoren verarbeiten die Romane HADDADS *(Le quai aux fleurs ne répond plus,* 1961) und RACHID BOUDJEDRAS, beide Algerier. *La répudiation* (1969) ist der fieberhafte Bericht eines jungen Algeriers, der seiner europäischen Freundin von seiner trostlosen Kindheit und den barbarischen Sitten seiner Heimat erzählt. Die Unterwerfung der Mutter unter die unbeschränkte Autorität des Vaters macht die Situation unerträglich. In *Topographie idéale pour une agression caractérisée* (1975) symbolisiert die Pariser Metro die Aggression einer ganzen Stadt. Nachdem er gerade sein Land verlassen hat, gerät ein Algerier bei der Ankunft in Paris in das Labyrinth der Untergrundschächte. Die unbekannte, unentzifferbare Welt – grelle Werbeflächen, zuckende Lichter, verächtliche Blicke der Passanten, unverständliche Stationsnamen – schlägt über ihm zusammen, am Ende wird er von einer Horde Jugendlicher umgebracht. Formal an den Nouveau-Roman angelehnt, zeichnet die Syntax die sich zur Panik steigernde Angst des Helden nach.

ASSIA DJEBAR (*Femmes d'Alger dans leur appartement,* 1980) und YAMINA MÉCHAKRA (*La grotte éclatée,* 1979) übertreten noch immer

Tabus, wenn sie auf die „condition de la femme" in der musel-manischen Zivilisation aufmerksam machen. Für DJEBAR bildet das autobiographische Erzählen *(Les enfants du nouveau monde, 1962; Les alouettes naïves, 1967)* speziell die Basis weiblichen Schreibens. Lyrik, die ANNI GREBI für den Unabhängigkeitskampf engagiert, wird bei HEDI BOURAOUI, MALLEK ALLOULA und ABDE-LATTIF LAÂBI poetologisch-reflexiv. Traditionelle Formen und Rhythmen treffen auf französisches Versmaß. Auch die literari-schen Anfänge des Marokkaners TAHAR BEN JALLOUN sind lyrisch *(Cicatrices du soleil,* 1972). Die Prosaschrift *Harrouda* (1973) ver-zichtet auf chronologische Narration, das Schicksal der Prostitu-ierten wird von anderen Erzählsträngen durchkreuzt. Das Los sozial Marginalisierter, Reisemotive, Sexualität und Identitätssu-che bestimmen auch BEN JALLOUNS weiteres Werk *(Moha le fou, Moha le sage,* 1978; *La prière de l'absent,* 1981). Innovativ ist *L'en-fant de sable* (1987), da hier der von der maghrebinischen Litera-tur französischer Sprache weitestgehend respektierte europäische Gattungskanon unterlaufen ist. Zahra muß ihr Geschlecht ver-leugnen und als Ahmed aufwachsen, um der vom Vater ersehnte Junge zu sein, so die Fabel, um die sich eine Fülle intertextueller Verweise, die von OVID bis Arabien reichen, rankt.

2 Schwarzafrika

Geschichte

1444 stößt eine portugiesische Expedition bis in den Sudan vor, ein Jahrhundert darauf erscheinen die ersten Franzosen an den Mündungen des Senegal und errichten Festungen. Mit dem Skla-venhandel beginnt eines der größten Verbrechen der neueren Geschichte. Engländer, Spanier, Niederländer, Portugiesen und Franzosen zeichnen verantwortlich. Die Zahl der im Lauf von vier Jahrhunderten nach Amerika verschleppten Afrikaner wird auf 100 Millionen geschätzt, viele überleben bereits die Überfahrt nicht. 1860 schlägt die Stunde der französischen Kolonisation, Faidherbe besiegt El Hadji Omar vernichtend, 1880 ist ganz West-afrika und damit drei Millionen Quadratkilometer Land in fran-zösischem Besitz. Zwangsarbeiter erschließen die Fläche durch den Bau von Straßen, Eisenbahnen und Plantagen. 1848 wird die Sklaverei zwar rechtlich abgeschafft, real existiert sie aber noch bis zum Jahrhundertende. 1914–1918 und 1939–1945 führen hunderttausend schwarze Soldaten für Frankreich Krieg. Die von de Gaulle gegründete „communauté française" leitet das Ende des alten Kolonialreichs ein. 1960 erklären sich die folgenden vierzehn Länder für unabhängig: Kamerun, Senegal, Togo, Da-homey, Mali, Obervolta, Niger, Zentralafrika, Elfenbeinküste, Kongo, Gabun, Tschad, Guinea und Mauretanien. Die Anerkennung der neuen Staaten seitens der ehemaligen Kolonialmächte geschieht wie die Aufhebung der Sklaverei hundert Jahre zuvor aus ökonomischen Interessen, da die Unabhängigkeit eines Landes das Geschäftemachen mit ihm eher begünstigt. Durch die Zufälle der imperialistischen Kolonisation werden die Schwarzen über die ganze Welt verstreut. Wie die anglophone ist auch die frankophone Literatur Schwarzafrikas ein Versuch, in dieser Diaspora bewusstseinsbildend zu wirken.

Anfänge

Gemäß der Assilimationsdoktrin der III. Republik soll zum einen eine schwarzafrikanische Elite in okzidentale Zivilisationsstandards eingeübt, zum anderen lokale Überlieferungen und Gebräuche durch Erziehung und Unterricht in die kolonialistische Kultur eingebunden werden. Daher speist ein didaktischer Impetus die frühesten Werke afrikanischer Schriftliteratur in französischer Sprache, so die Erzählung *Les trois volontés de Malic* des Volksschullehrers DIAGNE. In den Werken der beiden Senegalesen BAKARY DIALLO *(Force-bonté)* und OUSMANE SOCÉ *(Karim, roman sénégalais*, 1935) überwiegt die Kritik, militant antikolonialistisch ist LAMINE SENGHORS *La violation d'un pays* (1927). In den Erzählungen und Romanen des Senegalesen ABDOULAYE SADJIS, der in *Maïmouna* (1947) die Rolle der Frau in der gewandelten afrikanischen Gesellschaft beschreibt, stehen sich europäische und einheimische Lebensformen unvereinbar gegenüber.

Négritude

LÉOPOLD SEDAR SENGHOR (geb. 1906) und AIMÉ CÉSAIRE (geb. 1913), der Senegalese und der Mann aus Martinique, begegnen sich in den Dreißigerjahren an der École Normale Supérieure in Paris. Der Konflikt, geistig eine kritische Schulung zu durchlaufen und doch dem französischen Denken fremd zu bleiben, führt zur Rückbesinnung auf das gemeinsame afrikanische Erbe. Mit LÉON-GONTRAN DAMAS (1912–1978) und SOCÉ gründen sie 1934 die Zeitschrift *L'Étudiant noir*. Von hier nimmt die Bewegung der „négritude" ihren Ausgang. Gegen die servilen Assimilationsbestrebungen ihrer schwarzen Landsleute zielt die erste Forderung auf Emanzipation. Das gemeinsam ausgearbeitete Konzept der négritude – DAMAS' Lyrikband *Pigments* (1937) ist das erste lyrische Fanal, nostalgische Erinnerung an die schwarzen Puppen der Kindheit und Protest gegen die assimilierten „blanchis" – wird in SENGHORS Aufsatzsammlung *Négritude et humanisme* (1964) theoretisch begründet. Politisch und kulturell zugleich, bezeichnet die négritude die Gesamtheit der kulturellen Werte der schwarzen Welt. Die längst verschwundenem Reiche im Sudan und Kongo, die Spirituals der Schwarzen in den Vereinigten Staaten und die afroamerikanische Literatur eint ihr grundsätzlicher Gegensatz zur europäischen Kultur, den SENGHOR ontologisch und anthropologisch fasst: für ihn ist die Emotion schwarz, wie die Vernunft griechisch ist. Die intuitive „raison étreinte" ist der europäischen „raison-oeil" überlegen. Politisch wird die négritude zum Sammelbegriff, um der sozialen und kulturellen Unterdrückung durch die Weißen zu begegnen: durch Regression auf die Ursprünge bei DAMAS, durch sozialen Kampf bei CÉSAIRE, durch einen Synkretismus europäischer und afrikanischen Elemente bei SENGHOR, der die degenerierte westliche Kultur ablösen soll.

Literarisch und politisch entfaltet SENGHOR eine rege Tätigkeit. 1960 wird er erster Staatspräsident der Republik Senegal und bleibt es bis 1979, 1983 wird er als erster Schwarzer in die „Académie française" gewählt. Parallel zu dieser Laufbahn ensteht ein dichterisches Werk ersten Rangs. *Chants d'ombre* (1945), *Hosties noires* (1948), *Éthiopiques* (1956), *Nocturnes* (1961), *Lettres d'hivernage* (1972) und *Élégies majeures* (1979) synthetisieren auf der Grundlage eines christlichen, mystisch-erotisch und animistisch gefärbten Humanismus traditionelle Gattungen wie Hymnus, Totengesang und afrikanische Liedformen mit französischer „clarté". SENGHORs poetische Genesis des schwarzen Erdteils besingt in vibrierenden Bildern seine Heimat und den magischen Verbund, der durch die Ahnen, Tiere und Pflanzen die ganze Natur mit dem Selbst verschmilzt. Durchgehend ist zugleich die Kritik am Rassismus der Weißen, am steinernen Antlitz ihrer Städte. Wie DAMAS' *Black-Label* (1956) basieren SENGHORS von CLAUDEL und SAINT-JOHN PERSE inspirierte Gedichte auf dem Rhythmus afrikanischer Tänze, Instrumente und Gesänge. Die lautlichen und musikalischen Eigenheiten der allermeist nur gesprochenen afrikanischen Dialekte und Sprachen behält SENGHOR in ihren Tonvolumen bei, wenn er sie in Schrift verwandelt. Wie kaum eine zweite ist diese Lyrik oral, gleich Satzbezeichnungen einer Symphonie stellt er seinen Gedichten die afrikanischen Namen jener Instrumente voran, deren Stimmen die Verse begleiten sollen.

Von GIDE und SARTRE gefördert, publiziert ALIOUNE DIOP 1947 die Erstausgabe der Zeitschrift *Présence Africaine*. Neben Literaturkritik und Essayistik liegt in der Lyrik ein besonderer Schwerpunkt. 1948 gibt SENGHOR in Paris die *Anthologie de la nouvelle poésie nègre et malgache de langue française,* durch die afrikanische Lyrik zum ersten Mal einem größeren europäischen Publikum bekannt wird. SARTRE versieht diese Anthologie mit einem Vorwort und analysiert den Evangelismus der schwarzen Lyrik, die er orphisch nennt. Und das heißt revolutionär, denn die Weißen verlieren ein Privileg, das sie dreitausend Jahre lang genossen haben: zu sehen, ohne selber gesehen zu werden. Zu Ende gedacht, muß das Entstehen einer autonomen Sprache der Kolonisierten auch die Europäer dekolonisieren.

Vielen Intellektuellen geht das Programm der négritude nicht weit genug, andere verwerfen die europäisch-afrikanische Akkulturation en bloc. Am schwersten wiegt der Vorwurf eines neuen, rassistischen Antirassismus, der die Probleme der Schwarzen von der gesellschaftlichen Ebene auf eine universal-kulturelle verschiebe und diese mit einer anthropologischen Differenz begründe. Dagegen packt die engagierte Romanliteratur die soziale Misere beim Schopf. Ein Schlüsselroman ist *Le docker noir* (1956) des Senegalesen SEMBENE OUSMANE (geb. 1923). Die Situation schwarzer Hafenarbeiter in Marseille bildet die eine Handlungsebene, ein vom Protagonisten Diaw Falla verfasstes Manuskript über die Geschichte des Sklavenhandels die andere. Als eine französische Schriftstellerin wortbrüchig wird und das Manuskript unter eigenem Namen veröffentlichen will, bringt Falla sie um. Der Versuch eines Schwarzen, die koloniale Vergangenheit in eigener Sprache zu Gehör zu bringen, scheitert. In *Les bouts de bois de Dieu* (1960) beschreibt der militante Gewerkschaftler SEMBENE den Streik der schwarzen Arbeiter beim Bau der Bahnlinie Dakar-Niger. BERNARD BINLIN DADIÉ (geb. 1916), der spätere Kultusminister der Elfenbeinküste, bearbeitet in seinen Erzählbänden und Dichtungen mündlich tradierte Stoffe, die identitätsstiftend wirken (*Légendes africaines*, 1954). Wegen antifranzösischer Aktivitäten wird DADIÉ zu einer einjährigen Haft verurteilt, das erst 1981 veröffentlichte *Carnet de prison* fordert kulturelle Gleichheit als Voraussetzung der politischen. Der Kameruner FERDINAND OYONO (geb. 1923) portraitiert in *Une vie de boy* (1956) mit satirischer Schärfe einen abgetakelten alkoholsüchtigen Kolonialherrn aus der Perspektive seines schwarzen Dieners. *Chemin d'Europe* (1960) behandelt den widerspruchsvollen Übergang von der Tradition zur Moderne. Hin- und hergerissen zwischen Paris und der afrikanischen Welt – CAMARA LAYES *L'enfant noir* (1953) erfährt denselben Konflikt – wird die Hauptfigur Barnabas zum Heimatlosen, bis er erkennt, daß sich Afrika nur aus eigener Kraft befreien kann. LAYE gelingt mit *Le regard du roi* (1954) einer der bedeutendsten neoafrikanischen Romane. In bewusster Verkehrung des Herr-Knecht-Verhältnisses läßt LAYE den weißen Kolonialherrn zum Bittenden werden, der nach einer demütigenden Odyssee durch Afrika von der ihm fremden Zivilisation aufgenommen und erlöst wird.

Le pauvre Christ de Bomba (1956) des Kameruners MONGO BÉTI (geb. 1931) ist ein Klassiker. Bei der Ausplünderung Afrikas kam dem zivilisatorischen Auftrag der Weißen eine nicht zuletzt christliche Tradition des Rassismus entgegen. Die Frage, ob Schwarze auch Menschen seien oder den Affen näher stünden, beantwortete die katholische Mission in der Praxis oft mit Gewalt. Bei BETI ist Hochwürden Drumont Sachwalter dieses unheiligen

Geistes. Patriarchalisch leitet er seine Station in Bomba. Als ein Attentat auf ihn verübt wird, verzichtet er auf die Bestrafung des Täters. Drumont erkennt, daß seine eigene Missionsstation Ursache aller Übel ist: in der Sixa, der Schule der Bräute, herrscht Zwangsarbeit, zwei Drittel der Mädchen sind geschlechtskrank, der Vorsteher verlangt Gebühren für den sexuellen Akt mit ihnen. Aus christlicher Verantwortung schließt Drumont die Mission und kehrt nach Frankreich zurück. Christus ist gegen die auferstanden, die ihn heute verwalten. *Ville cruelle* (1954) und *Mission terminée* (1957) dokumentieren weitere Aspekte kolonialer Machtstrukturen.

Postkolonialismus

Die Periode gesellschaftlichen Aufbruchs und die Hoffnung auf eine revolutionäre Erhebung der gesamten Dritten Welt finden auch in der Literatur ihren Niederschlag. Die „écriture" ist meist klassisch-realistisch. SEMBENE schließt in *L'Harmattan* (1958) literarisch an das Referendum an, in dem Guinea den Anschluß an die entstehende „union française" mehrheitlich ablehnt. OLYMPE BHELY-QUENUM, 1928 in Bénin geboren, plädiert im Zwiespalt zwischen afrikanischen Glaubensvorstellungen und den Anforderungen der Moderne für den „Fortschritt" (*Le chant du lac,* 1965). CHEIKH AHOU NDAOS Theaterstück *L'exil d'Albouri* (1967) und CHEIKH BADIANES Roman *Les longs soupirs de la nuit* (1982) schreiben ein Stück schwarzer Vergangenheit neu und rufen die Helden des antikolonialistischen Widerstands in das kollektive Gedächtnis zurück. Samba Diallo, der auf einer Koranschule erzogene Held in CHEIKH HAMIDOU KANES Roman *L'aventure ambiguë* (1961), repräsentiert die Probleme des „islame noir" und die Versuchung der okzidentalen Kultur.

Bereits Mitte der Sechzigerjahre kehrt Ernüchterung ein. Die Unabhängigkeit der jungen afrikanischen Staaten ändert nichts an der erdrückenden ökonomischen Dominanz des Westens, der den Kolonialismus mit neuen Methoden fortsetzt. Die Machtkämpfe und Kriege in vielen afrikanischen Ländern fügen der Geschichte des Leidens des schwarzen Kontinents ein neues, bis heute nicht abgeschlossenes Kapitel hinzu. LAYE klagt in *Dramouss* (1966) das diktatorische Regime von Sekou Toures in Guinea an. IBRAHIMA LYE (*Toile d'araignée*, 1982) und ANTOINE BANGOUI (*Prisonnier de Tombalbaye*, 1982) erfahren die Brutalität politischer Unterdrückung am eigenen Leibe. MONGO BÉTIS *Remember Ruben* (1974) geißelt den Arrivismus und die Dummheit der neuen schwarzen Herren. Experimentelle Formen verwenden die kongolesischen Autoren SONY LABOU TANSI (*La vie et demie*, 1979) und HENRI LOPES (*Le pleurer-rire*, 1984), um die Mechanimen des Terrorregimes von Idi Amin in Uganda und die Gewaltherrschaft des zairischen Präsidenten Mobuto offenzulegen. Auch *Les soleils des*

indépendances (1968) des 1927 in Mali geborenen AHMADOU KOU-
ROUMA gehört zum postkolonialen Roman des „désenchante-
ment". YAMBO OUOLOGEM geht in *Le devoir de violence* (1968) noch
weiter: freie und egalitäre Gesellschaften habe es in Afrika nie gegeben, so seine These, die Praktiken traditioneller Grausamkeit
im vorkolonialen Afrika belegten dies. Überdies sei lange vor den
Europäern durch den Islam Sklaverei und Sklavenhandel in Afrika eingeführt worden. Die französische Kolonialherrschaft und
die postkolonialen Machtstrukturen vereinigen sich zu einem
Kontinuum der Gewalt.

Die im Innern der sozialen Verbände aufbrechenden Wider-
sprüche, die gewaltige Kluft zwischen der schwarzen französischsprachigen Elite und der wirtschaftlich wie sozial rückständigen
afrikanischen Bevölkerungsmehrheit beschäftigen die Literatur
bis zur Gegenwart. Unter den Autoren finden sich immer mehr
Frauen. AWA THIAM kritisiert die halb patriarischen, halb feuda-
len Verhältnisse, die alle Lasten auf Frauen abwälzen (*La parole
aux négresses,* 1978). AMINATA SOW FALL (*Le revenant,* 1976; *L'appel
des arènes,* 1982) beschreibt das Eindringen des verbrauchsorien-
tierten Konsumverhaltens in die Kernbereiche der gewachsenen
Lebensformen. Die Senegalesin MARIAMA BÂ erzählt in *Un chant
écarlate* (1982) vom kulturell wie psychologisch bedingten Scheitern der Ehe zwischen einer Französin und einem Senegalesen,
Une si longue lettre (1980) thematisiert die Polygamie.

Ausblick

Die gemeinsame koloniale Geschichte erlaubt, die frankophonen
Autoren Schwarzafrikas nach chronologischen statt nach geographischen Kriterien darzustellen. Dabei mutet es paradox an,
daß die Schwarzen erst vermittels der gemeinsam verwendeten
französischen Sprache ein Bewusstsein ihrer kulturellen Einheit
gewinnen. Im Maße wie sich in den jungen afrikanischen Staaten so etwas wie ein Nationalbewusstsein herausbildet, wird auch
die Literaturgeschichte Schwarzafrikas nationaliterarische Zuord-
nungen vornehmen können. Dieser Prozess steht erst am Anfang,
und ob die afrikanische Literatur überhaupt eine Zukunft hat, ist
ungewiß. Seit der politischen Unabhängigkeit ist die Kluft zwischen der französischsprachigen Schriftkultur und den afrika-
nischsprachigen mündlichen Kulturen größer geworden. Zugleich nimmt das Analphabetentum im ganzen Kontinent eher
zu. Die neoafrikanische Literatur fand ihre Leser bisher zumeist in
Europa, in Afrika dagegen scheint das Französische an Bedeutung zu verlieren. Als offizielle Amtssprache und überregionales
Verständigungsmedium zunehmend in Frage gestellt, sieht sich
das Französische auch in den Medien von beinahe 1000 afrikanischen Sprachen zurückgedrängt. Der wesentlich oralen Tradition
Afrikas, wo die „Griots" jahrhundertelang Hauptträger der Über-

lieferung waren, stehen Fernsehen, Film und Radio näher als das geschriebene Wort. Was die „raison d'être" der Literatur in den Ländern ist, die regelmäßig Hungerkatastrophen melden, steht dahin.

3 Antillen

Geschichte

1492 landet Kolumbus auf Haiti. Mit ihm gelangt ein Tross von Soldaten, Priestern und Konquistadoren auf die Insel, die in wenigen Jahrzehnten die einheimische Bevölkerung der Indios nahezu ausrotten. Um den Bedarf an Arbeitskräften für die Goldsuche zu decken, werden afrikanische Sklaven eingeführt, auch für den zunehmenden Anbau von Zuckerrohr in Mittel- und Südamerika sowie auf den Antillen. Obwohl die Franzosen bereits 1635 Niederlassungen auf Guadeloupe und Martinique gründen, beginnt die eigentliche Kolonisierung erst nach 1643, als französische Freibeuter und Siedler die von den Spaniern Santo Domingo genannte Insel – das vormalige Haiti – beschlagnahmen. Zucker, Kaffee, Baumwolle und Indigo machen Saint-Domingue zur reichsten französischen Kolonie. Der Reichtum verdankt sich der massenhaften Ausbeutung schwarzer Sklaven in der Plantagenwirtschaft. 1791 kommen auf rund 60000 Weiße und freie Farbige (Mulatten) eine halbe Million Sklaven. Ein Dekret der Großen Französischen Revolution stellt 1791 die Mulatten den Weißen gleich, 1794 hebt der Konvent die Sklaverei auf. Bald darauf brechen auf den französischen Antillen Aufstände aus. Unter der Führung von Toussaint-Louverture und seines Nachfolgers Dessalines schlagen die Schwarzen in Saint-Domingue das von Napoleon entsandte Expeditionskorps. 1803 wird die Republik Haiti ausgerufen, die erste unabhängige Nation Lateinamerikas und die erste freie „République nègre" der Welt. Auf Guadeloupe steht Delgrès an der Spitze der Insurrektion, deren Niederlage die Wiedereinführung der Sklaverei auf den Kleinen Antillen zur Folge hat. Erst 1848 setzt Victor Schoelcher die Befreiung der Sklaven durch. Als „Départements d'outre-mer" (D.O.M.) gehören Guadeloupe, Martinique und Guayane seither zu Frankreich. Zu den 800000 Bewohnern der D.O.M. kommen die 6 Millionen Haitianer, insgesamt macht das frankophone Element in der Karibik lediglich eine Minderheit aus, die sich neben dem kolonialen Erbe Spaniens, Englands und Hollands und einer Vielzahl anderer Sprachen behauptet.

Assimilation

Auf den von Frankreich kolonisierten Antillen sprechen 90 % der Bevölkerung kreolisch. Als Ergebnis der Übernahme des Französischen durch die überseeische Mischbevölkerung entsteht das

Kreolische als eine Art Pidgin-Französisch. Die Erinnerung an ihre afrikanische Ursprünge halten die Schwarzen in religiösen Riten und mündlich überliefertem Traditionsgut wach. Die sprachlichen, sozialen und ökonomischen Diskriminierungen verlaufen in kolonialer und postkolonialer Zeit anders als in Afrika, für eine genauere Betrachtung wären die unterschiedlichen Entwicklungen in Haiti und den D.O.M. zu berücksichtigen. Eine schmale Oberschicht der Schwarzen orientiert sich am französischen Vorbild. Der haitianische „réveil littéraire" in der zweiten Hälfte des 19. Jahrhunderts (JUSTIN LHÉRISSON, ETZER VILAIRE) imitiert die schul- und stilbildenden Bewegungen in Paris. ANTÉNOR FIRMINS *L'égalité des races humaines* (1885) spricht das Selbstverständnis der schwarzen Elite aus, die sich den „békés", der weißen Oberschicht der Antillen, zu der auch SAINT-JOHN PERSE gehört, als ebenbürtig betrachtet.

Indigenismus

Auf die kollektive Verdrängung und Verleugnung der eigenen Identität reagiert zuerst JEAN-PRICE MARS mit *Ainsi parla l'oncle* (1928), der Magna Charta des haitianischen Indigenismus, der die afro-amerikanische Folklore wiederentdeckt. Parallel zur Aufwertung, welche die sogenannten primitiven Kulturen in der europäischen Ethnologie und Anthropologie erfahren, erscheinen die landeseigenen Sitten, Gebräuche, Mentalitäten und Kulte in neuem Licht. Die Erkenntnis der Herkunft des „savoir du peuple" leitet nach Afrika zurück, Haiti wird als Teil seines kulturellen Erbes begriffen. Dieses Bewusstsein politisiert sich bei JACQUES-STEPHEN ALEXIS (1922–1962) und JACQUES ROUMAIN (1907–1945), dem Mitbegründer der Kommunistischen Partei Haitis. ROUMAINS in siebzehn Sprachen übersetzter Liebes-, Bauern- und Gesellschaftsroman *Gouverneurs de la rosée* (1944) übt schneidende Kritik an der kapitalistischen Ausbeutung der Farbigen durch die Weißen. Hoffnung ruht auf der Verbindung der sozialistischen Gesellschaftsidee mit der haitianischen „coumbite", der traditionell gemeinsam verrichteten Arbeit. ALEXIS setzt den kritischen Realismus der Landromane ROUMAINS fort. *Compère Général-Soleil* (1955) umfasst die Periode zwischen dem Ende der US-amerikanischen Besetzung Haitis 1934 und dem Massaker, das der Diktator Trujillo im Oktober 1937 unter haitianischen Arbeitern anrichtet. Die tägliche Erfahrung von Unrecht und ein hartnäckiger Bildungseifer formen den Bauernjungen Hilarion allmählich zum Klassenkämpfer, auf der Flucht vor der Miliz Trujillos wird er erschossen. Mit dem Romanschluss nimmt ALEXIS sein eigenes Schicksal tragisch vorweg: bei der Organisation des Widerstands gegen das gewalttätige Regime des Diktators Duvalier wird er verhaftet und 1961 umgebracht. *Les arbres musiciens* (1957) überträgt die Forderung nach Gleichheit von der sozialen auf die religiöse Ebene, das Volk kämpft jetzt um die Akzeptanz seiner afrikanischen Riten.

Négritude

Zeitgleich zum haitianischen Indigenismus etabliert sich auf den französischen Antillen eine eigenständige Literatur. Vorläufer der lateinamerikanischen négritude-Bewegung ist der Roman *Batouala, véritable roman nègre* (1921) von RENÉ MARAN (1887–1959). Das Buch bringt dem Autor den Prix Goncourt, aber auch die Entlassung aus dem französischen Kolonialdienst ein, dessen Methoden der Autor aufs Schärfste anklagt. Zwar legt MARAN afrikanische Sitten mit Hilfe europäischer Vorstellungen aus, seine Sprache versucht aber zum ersten Mal, autochtone Motorik und Rhythmen in die französische Sprache zu übertragen. AIMÉ CÉSAIRES *Cahier d'un retour au pays natal* (1939) ist einer der größten poetischen Würfe dieses Jahrhunderts. Hier taucht das Wort négritude zum ersten Mal auf. Was zum Ausgangspunkt eines neuen Selbstbewusstseins der schwarzen Intellektuellen wird, entsteht auf einer Adriainsel, wo CÉSAIRE sein 72 Druckseiten langes Gedicht im Idiom der Kolonialherren verfasst. In den freien, der Prosa angenäherten Rhythmen ist die titelgebende Rückkehr auf die Heimatinsel Martinique beinah nur akzidentell, zentral ist die Geschichte der Schwarzen mit ihren unendlichen Leiden und Demütigungen. Europa hat jedes Privileg verspielt, weil kein Zuwachs an Humanität dem technischen Fortschritt entspricht. In der verachteten Frankophilie der Schwarzen erkennt CÉSAIRE das gründliche Wirken innerer Kolonisation. Die Ordnungsbilder der weißen Vernunft sind Zeichnungen im Sand, dagegen will CÉSAIRE die afrikanische Ordnung der Werte errichten. Gegenüber der westlichen Unvernunft setzt die afrikanische Weisheit einen anderen Maßstab, der nicht zu verändern, nur zu verlieren ist. Anrede, Beschwörung und Verwandlung der Natur zugleich sind bei CÉSAIRE Bildmagie (deren surrealistische Gewalt ANDRÉ BRETON feiert) und revolutionäre Leidenschaft eins, die politisch-soziale Revolution soll sich zur kosmischen ausweiten. Denn dieses Gedicht, das seine Bilder dem realen Milieu der Sklavenplantagen entnimmt, ist kein Palliativ, um die Welt, sogar die wirkliche, besser zu ertragen: die visionär entworfene Zukunft soll in die Gegenwart hineingezwungen werden. In den späteren Gedichtbänden *Les armes miraculeuses* (1946), dem auf APOLLINAIRE anspielenden *Soleil cou coupé* (1948), *Corps perdus* (1949) und *Cadastre* (1961) treten die surrealistischen Stilmittel allmählich zurück, nicht die magische Bannkraft und die ekstatische Schönheit der Sprache, die in *Moi, laminaire* (1982) noch einmal einen Höhepunkt erreicht.

Die Lyriker PAUL NIGER, GEORGES DESPORTES und GUY TYROLIEN bewegen sich in unmittelbarer Nachfolge von CÉSAIRE. Dessen Theaterstücke *Et les chiens se taisent* (1941), *La tragédie du roi Christophe* (1963) und *Une saison au Congo* (1966) sind Kampfmittel gegen den Kolonialismus und zugleich ein Aufschrei im nicht minder schmerzhaften und widerspruchsvollen Prozess der Entkolonialisierung. Der *Discours sur le colonialisme* (1951) begreift das historische Schicksal der Schwarzen als stellvertretend für das der Dritten Welt, alle Opfer kapitalistischer Gewalt sollen mit einer Stimme sprechen. Die Sache der Unterdrückten ist nicht ohne weiteres mit der des Marxismus identisch. CÉSAIRE, seit 1945 kommunistischer Bürgermeister von Fort-de-France und seit 1946 Abgeordneter Martiniques in der französischen Nationalversammlung, tritt 1956 aus der KPF aus. In einem Brief an den Kommunistenführer Maurice Thorez stellt er klar, daß die Lage des schwarzen und des weißen Proletariat nicht identisch ist und lehnt den „Fraternalismus" der Sowjetunion genauso ab wie den „Paternalismus" des kapitalistischen Westens.

Frantz Fanon (1925–1961) ist der militanteste Dissident der négritude-Bewegung. Auf Guadeloupe geboren, wird das Werk des farbigen Arztes und Psychiaters durch die praktische Erfahrung des Kolonialismus radikal. In seiner Studie *Peau noire masques blanches* (1952) analysiert er die Verschränkung von ökonomischer, kultureller und psychologischer Selbstentfremdung der Schwarzen. Die mimetische Ausrichtung am europäischen Ethnozentrismus führt erst zur Auflösung jeder Solidarität der Schwarzen untereinander und schließlich zum Selbsthass, wie in MAYOTTE CAPÉCIAS Romanen *Je suis Martiniquaise* (1948) und *La négresse blanche* (1950). FANON deckt die soziale Bedingtheit der individualpsychologischen Entwicklung der Kolonisierten auf. Polemischer noch attackiert der politische Essay *Les damnés de la terre* (1961) die universale Hegemonie der Weißen. Das in siebzehn Sprache übersetzte und in einer Auflage von einer Million erschienene Buch, zu dem SARTRE ein emphatisches Vorwort schreibt, greift in die ideologische Debatte am Ende des Algerienkriegs ein, in dem FANON für die Nationale Befreiungsfront (FLN) arbeitet. Seine dort wie in Martinique, Frankreich und Ghana gewonnenen Erkentnisse drängen über die algerische Revolution ebenso wie über die afrikanische Revolution hinaus und beanspruchen, Gewalt als ein für die Entkolonisierung der gesamten Dritten Welt – ein von FANON gemeinsam mit ALFRED SAUVY lancierter Begriff – unvermeidliches emanzipatorisches Mittel zu legitimieren, ohne deshalb Gewalt zu verherrlichen oder zu mystifizieren.

Neuere Entwicklungen

Im weiten Spektrum der antillanischen Erzählliteratur – JOSEPH ZOBEL: *Le soleil partagé* (1964), LÉONARD SAINVILLE: *Dominique, nègre esclave* (1951), BERTÈNE JUMINER: *Au seuil d'un nouveau cri* (1963) –

formiert sich in Haiti mit Beginn der Sechzigerjahre der Widerstand gegen den Regierungsclan des schwarzen Despoten Duvalier. Seine und seines Sohns Herrschaft machen Haiti bis 1986 zum ärmsten Land Lateinamerikas, die Schriftsteller fliehen ins Ausland. Zur engagierten Literatur gehören *Kimby* (1973) von RO-GER DORSINVILLE, *La parole prisonnière* (1986) von JEAN MÉTELLUS und der Traum eines Attentats auf den Diktator in ANTHONY PHELPS' *Mémoires en colin-maillard* (1976). Magische Praktiken wie der Vaudou-Kult werden von GÉRARD ETIENNE in *Le nègre crucifié* (1976) entmystifiziert, zweideutiger greift RENÉ DEPESTRE, der bis dahin mit politischer Lyrik hervorgetreten war, dieses sujet in *Le mât de cocagne* (1979) wieder auf. Der historische Roman EMILE OLLIVIERS *(Mère-solitude,* 1983) und GÉRARDS DORVALS (*Ces gens-là,* 1985) perspektiviert die nationale Vergangenheit als Geschichte von unten.

Programmatisch dokumentiert DEPESTRES Essay *Bonjour et adieu à la négritude* (1980) den Verfall eines Begriffs, der immer weniger geeignet scheint, der postkolonialen Realität Rechnung zu tragen. An SENGHOR richtet sich der Vorwurf, mit dem universal gefassten négritude-Konzept alle konkreten Differenzen zum Verschwinden zu bringen und einen neuen Mythos zu schaffen. Zudem straft der zumeist desolate Zustand der aus kolonialer Vormundschaft entlassenen schwarzen Staaten die einstigen Hoffnungen Lügen. Vor diesem Hintergrund entwickelt EDOUARD GLISSANT, 1928 auf Martinique geboren, die Idee der „antillanité". *Le discours antillais* (1981) erinnert an den Beginn der auf Sklaverei beruhenden Plantagenwirtschaft als Urdatum der antillanischen Gesellschaften. Dass sie auf Territorien stehen, in denen sie auf Grund ihrer afrikanischen Herkunft nicht wurzeln, dass sie auf eine Geschichte zurückblicken, die ihnen nicht gehört, darin erkennt GLISSANT das Gemeinsame der Schwarzen in den so unterschiedlichen Gegebenheiten auf den karibischen Inseln. GLISSANTS Vision einer karibischen Föderation will diese Einheit in der Verschiedenheit wahren. Literarisch versucht er, die verschüttete schwarze Vergangenheit ins Bewusstsein zu rufen. Held seines historischen Romans ist der „marron", der entlaufene schwarze Plantagensklave, dessen Geschichte sich von der afrikanischen Zeit vor der Versklavung bis zur Gegenwart erstreckt (*Le quatrième siècle,* 1964; *La case du commandeur,* 1981; *Mahagony,* 1987). GLISSANTS Gedichte intensivieren die lyrischen Akzente seiner Prosa und rühmen die Schönheit der karibischen Insellandschaft (*Un champ d'îles,* 1953; *La terre inquiète,* 1954).

Als Folge größerer ökonomischer und intellektueller Freiheit der Frauen tritt erstmals eine Generation von Schriftstellerinnen auf den Plan. Die Heldinnen von SIMONE SCHWARZ-BART, MARYSE CONDÉ, SUZANNE DRACIUS-PINALIE, MYRIAM WARNER-VIEYRA brechen aus dem karibischen Stereotyp der „îles d'amour" (VALENTINE ESTOUP: *La danse des images*, 1929) aus und bestimmen die eigene Situation mit Hilfe der antillanité. WAGNER-VIEYRAS Erzählform ist die autobiographische Fiktion (*Le quimboseur l'avait dit*, 1989; *Juletane*, 1982). International bekannt wird das Werk von SCHWARZ-BART und CONDÉ. SCHWARZ-BART schreibt in *Pluie et vent sur Télumée Miracle* (1972) eine Chronik Guadeloupes, die Selbstfindung der afrikanischen Frau ist untrennbar mit der Erinnerung an das kollektive Schicksal verbunden. CONDÉ versteht sich als engagierte Feministin. Die Suche nach der verlorenen Heimat Afrika verläuft für die Heldinnen in *Hérémakhonon* (1976) und *Une saison à Rihata* (1981) enttäuschend, mit ihren Vorfahren haben sie nichts mehr gemein. Mit *Moi, Tituba sorcière … noire de Salem* (1986) wendet sich CONDÉ den Antillen zu und erzählt die Geschichte einer schwarzen Sklavin aus Barbados, die im 17. Jahrhundert aus Barbados in die USA gelangt und als Hexe verfolgt auf eine Antilleninsel flieht, wo sie einen Aufstand der Sklaven unterstützt.

Angesichts des Fehlens einer schriftgebundenen Erinnerung will GLISSANT die Oralität wieder in ihre traditionsstiftenden Rechte einsetzen, ohne sie separatistisch zu verengen. Das Konzept der „oraliture", die Synthese von französischer Literatur- und kreolischer Volkssprache erheben RAPHAËL CONFIANT (*Le nègre et l'amiral*, 1988; *Eau de café*, 1991) und PATRICK CHAMOISEAU (*Chronique des sept misères*, 1986; *Texaco*, 1992) zum Programm. Am Schnittpunkt verschiedener Kulturen steht die „créolité" für eine quer zu den Landesgrenzen verlaufende nomadische Identität. *Palé à neg pa ka jen bout*, sagt ein Sprichwort der französischen Antillen: *la parole des noirs n'a pas de fin*.

4 Kanada

Geschichte Französische Siedler nehmen im 16. Jahrhundert das Gebiet des St.-Lorenz-Stromes, dessen Mündung der Bretone Jacques Cartier 1534 erreicht, als „Nouvelle France" in Besitz. Der französische Anspruch auf das riesige Territorium wird vom Seefahrer, Kartographen und Missionar Samuel de Champlain untermauert, der 1608 am Ufer des St.-Lorenz-Stroms die Stadt Québec gründet. Von hier dehnen die Franzosen ihre Herrschaft bis zum Mississippi (Louisiana) aus. Zunächst einer Monopolkompanie unterstellt, übernimmt seit 1674 die französische Krone die Verwaltung der Gebiete. Zu einem Wendepunkt der kanadischen Geschichte wird das Jahr 1763. Infolge des verlorenen Siebenjährigen Krieges muss Frankreich seine gesamten nordamerikanischen Besitzungen an England abtreten, die englische Québec-Akte von 1774 sichert den katholisch-französischen Kanadiern jedoch volle Religionsfreiheit zu. Die Politik der freien Landnahme zieht auch zahlreiche amerikanische Siedler an, so daß 1791 zwei nach Bevölkerung, Kultur und Religion verschiedene Siedlungszonen entstehen: das französischsprachige katholische Oberkanada und das protestantische Unterkanada mit Englisch als Hauptsprache. 1867 vereinigen sich die beiden Provinzen Ontario und Québec zu einem Bundestaat, dem *Dominion of Canada*. Einzige Amtssprache ist Englisch, das Französische verliert alle Rechte. Kanada, das nach dem Ersten Weltkrieg eine von Großbritannien unabhängige Außenpolitik betreibt, erhält 1920 durch das Statut von Westminster volle staatliche Unabhängigkeit. Nach dem Sturz (1974) des liberalen Premierministers Pierre Trudeau, der sich für ein Kanada mit Englisch und Französisch als Amtssprachen einsetzt, verschärfen sich die Spannungen zwischen den 15 Millionen englisch- und den 6 Millionen französischsprachigen Kanadiern. Bei den Wahlen zum Provinzparlament in Québec erringt der separatistische „Parti Québécois" 1976 und 1981 die absolute Mehrheit.

Nationalismus

Eine kanadische Literatur in französischer Sprache entwickelt sich gegen Ende des 18. Jahrhunderts als Reaktion auf die sich festigende englische Herrschaft. Die dreibändige *Histoire du Canada* (1845) von FRANÇOIS-XAVIER GARNEAU dokumentiert das gewachsene politische Selbstbewusstsein auch historiographisch. Von nun an ist von der „nation canadienne française" die Rede, deren Selbstverständnis ein ganz anderes als das des Mutterlandes ist. Seit 1625 stehen Jesuiten an der Spitze des Missions- und Erziehungssystems im Land. Die Allmacht des konservativen Klerus und die auf Loyalität zum Grundherrn wie zur Kirche beruhende Lebensform der bäuerlichen Bevölkerung stehen den Ideen der französischen Revolutionen zwischen 1789 und 1848 diametral entgegen. Die Literatur bleibt deshalb vergangenheitsorientiert und konservativ. ALFRED GARNEAU, PIERRE-JOSEPH-OLIVIER CHAUVEAU (*Charles Guérin*, 1853), PATRICE LACOMBE (*La terre paternelle*, 1850), PHILIPPE AUBERT DE GASPÉ (*Les anciens canadiens*, 1863), programmatisch dann die um den Nationaldichter OCTAVE CRÉMAZIE (1827–1879, *Le drapeau de Carillon* ist ein vaterländisches Heldenepos) gescharte „École Patriotique": alle haben eine auf Patriotismus, Religion und Patriarchat beruhende Weltanschauung gemeinsam, die das Lob heroischer Pioniertaten mit der Hymne auf die Natur verbindet. Die „poésie du terroir" (BLANCHE-LAMONTAGNE-BEAUREGARD: *Par nos champs et nos rives*, 1917) und der „roman du terroir" (JEAN-PAUL TARDIVEL: *Pour la patrie*, 1895; ERNEST CHOQUETTE: *Restons chez nous*, 1908) stoßen ins selbe Horn und empfehlen die sittlichen Qualitäten von Heimat, Haus und

Boden als ästhetische. Einen Höhepunkt dieser Entwicklung bildet der Roman *Maria Chapdelaine* (1921) von LOUIS HÉMON (1880–1913), ein millionenfach verkauftes und in in 20 Sprachen übersetztes Sittenbild des alten Québec. Die schöne Maria, die in der Wildnis nahe den Wasserfällen von Peribonka lebt, wird von drei Männern umworben, dem Bauern und Pionier Eutrope Gagnon, dem aus den Vereinigten Staaten emigrierten Lorenzo Surprenant und dem Abenteurer François Paradis. Am Ende folgt Marie, als sie Gagnon heiratet, dem Beispiel ihrer Mutter und wählt das karge Leben der Siedler. Das vom europamüden HÉMON entworfene Szenario einer archaisch-bigotten Holzfällergesellschaft bestimmt lange das Bild Québecs im Bewusstsein der Europäer.

Aufbrüche Als erstes rezipiert die frankokanadische Lyrik die europäische Avantgarde. BAUDELAIRE, POE und VERLAINE werden für die erste Generation der 1895 gegründeten „École littéraire de Montreal" richtungsweisend. EMILE NELLIGAN (1879–1941), der RIMBAUD Québecs, endet im Wahnsinn, nachdem er große Teile seines Lebens in psychiatrischen Anstalten verbracht hat. Obsessiv kehren Wahn, Tod, Angst und verzweifte Liebe in seinen symbolistischen Gedichten wieder, deren visionäre Metaphorik neue Maßstäbe setzt. Die Sonette ARTHUR DE BUSSIÈRES sind dem entpersönlichten Ästhetizismus der Parnassiens verpflichtet. HECTOR DE SAINT-DENYS GARNEAU (1912–1943) ist der dritte große Lyriker dieser Epoche (*Regards et jeux dans l'espace,* 1937). Dem bis dato epigonalen Theaterleben gibt die USA-Tournee der legendären Pariser Actrice Sarah Bernhardt neue Impulse. Ein Abstecher ihrer Truppe nach Montreal bringt im Juni 1880 Zehntausende auf die Beine. Das *Théâtre Le National* und das *Théâtre des Nouveautés*, beide in Montreal, sind am Jahrhundertbeginn die bedeutendsten Bühnen. Im Roman wird die in sich verschlossene agrarische Welt mit naturalistischen Mitteln aufgebrochen. Ohne die verklärende Sentimentalität seiner Vorgänger berichtet ALBERT LABERGE in *La Scouine* (1918) von Armut und Elend des Landlebens. Der Kampf des alten Flößer Menaud gegen die Bodenspekulation ausländischer Unternehmer bildet den Inhalt von FÉLIX-ANTOINE SAVARDS *Menaud, maître-draveur* (1937). Mit ROGER LEMELINS Satire *Au pied de la pente douce* (1944) hält die Großstadt Einzug in die Prosa. Internationale Reputation erwirbt sich der frankokanadische Roman durch *Bonheur d'occasion* (1945) von GABRIELLE ROY. Das Geschick einer verarmten Landfamilie, die sich schließlich im proletarischen Saint-Henri Viertel von Montreal wiederfindet, spiegelt die sozialen Veränderungen der kanadischen Gesellschaft im Übergang von der Landwirtschaft zum Industrialismus.

Als Frankreich die kanadischen Gebiete 1763 an England verliert, sieht VOLTAIRES *Candide* darin keinen Schaden: auf einige Hektar Schnee sei leicht zu verzichten. Das Bonmot verliert in der Provinz Québec bis tief ins zwanzigste Jahrhundert hinein nur wenig von seiner Wahrheit: Katholizismus, Ackerbau und eine autoritäre Moral geben dem Schnee dauernde Bleibe: *Règne de la raison immobile* (Borduras), doch erst nach Ende des Zweiten Weltkriegs öffnet sich dafür der Blick. *Refus global* (1948) betitelt der automatistische Maler Paul-Émile Borduras sein Manifest, dessen Programm sich die nicht-figurative Poesie CLAUDE GAVREAUS und PAUL-MARIE LAPOINTES zu eigen macht: die Syntax zerstören und – auf den Spuren RIMBAUDS, MALLARMÉS und der Surrealisten – den Worten den Vortritt lassen. Die infolge des Weltkrieges nach Kanada geflüchteten Künstler bringen das literarische Québec mit den jüngsten ästhetischen Tendenzen der Alten Welt in Berührung. Ein verändertes Formbewusstsein findet sich in den Gedichten von ALAIN GRANDBOIS (*L'étoile pourre*, 1957), RINA LASNIER (*Images et proses*, 1941) und ANNE HÉBERT (*Le tombeau des rois*, 1953), die auch amerikanische Einflüsse aufnehmen.

Der „roman de moeurs" versucht, subjektiv gebrochen, eine präzise Darstellung der frankokandischen Gesellschaft in all ihren Besonderheiten. Existenzialistisch gefärbt ist ANDRÉ LANGEVINS *Poussière sur la ville* (1953), wo der dumpfe Trott einer Kleinstadt Leben und Liebe unmöglich macht. Die Allmacht der katholischen Kirche – noch 1950 verbietet der Erzbischof von Montreal der Bevölkerung, den hundertsten Todestag BALZACS, dessen Werk als gefährlich gilt, zu feiern – attackieren GÉRARD BESSETTE (*Le libraire*, 1960), JEAN SIMARD (*Mon fils pourtant heureux*, 1956) und YVES THÉRIAULT (*Les vendeurs du temple*, 1951). Ein böser Abgesang auf Scholle, Heim und Herd ist *Une saison dans la vie d'Emmanuel* (1965) von MARIE CLAIRE BLAIS. Als sechzehntes Kind einer Bauernfamilie kommt der Titelheld zur Welt, dessen Schwester Héloise im Kloster aufwächst und im Bordell endet. Mit feministischer „écriture" setzen LOUKY BERSIANIK (*L'Euguélionne*, 1976) und FRANCE THÉORET (*Bloody Mary*, 1977) BLAIS' Werk fort. Die sozialen Ambivalenzen der Ära Duplessis, der Québec als autokratisch-reaktionärer Provinzfürst verwaltet und so den Übergang in die Moderne verhindert, liefern auch dem Theater die Stoffe. *Comédie canadienne, Théâtre du nouveau monde, Théâtre du rideau*, diese drei zu Beginn der Fünfzigerjahre gegründeten Häuser sind die ersten Adressen für die neue kanadischen Bühne. Nach GRATIEN GÉLINAS, dessen *Tit-Coq* (1948) zum ersten Klassiker der Nachkriegsdramatik wird und MARCEL DUBÉ, dessen Sozialkritik in *Zene* (1953) noch dem Hollywoodgenre der „soap-opera" hörig ist, macht ANNE HÉBERT 1966 mit *Le temps sauvage* von sich reden. Mit der alten Sippenherrlichkeit, dem Regime von Klerus,

Familie und General Winter ist es vorüber, als eine Kusine aus der Großstadt in der ländlichen Einsamkeit auftaucht. Politisch geht die bleierne Zeit 1960 zu Ende, als unter dem liberalen Premierminister Jean Lesage die sogenannte „révolution tranquille" beginnt: gleicher Zugang zur Bildung für alle, Verstaatlichung der Schlüsselindustrien, Reform des Finanz- und Sozialwesens, Gleichberechtigung des Französischen als Sprache der Arbeitswelt. Das neue Selbstbewusstsein der frankophonen Minorität dokumentiert die Gründung der Zeitschrift *Parti pris* im Jahre 1963. Die Lyriker GASTON MIRON, PIERRE PERRAULT und PAUL CHAMBERLAND (*Terre Québec*, 1964) setzen sich resolut für die Autonomie Québecs ein. Man spricht jetzt nicht mehr von den „écrivains canadiens-français", sondern von den „écrivains québécois".

Mit dem in kürzester Zeit vollzogenen Übergang von der agrarischen zur industriellen Gesellschaft gelangen gewaltige Geldmengen des amerikanischen Finanzkapitals nach Kanada. Angesichts der ökonomisch wie kulturell ungebrochenen angloamerikanischen Hegemonie bleibt die Suche nach einer neuen Identität prekär. Der Abstieg einer Großfamilie in das Proletariat Montreals, wie ihn MICHEL TREMBLAYS Theaterstück *Les belles-soeurs* (1968) vorführt, belegt es nachdrücklich. ANTONINE MAILLET wählt in *Pélagie-la-Charrette* (1979) den Umweg über die Historie, um den Konflikt der verschiedenen Ethnien zu spiegeln. Die 1755 vom englischen Gouverneur Lawrence deportierten französischen Küstensiedler Akadiens, an deren leidvolles Geschick die Autorin erinnert, sind Ahnen der heutigen Generation. JACQUES POULIN schickt seinen Helden in *Volkswagen Blues* (1984) auf der Suche nach dem französischen Erbe durch ganz Nordamerika. JEAN-GUY PILONS Großgedicht *Recours au pays* macht deutlich, dass sich die Frage nach der Eigenheit Québecs zugleich sprachlich wie räumlich stellt. Denn zur Furcht vor der Anglifizierung, die das eigene Land zum Hinterhof der USA deklassiert, kommt die Ablehnung des „parisien". Die Phase des „mimétisme littéraire" ist vorbei, auch wenn HUBERT AQUIN (*Prochain épisode*, 1965) eine originelle kriminalistische Variante des Nouveau-Roman entwickelt und RÉJEAN DUCHARME (*L'avalée de avalées*, 1966; *La fille de Christoph Colomb*, 1969) Surrealistisches adaptiert. Das korrekte Französisch der Akademie entspricht nicht der eigenen Sprachwirklichkeit. Was LAURENT GIROUARD und JACQUES BRAULT in der Zeitschrift *Parti pris* fordern, löst JACQUES RENAUDS *Le cassé* 1964 ein, als er das „Joual" zum ersten Mal literarisch verwendet. Aus dem Fehlen einer eigenen Nationalsprache und in Absetzung vom herrschenden Englisch entstanden, ist das Joual der Jargon der „classes populaires", ein mit verballhornten Amerikanismen durchsetztes heruntergekommenes Französisch. JACQUES GODBOUT unternimmt in *Salut Galarneau* (1967) eine poetische Transkription des Joual, dem MICHEL TREMBLAY, der populärste Dramatiker Québecs, mit seinen Stücken zum Durchbruch verhilft (*Chroniques du plateau Mont-Royal*, 1978; *L'impromptu d'Outremont*, 1980; *Le vrai monde?*, 1987; *La maison suspendue*, 1990). Ob als Kabarett oder Satire, als obszöne oder aggressive Parodie, Sozialkritik oder Symbol: die Ausdruckskraft des Joual als gesprochener Sprache der Québecer wird im Volkstheater (JEAN CLAUDE GERMAIN: *A canadian play/Une plaie canadienne*, 1979; JEAN BARBEAU: *Joualez-moi d'amour*, 1970) zum Fanal der Befreiung, auch nachdem das Autonomiereferendum 1980 scheitert. Ein wichtiges Medium der „prise de conscience" ist zudem das Chanson. Als Volkslied im 19. Jahrhundert nicht selten patriotisch und religiös, wird das Chanson in der stillen Revolution politisch. Auf die Gruppe „Les Bozos" folgen Robert Charlebois, Louise Forrestier, Gilles Vigneault und Félix Leclerc. Die Berühmtheit, zu der Québecs Chansonniers nicht zuletzt durch Auftritte im Pariser „Olympia" gelangen, verhindert nicht, daß sie protestieren.

	Namen	Begriffe	Themen
Maghreb	Memmi, Mammeri, Kateb Yacine, Amrouche, Chraïbi, Djebar, Boudjedra	Kolonialismus, Unabhängigkeitskampf, Postkolonialismus	Hegemonie Europas, *bâtardise culturelle*
Schwarz-afrika	Senghor, Ousmane, Dadié, Laye, Béti, Sowfall, Ouologem	Sklaverei, Kolonialismus, Assimilation, *négritude*	Rassismus, Politische Unterdrückung, Ursprünge Afrikas, Diskriminierung der Frau
Antillen	Firmin, Maran, Césaire, Fanon, Glissant, Schwarz-Bart, Condé	Sklaverei, Kolonialismus, Indigenismus, *négritude, antillanité, créolité*	afrikanische Herkunft, antikolonialistischer Widerstand, *identité mosaïque*
Kanada	Crémazie, Hémon, Nelligan, Roy, Borduras, Gélinas, Tremblay, Maillet, Aquin, Ducharme, Hébert	Nationalismus, *roman du terroir, révolution tranquille, joual*	Heimat und Religion, Pioniergeist, Zweisprachigkeit, frankokanadische Identität

Literatur   Antoine (1992), Arnaud (1986), Condé (1977), Grimm (1994), Meindl (1984), Von Stackelberg (1981), Walter (1990).

Literatur

Bibliographien, Lexika

BEAUMARCHAIS, Jean-Pierre de et al. (Hg.): *Dictionnaire des littératures de langue française*, 3 Bde, Paris 1987

ENGELHARDT, Klaus/Roloff, Volker: *Daten der französischen Literatur*, 2 Bde, München 1979

ENGLER, Winfried: *Lexikon der französischen Literatur*, Stuttgart 1977

GRENTE, Georges (Hg.): *Dictionnaire des lettres françaises*, 7 Bde, Paris 1951–1972

HESS, Rainer et al.: *Literaturwissenschaftliches Wörterbuch für Romanisten*, Tübingen 1971

JURT, Joseph et al.: *Französischsprachige Gegenwartsliteratur 1918–1987*, Tübingen 1989

Kindlers Literatur Lexikon, 25 Bde, München 1974

NAUMANN, Manfred (Hg.): *Lexikon der französischen Literatur*, Leipzig 1987

Literaturgeschichten, Gattungsgeschichtliche Darstellungen

BERSANI, Jacques et. al.: *La littérature en France de 1945–1968*, Paris 1970

BRINDEAU, Serge et al.: Marc: *La poésie contemporaine de langue française*, Paris 1973

BROCKMEIER, Peter/Wetzel, Hermann H. (Hg.): *Französische Literatur in Einzeldarstellungen*, 3 Bde, Stuttgart 1981–1982

DE BOISDEFFRE, Pierre: *Les poètes français d'aujourd'hui*, Paris 1973

CURTIUS, Ernst Robert: *Die literarischen Wegbereiter des neuen Frankreich*, Potsdam 1919

ders.: *Französischer Geist im zwanzigsten Jahrhundert*, Bern 1952

Décote, Georges/Maulpoix, Jean-Michel: *Histoire de la littérature française – XXᵉ*, 1950–1990, Paris 1991

ENGLER, Winfried: *Geschichte des französischen Romans*, Stuttgart 1982

ders.: Winfried: *Französische Literatur im 20. Jahrhundert*, Tübingen/Basel 1994

FRIEDRICH, Hugo: *Die Struktur der modernen Lyrik*, Hamburg 1956

GRIMM, Jürgen: *Das avantgardistische Theater Frankreichs 1895–1930*, München 1982

GRIMM, Jürgen (Hg.): *Französische Literaturgeschichte*, Stuttgart 1994

HEITMANN, Klaus (Hg.): *Der französische Roman vom Mittelalter bis zur Gegenwart*, 2 Bde, Düsseldorf 1975

HINTERHÄUSER, Hans (Hg.): *Die französische Lyrik von Villon bis zur Gegenwart*, 2 Bde, Düsseldorf 1975

LANGE, Wolf-Dieter (Hg.): *Französische Literatur in Einzeldarstellungen*, Stuttgart 1971

MITTERAND, Henri: *Littérature, textes et documents, XXᵉ siècle*, Paris 1996

PABST, Walter: *Französische Lyrik des 20. Jahrhunderts*, Berlin 1983

ders. (Hg.): *Das moderne französische Drama. Interpretationen*, Berlin 1971

POLLMANN, Leo: *Der französische Roman im 20. Jahrhundert*, Stuttgart/Berlin/Köln/Mainz, 1970

ROBICHEZ, Jacques: *Précis littéraire française du XXᵉ siècle*, Paris 1964

SABATIER, Robert: *Histoire de la poésie française*, 9 Bde, Paris 1975–1988

SCHOELL, Konrad: *Das französische Drama seit dem Zweiten Weltkrieg*, 2 Bde, Göttingen 1970

SZONDI, Peter: *Theorie des modernen Dramas*, Frankfurt 1978

TADIÉ, Jean-Yves: *Le roman au XXᵉ siècle*, Paris 1990

THEISEN, Josef: *Geschichte der französischen Literatur im 20. Jahrhundert*, Stuttgart/Berlin/Köln/Mainz 1976

VON STACKELBERG, Jürgen: *Das französische Theater vom Barock bis zur Gegenwart*, 2 Bde, Düsseldorf 1976

Sozial- und Geistesgeschichte des 20. Jahrhunderts

BENJAMIN, Walter: *Das Passagen-Werk*, 2 Bde, Frankfurt 1982

BRAUDEL, Fernand/Labrousse, Ernest (Hg.): *Histoire économique et sociale de la France*, 8 Bde, Paris 1970–1982

HAUPT, Heinz-Gerhard: *Sozialgeschichte Frankreichs seit 1789*, Frankfurt 1989

HAUSER, Arnold: *Kunst und Gesellschaft*, München 1988

NIDA-RÜMELIN, Julian (Hg.): *Philosophie der Gegenwart in Einzeldarstellungen*, Stuttgart 1991

WINOCK, Michel: *La fièvre hexagonale. Les grandes crises politiques 1871–1968*, Paris 1986

„Französische Literatur des 20. Jahrhunderts"

1. Kapitel:
Eröffnungen der Moderne

Proust: Adorno, Theodor W: „Kleine Proust-Kommentare", in *Noten zur Literatur*, Frankfurt 1981, 203–216. Ders.: „Zu Proust", *ibid.*, 669–676. Beckett, Samuel: *Proust*, Frankfurt 1989. Benjamin, Walter: „Zum Bilde Prousts", in *Gesammelte Schriften*, Frankfurt 1980, Bd. II, 310–324. Deleuze, Gilles: *Proust et les signes*, Paris 1964. Jauß, Hans Robert: *Zeit und Erinnerung in Marcel Prousts „A la recherche du temps perdu"*, Frankfurt 1986. Poulet, Georges: *L'espace proustien*, Paris 1963. Tadié, Jean-Yves: *Proust*, Paris 1983

Apollinaire: Décaudin, M.: Apollinaire en son temps, Paris 1990. Grimm, Jürgen: *Guillaume Apollinaire*, München 1993. Ders.: „Guillaume Apollinaire", in *Das avantgardistische Theater Frankreichs*, München 1982, 76–104. Meter, H.: *Apollinaire und der Futurismus*, Rheinfelden 1977. Pia, Pascal: *Apollinaire par lui-même*, Paris 1954. Renaud, Philippe: *Lecture d'Apollinaire*, Lausanne 1969

Jarry: Bouche, H./Lachenal F.: *Alfred Jarry ou le surmâle des lettres*, Paris 1928. Breton, André: „Alfred Jarry", in *Les pas perdus*, Paris 1924, 47–65. Chassé, Charles: *Les sources d' „Ubu roi"*, Paris 1921. Giedion-Welcker, C.: *Jarry. Eine Monographie*, Zürich 1960. Grimm, Jürgen: „Alfred Jarry", in *Das avantgardistische Theater*, 42–74. Shattuck, R.: *Die Belle Epoque. Kultur und Gesellschaft in Frankreich 1885–1918*, München 1963

2. Kapitel:
Zwischen Mimesis und Konstruktion – literarische Perspektiven bis 1940

1. Adorno, Theodor W.: „Rückblick auf den Surrealismus", in *Noten zur Literatur*, 101–106. Alquié, F.: *Philosophie du surréalisme*, Paris 1955. Benjamin, Walter: „Der Surrealismus", in *Gesammelte Schriften*, Bd II, 295–310. Bürger, Peter: *Der französische Surrealismus*, Frankfurt 1971. Nadeau, Maurice: *Histoire du surréalisme*, Paris 1964. Van Doesburg, Th.: *Qu'est-ce-que Dada?*, Paris 1993

2. Benjamin, Walter: „Zum gegenwärtigen gesellschaftlichen Standpunkt des französischen Schriftstellers", in *Gesammelte Schriften*, Bd. II, 776–803. Carrard, Ph.: *Malraux et le récit hybride*, Paris 1976. Citron, Pierre: *Giono*, Paris 1990. Gille, Pierre: *Bernanos et l'angoisse. Etude de l'œuvre romanesque*, Nancy 1984. Godard, H.: *Poétique de Céline*, Paris 1985. Lottman, H.: *Colette*, Paris 1990. Martin, Claude: *Gide*, 1963. Raether, M.: *Der acte gratuit*, Heidelberg 1980

3. Bozon-Scalzitti, Yves: *Blaise Cendrars ou la passion de l'écriture*, Lausanne 1977. Buchner, Carl H./Köhn, Eckhardt (Hg.): *Herausforderung der Moderne. Annäherungen an Paul Valéry*, Frankfurt 1991. Caillois, Roger: *Poétique de Saint-John Perse*, Paris 1954. Madaule, J.: *Claudel et le langage*, Paris 1968. Nelson, R.J.: *Péguy, poète du sacré. Essai sur la poétique de Péguy*, Paris 1960

4. Fowlie, W.: *Jean Cocteau*, Bloomington 1966. Kapralik, Elena: *Antonin Artaud*, München 1977. Kesting, M.: *Das epische Theater*, Stuttgart 1967. Mercier-Campiche, M.: *Le théâtre de Claudel*, Paris 1968. Sontag, Susan: „Annäherung an Artaud", in *Im Zeichen des Saturn*, Frankfurt 1983, 42–96. Weinrich, Harald: „Claudel – Le soulier de satin", in *Das französische Theater vom Barock bis zur Gegenwart* (von Stackelberg, 1976), 187–205

3. Kapitel:
Engagement und Desengagement

1. Borgal, D.: *Jean Anouilh. La peine de vivre*, Paris 1977. Cohen-Solal, Annie: *Sartre.*

1905–1980, Hamburg 1987. König, Trau-
gott (Hg.): *Jean-Paul Sartre, Ein Kongreß*,
Hamburg 1988. Kohut, Karl (Hg.): *Literatur
der Résistance und der Kollaboration in Frankreich*, 3 Bde, Wiesbaden/Tübingen 1982–
1984. Lebesque, Morvan: *Camus*, Hamburg
1960. Zehl-Romero: *Simone de Beauvoir*,
Hamburg 1978. Zimmermann, Margarete:
Die Literatur des französischen Faschismus,
München 1979

2. Adorno: „Versuch, das Endspiel zu verstehen", in *Noten zur Literatur*, 281–325. Anders, Günther: „Sein ohne Zeit. Zu Becketts
Stück ‚En attendant Godot'", in *Die An-
tiquiertheit des Menschen*, 2 Bde, München
1987, 213–233. Esslin, Martin: *Le théâtre de
l'absurde*, Paris 1977. Sartre, Jean-Paul:
Saint-Genet. Comédien et martyre, Paris
1952. Schoell, Konrad: *Das französische
Drama seit dem Zweiten Weltkrieg*, a. a. O.
Wilhelm, Julius: *Nouveau roman und anti-
théâtre*, Stuttgart/Berlin/Köln/Mainz, 1972

3. Armiel, A.: *Marguerite Duras et l'autobiogra-
phie*, Paris 1990. Dällenbach, L.: *Claude
Simon*, Paris 1988. Fletcher, J.: *Alain Robbe-
Grillet*, London 1983. Jongeneel, E.: *Michel
Butor et le pacte romanesque*, Paris 1988.
Raffy, S.: *Nathalie Sarraute romancière*, New
York 1988. Simon, Alfred: *Beckett*, Frankfurt
1988. Wehle, W. (Hg.): *Nouveau Roman*,
Darmstadt 1980

4. Barthes, R.: „Zazie et la littérature", in *Critique*, 15, 1959, 675–681. Bowie, M.: *Henri
Michaux*, Paris 1986. Butters, G.: *Francis
Ponge. Theorie und Praxis einer neuen Poesie*,
Rheinfelden 1976. Derrida, Jacques: „Edmond Jabès et la question du livre", in
L'écriture et la différence, Paris 1967, 99–117.
Engler, Winfried: *Henri Michaux. Das Mi-
chauxbild 1922–1959*, Tübingen 1960. Habermas, Jürgen: „Zwischen Erotismus und
Allgemeiner Ökonomie: Bataille", in *Der
philosophische Diskurs der Moderne*, Frankfurt 1985, 248–279. Picon, G.: „Leiris et 'La
règle du jeu'", in *Mercure*, 326, 1956,
156–162. Sadeler, J.: *A travers Prévert*, Paris
1975. Savigneau, J.: *Marguerite Yourcenar.
L'invention d'une vie*, Paris 1990. Sontag,
Susan: „Wider sich denken – Reflexionen
über Cioran", in *Im Zeichen des Saturn*,
a. a. O., 19–42. Thélot, J.: *Poétique de Bonnefoy*, Genf (1983). Veyne, Paul: *René Char
en ses poèmes*, Paris 1990

4. Kapitel:
Fluchtlinien zur Gegenwart

1. Asholt, Wolfgang: *Der französische Roman
der achtziger Jahre*, Darmstadt 1994. Borg-
nier, J.-F.: *Philippe Sollers*, Paris 1986.
Bouloumié, A.: *Michel Tournier – le roman
mythologique*, Paris 1988. Burgelin, Claude:
Georges Perec, Paris 1988. Flügge, Manfred:
*Die Wiederkehr der Spieler. Tendenzen des
französischen Romans nach Sartre*, Marburg
1992. Mercier, M.: *Le roman féminin*, Paris
1976

2. Deguy, M.: *La poésie n'est pas seule*, Paris
1987. Ferry, Luc/Renault, Alain: *La pensée
68*, Paris 1988. Thomas, J. J.: *La langue, la
poésie*, Lille 1989

3. Floeck, W. (Hg.): *Zeitgenössisches Theater in
Deutschland und Frankreich*, Tübingen 1989.
Godard, C.: *Le théâtre depuis 1968*, Paris
1980. Temkine, R.: *Le théâtre au présent
1975–1987*, Paris 1987

5. Kapitel:
Frankophone Literaturen

Antoine, Régis: *La littérature franco-antil-
laise*, Paris 1992. Arnaud, Jacqueline: *La littérature maghrébine de langue française*,
2 Bde, Paris 1986. Condé, Maryse: *Le roman
antillais*, 2 Bde, Paris 1977. Dies.: *La poésie
antillaise*, Paris 1977. Grimm, Jürgen (Hg.):
„Frankophone Literaturen außerhalb
Frankreichs", in *Französische Literaturgeschichte*, Stuttgart 1994, 388–439. Meindl,
Dieter (Hg.): *Zur Literatur und Kultur Kana-
das*, Erlangen 1984. Von Stackelberg, Jürgen: *Klassische Autoren des schwarzen Erdteils. Die französischsprachige Literatur Afrikas und der Antillen*, München 1981. Walter,
Helga: *Widerschein Afrikas. Zu einer algerischen Literaturgeschichte. Themen und Motive*, Wiesbaden 1990

Quellen

Kapitel 1

Marcel Proust: *A la recherche du temps perdu*, 4 Bde, Paris 1987. Guillaume Apollinaire: *Alcools*, Paris 1920. *Calligrammes*, Paris 1925. Alfred Jarry: *Ubu*, Paris 1978

Kapitel 2

André Breton: *Manifeste du Surréalisme*, Paris 1936. *Nadja*, Paris 1964. Paul Eluard: *Capitale de la douleur*, Paris 1926. André Gide: *Les nourritures terrestres*, Paris 1917–1936. Louis-Ferdinand Céline: *Voyage au bout de la nuit*, Paris 1952. Charles Péguy: *Le Porche du mystère de la deuxième vertu*, Paris 1929. Saint-John Perse: „Vents", „Anabase", in *Œuvres complètes*, Paris 1972. Paul Valéry: *Cahiers*, 3 Bde, Paris 1987–1990. *Monsieur Teste*, Paris 1926. „Le Cimetière marin" in *Poésies*, Paris 1929. Antonin Artaud: *L'ombilic des limbes*, Paris 1927. *Le Pèse-nerfs*, Paris 1956

Kapitel 3

Jean-Paul Sartre: *Huis clos*, Paris 1944. Simone de Beauvoir: *Le deuxième sexe*, 2 Bde, Paris 1949. Albert Camus: *L'Etranger*, Paris 1942. *L'homme révolté*, Paris 1951. Samuel Beckett: *Fin de partie*, Paris 1957. Nathalie Sarraute: *L'ère du soupçon*, Paris 1956. Alain Robbe-Grillet: *Pour un nouveau roman*, Paris 1961. Samuel Beckett: *Nouvelles et textes pour rien*, Paris 1958. *L'innommable*, Paris 1953
Marguerite Yourcenar: *Mémoires d'Hadrien*, 1958. Michel Leiris: *L'âge d'homme*, Paris 1939. Pierre Emmanuel: *Jacob*, Paris 1970. Jacques Prévert: *Paroles*, Paris 1949. René Char: *Fureur et mystère*, Paris 1962. Francis Ponge: *Le parti pris des choses*, Paris 1948. Henri Michaux: *Face aux verrous*, Paris 1954

Kapitel 4

Hervé Guibert: *A l'ami qui ne m'a pas sauvé la vie*, Paris 1990. Philippe Jacottet: *Pensées sous les nuages*, Paris 1983

Personenregister

Sachregister